新文科·普通高等教育电子商务专业系列规划教材

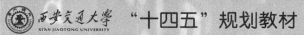西安交通大学"十四五"规划教材

总主编 李 琪

电子商务
理论与实务

DIANZI SHANGWU LILUN YU SHIWU

主 编 李杏丽 李雅莉 崔振魁
副主编 宁 静 兆 晶 申 冰
　　　 高 博 白尉华 孟 鹊

西安交通大学出版社
XI'AN JIAOTONG UNIVERSITY PRESS

内容提要

"电子商务理论与实务"是电子商务类专业的必修课程,也可以作为其他专业的选修课程,通过对该课程的学习可以使学生对电子商务的基本问题和基本观点有比较全面的认知,掌握电子商务基础的基本概念、基本思想、基本方法和基本理论,对电子商务运行有比较全面的了解,并建立起电子商务基本的思想框架,为进一步学习其他专业课程奠定理论与实践基础。

本书正是基于"电子商务理论与实务"课程知识目标和能力目标的要求编写的。本书共14章,主要内容包括:电子商务概述、电子商务模式、电子商务物流、电子商务法律法规、客户关系管理、网络营销、电子商务技术支持、电子商务支付技术、电子商务安全、跨境电子商务、移动电子商务、新零售、电子商务项目创意、商业计划书。本书提供配套教学资源。

本书可作为高校电子商务、工商管理、国际经济与贸易、物流管理等专业相关课程的教材,也可以作为电子商务相关工作人员的参考用书。

图书在版编目(CIP)数据

电子商务理论与实务 / 李杏丽,李雅莉,崔振魁主编. — 西安：西安交通大学出版社,2021.9(2024.8重印)
ISBN 978-7-5693-2303-0

Ⅰ.①电… Ⅱ.①李…②李…③崔… Ⅲ.①电子商务—教材 Ⅳ.①F713.36

中国版本图书馆 CIP 数据核字(2021)第 195183 号

书　　名	电子商务理论与实务 DIANZI SHANGWU LILUN YU SHIWU
主　　编	李杏丽　李雅莉　崔振魁
责任编辑	祝翠华
责任校对	王建洪
封面设计	任加盟
出版发行	西安交通大学出版社 (西安市兴庆南路1号　邮政编码 710048)
网　　址	http://www.xjtupress.com
电　　话	(029)82668357　82667874(市场营销中心) (029)82668315(总编办)
传　　真	(029)82668280
印　　刷	西安五星印刷有限公司
开　　本	787mm×1092mm　1/16　印张 14.5　字数 375千字
版次印次	2021年9月第1版　2024年8月第2次印刷
书　　号	ISBN 978-7-5693-2303-0
定　　价	45.00元

如发现印装质量问题,请与本社市场营销中心联系。
订购热线:(029)82665248　(029)82667874
投稿热线:(029)82665249　QQ:37209887
读者信箱:xj_rwjg@126.com

版权所有　侵权必究

新文科·普通高等教育电子商务专业系列规划教材

编委会

编委会主任：李　琪

编委会副主任：彭丽芳　章剑林

顾 问 专 家：汪应洛　闵宗陶

审 定 专 家：（按姓氏笔画排序）：

王玉江　王丽芳　左　敏　帅青红

汤兵勇　孙细明　张李义　张荣刚

张淑琴　段　建　倪　明　潘　勇

编委会成员（按姓氏笔画排序）：

王　俊　王　静　许德武　孙林辉

孙德林　李立威　李杏丽　吴敬花

张仙锋　张爱莉　陈　静　陈瑞义

宓　翠　胡一波　袁晓芳　徐　雷

常利伟　崔振魁　崔敬东　麻见阳

彭　玲　彭敏晶　董林峰　裴一蕾

熊于宁　魏修建

前　言

随着互联网时代的到来与电子商务的蓬勃发展,电子商务细分化已成为一种趋势,衍生出了电子商务技术开发、电子商务运营与管理、网络编辑、网络营销、跨境电商及移动电商等多个分支,同时互联网思维也不断渗透到各行各业及人们的生活中。电子商务的应用改变了生产、流通及消费等各个领域,出现了网络金融、旅游电商与农村电商等众多专业与发展方向。

电子商务"理论与实务"是电子商务类专业的必修课程。目前,国内针对该课程的教材已有很多种,可以说各有特色。本书贯彻落实《习近平新时代中国特色社会主义思想进课程教材指南》要求,在新文科建设背景下,既吸收反映电子商务领域的最新研究成果,又避免呆板和教条,期望形成独有特色。本书共14章,并提供配套的教学课件。本书的主要特色如下:

1. 鲜明的时代性

本书内容着力凸显时代感与现代性,融入了最新的电子商务发展,同时兼顾知识的系统性和逻辑性,既有完整的电子商务知识体系,又十分注重对学生电子商务实践动手能力的培养。

2. 学习的便捷性

本书提供了丰富的线上配套资源,具体包括PPT课件、电子教案,其中重点、难点知识采用微课讲解。

3. 内容的普适性

本书内容浅显易懂,并且具有可实践操作性,读者可以通过对本书内容的学习全面认识电子商务。

4. 知识的交叉性

有别于其他教材,本书充分吸纳电子商务发展的新技术(云计算、大数据、人工智能等)、新模式和新案例以及新发展(移动教育、移动医疗、移动旅游、移动社交)等内容。

5. 案例的实践性

本书最后结合大学生创新创业相关比赛,介绍了一些获奖案例,以提升学生的应用能力。

本书由石家庄理工职业学院李杏丽负责书稿总体架构设计与书稿的统筹工作,崔振魁负责整体书稿的课程思政元素融入,具体编写分工如下:第1章至第4章由李雅莉编写,第5章和第6章由宁静编写,第7章和第8章由兆晶编写,第9章和第10章由高博编写,第11章和第12章由孟鹊编写,第13章由白尉华编写,第14章由申冰编写。

本书由教育部高等学校电子商务类专业教学指导委员会副主任委员、西安交通大学经济与金融学院教授、博士生导师李琪老师担任主审专家,并得到多位专家的支持与帮助,在此一并表示衷心感谢。由于时间仓促,书中难免有不足之处,望各位读者批评指正。

编　者
2021年6月

目 录

第1章 电子商务概述 (1)
1.1 电子商务的基本概念 (2)
1.2 电子商务的功能与特征 (9)
1.3 电子商务与新经济和企业竞争力的关系 (11)

第2章 电子商务模式 (13)
2.1 电子商务模式概述 (14)
2.2 电子商务常见模式 (17)

第3章 电子商务物流 (28)
3.1 电子商务物流概述 (30)
3.2 电子商务物流运作模式 (35)
3.3 电子商务物流信息管理 (38)

第4章 电子商务法律法规 (47)
4.1 电子商务法律法规基本知识 (48)
4.2 电子合同法律法规 (53)
4.3 电子商务知识产权法律法规 (60)
4.4 电子商务犯罪法律法规 (63)

第5章 客户关系管理 (66)
5.1 客户关系管理概述 (67)
5.2 电子商务客户关系管理 (69)
5.3 客户关系管理技术及应用 (71)

第6章 网络营销 (80)
6.1 网络营销概述 (81)
6.2 网络市场调研 (87)
6.3 网络营销常用工具和方法 (92)

第7章 电子商务技术支持 (104)
7.1 网络技术支持 (105)
7.2 通信技术支持 (111)
7.3 电子商务新兴技术 (115)

第 8 章 电子商务支付技术 (121)
- 8.1 电子支付概述 (123)
- 8.2 电子支付工具 (126)
- 8.3 第三方支付平台 (129)
- 8.4 移动支付 (132)

第 9 章 电子商务安全 (137)
- 9.1 电子商务安全概述 (138)
- 9.2 电子商务安全对策 (142)

第 10 章 跨境电子商务 (150)
- 10.1 跨境电子商务基本知识 (151)
- 10.2 跨境电商主要平台 (154)
- 10.3 跨境电商支付 (157)
- 10.4 跨境电商物流 (159)

第 11 章 移动电子商务 (164)
- 11.1 移动电子商务概述 (165)
- 11.2 移动电子商务应用 (168)

第 12 章 新零售 (174)
- 12.1 新零售概述 (175)
- 12.2 新零售框架 (178)
- 12.3 新零售商业模式 (182)

第 13 章 电子商务项目创意 (190)
- 13.1 电子商务项目 (191)
- 13.2 电子商务项目创意与电子商务项目策划 (192)

第 14 章 商业计划书 (197)
- 14.1 商业计划书概述 (198)
- 14.2 商业计划书的撰写 (199)
- 14.3 商业计划书的撰写技巧与步骤 (207)
- 14.4 大学生创新创业相关大赛及案例分析 (210)

参考文献 (224)

第1章 电子商务概述

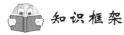

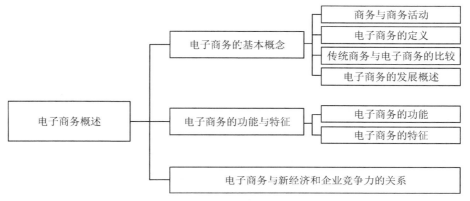

 知识目标与能力目标

知识目标：

1. 了解电子商务与传统商务的区别
2. 理解电子商务的本质
3. 了解电子商务的各种功能

能力目标：

1. 理解电子商务的特征
2. 具备对电子商务活动的基本认知能力

狂奔的拼多多，开启电商行业新变局

电商界的"黑马"当属拼多多无疑，拼多多仅用了三年的时间，2018年就成功敲响了纳斯达克的钟声，在美国正式上市。

惊人的用户增长，是拼多多快速完成上市进程和股价接连攀升的核心动力，然而，外界也无时不在质疑，拼多多是否将要触及用户天花板。但根据最新的财报显示，其用户人数触顶显然不在此时。财报显示，截至2020年底，拼多多的年活跃买家数达7.884亿，较上一年底的5.852亿同比增长35%。每月活跃用户数方面，2020年第四季度拼多多App平均月活跃用户数达7.199亿，单季净增7650万。从年活跃用户数来看，拼多多已经发展成为国内最大的电商平台；从每月活跃用户数来看，按照当前的增长速度，拼多多与淘宝网的差距也越来越小（淘宝网2020年第二季度单季每月活跃用户数净增仅为700万）。在电商获客成本越来越高的情况下，为什么拼多多能够实现可持续的增长？2020年新冠肺炎疫情突发，线下零售受挫，用户的消费力转移到线上，更多的消费者也因这次疫情被动形成了线上消费的习惯，而消费习惯的改变，为电商、办公、医疗、教育等各个领域都带来了线上销售红利。尤其是疫情得到控制后，一方面带来的是消费需求的爆发，另一方面则是疫情带来的不确定性因素影响了消费能力，在这种状态下，拼多多成为受益者似乎不难理解。

数据显示，仅2020年下半年，拼多多每月活跃用户数累计新增1.51亿，而且这其中，三、四线城市用户占据了不小的比重。根据极光大数据的调查，拼多多的新增用户中有44.2%来自三、四级城市。二线及以上城市用户激增，取决于两点：其一，百亿补贴"真金白银"的投入。财报显示，2020年第三季度拼多多的补贴与推广费用为100.719亿元，第四季度这一数字达到了147.1亿元。其二，用户体验的升级。一、二线城市用户固然能被百亿补贴的优惠吸引，可是价格敏感度相对较低，决定了他们不可能为了价格而降低对购物体验的要求。近两年来从社交玩法、品类扩充、物流速度到售后服务，拼多多的用户体验已经逐渐改善。

这两点在3C产品上表现尤为突出。2020年"双11"，拼多多对手机、家电、数码等部分产品的补贴力度从销售价格的10%～20%提升至50%～60%；与此同时，拼多多还发起了家电服务体系升级行动，通过对过去服务标准的总结和强化，极大提升用户的购物体验。一位电商行业资深从业人员表示，"拼多多的成长速度会让对手感到恐惧。"不过，正如拼多多现任董事长陈磊所说，目前拼多多的年活跃买家数已经接近8亿，那么未来用户增速会不可避免地出现放缓。

资料来源：歪道道.狂奔的拼多多，开启电商行业新变局？［EB/OL］（2021-03-21）［2021-08-20］. http://xw.qq.com/partner/vivosereen/20210321A02l3000.

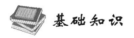
基础知识

1.1 电子商务的基本概念

1.1.1 商务与商务活动

1. 商务的含义

随着我国市场经济的不断完善，企业直接面对市场谋求更大的生存和发展空间，政府采购采用市场化运作方式，个人消费日趋多样化，市场活动更加法制化、规范化，政府、企业、家庭与个人同市场间的联系愈加紧密，商务活动已渗透到社会经济的各个领域。

对商务含义的解释可大致归纳为以下几个方面。

（1）商务是涉及商品买卖的事务。一切买卖商品和为买卖商品服务的相关活动都是商务活动，一切旨在达成商品交易的相关行为都是商务行为。

（2）商务是市场营销。一切买卖商品的活动都是市场活动，商务是以销售为中心开展的市场营销活动。市场营销是商务概念的另一种表述方式。

（3）商务是各种经济资源，包括物质产品、劳务、土地、资本、信息等有偿转让的相关活动。

这些资源通过交换方式实现所有权转移的过程就是商务活动的过程。

(4) 商务泛指营利性活动。以营利为目的的经济活动都是商务活动，它包括商品生产与买卖活动、其他营利性服务活动等。

(5) 商务是涉及企业、政府部门（包括事业单位）、家庭和个人的市场交换活动。

2. 与商务相关的概念

"商务"这一概念经常会与其他相关经济概念混淆，理解商务与这些概念的联系和区别，有利于在以后章节中对商务进行深入讨论。

(1) 商业。商业是以买卖方式使商品流通的经济活动。有学者认为，商业兴起于先商时期的商国，形成初期是以物换物的方式进行的社会活动，后来发展成为以货币为媒介进行交换从而实现商品流通的经济活动。现代的商业分为线下、线上两种，极大提高了商业交易的效率。

(2) 贸易。贸易是指买卖或交易行为的总称，通常指以货币为媒介的一切交换活动或行为。其活动范围，不仅包括国内贸易，还包括国与国之间的国际贸易。在现代市场中，除了有形的商品贸易外，还有技术、资金、信息、劳务，以及保险、旅游等无形的贸易活动。

(3) 市场营销。加里·阿姆斯特朗与菲利浦·科特勒合著的《市场营销学（第7版）》中对营销的定义是：通过创造与交换商品及其价值，使个人或群体的需求得以满足的过程。其核心概念包括需要与欲望、商品与服务、价值、满意与质量、交换与交易、市场等。

市场营销是企业从满足消费者需求的角度出发，综合运用各种科学的市场营销手段，把商品和服务整体销售给消费者，以促进企业不断发展。在市场营销过程中，目标消费者居于中心地位。企业通过识别总体市场，将其划分为较小的细分市场，选择最有开发价值的细分市场，并集中力量服务于这些细分市场。为设计并实施较好的营销组合，企业要做好市场营销调研和营销计划。

(4) 经营。经营是指企业以市场为主要对象，通过商品生产和商品交换，为了实现总体目标而进行的，与企业外部环境动态平衡的一系列有组织的活动。经营包括筹划、谋划、计划、规划、组织、治理、管理等多种含义。与管理相比，经营侧重于动态性的谋划发展，而管理则侧重使企业正常、合理地运转。

企业经营是指企业根据其资源状况和所处的市场竞争环境，对企业长期发展进行战略性规划和部署，制定企业的远景目标和方针的战略活动。它解决的是企业的发展方向、发展战略问题，具有全局性和长远性。它是企业有目的的经济活动，是企业在国家的方针、政策指导下，根据宏观经济状况、市场需求状况及企业自身的需要，从自身所处的内外部环境条件出发，对企业的经济活动进行的筹划、设计与安排等活动。

3. 商务活动

商务活动也称商事活动，是指经法律认可的、以商品或劳务交换为主要内容的营利性经济活动。企业在订货、销售和储存等过程中与生产厂商、消费者之间发生的贸易、服务行为及信息传递均属于商务活动的范畴。

(1) 商务活动的主体。商务活动的主体是指以独立形态参与商务活动过程的经济实体或个人，包括专门从事交易活动的企业及处于生产和消费两端的生产厂商和消费者。在特定情况下，政府也可以以生产厂商或消费者的身份出现。

(2) 商务活动的内容。商务活动的内容非常丰富，包括营利性组织和个人除生产活动以外的全部对外经济活动。商务活动的内容至少包括以下几方面。

①商情调研与发现商业机会。商情调研与发现商业机会是现代商务活动的起点。

②供给分析与选择商业机会。在现实生活中,商业机会普遍存在,通过商情调研可以发现一系列的商业机会,但并不是每个商业机会企业都能抓住,都能将其转化为营利机会。

③商务磋商与签订商务合同。除了直接面对最终消费者的零售业务外,大多数商务活动都以合同为纽带。

④商品购销与履行商务合同。商品购销与履行商务合同是从采购开始的,即以购买生产所需的经济资源为起点,经过生产过程,创造出商品或服务后,再把商品或服务推销出去,最终实现商品或服务的价值。

企业与外部的各种经济联系主要是通过商务活动实现的。由于商务活动面临的外部环境总是不断变化的,因此,商务活动必须保持与外部环境的适应性,理顺企业与外部的关系,包括企业与供应商、经销商、消费者、股东、竞争者、银行及其他金融机构、传播媒体、政府部门、社区及社会团体等的关系。商务活动在理顺企业对外关系中的重要职能有:妥善处理商务冲突,讲求诚信交易,扩大对外宣传,塑造良好形象等。

制定、实施竞争战略与保持企业长期发展是有组织的整体活动,企业不能急功近利,只重视短期利益。稳定市场份额与开拓新市场领域的最终目的是实现企业的营利目标。形形色色的交易活动归根结底是产权交易活动,商务活动的实质是实现商品所有权的有偿转让。

(3)商务活动的意义。做好商务活动工作对企业具有重要的意义,具体如下:①商务活动是以交换为目的的社会生产的基本活动;②商务活动是面向市场的活动;③商务活动是塑造企业形象的活动;④商务活动是决定营利性组织命运的活动。

1.1.2 电子商务的定义

电子商务至今没有统一的定义,国内外不同的学者、组织等对电子商务的定义都存在差异。

1. 部分电子商务定义举例

(1)IT企业对电子商务的定义。

IT企业是与电子商务相关技术的直接提供者、积极的推动者和参与者。在此列举以下几家IT企业对电子商务的定义。

①国际商业机器公司(International Business Machines Corporation,IBM公司)对电子商务的定义。IBM公司将电子商务定义为在网络计算环境下的商业化应用,即把买方、卖方、厂商及其合作伙伴在互联网、企业内部网和企业外部网结合起来的应用。只有先建立起良好的企业内部网,建立好比较完善的标准和各种信息基础设施,才能顺利扩展到企业外部网,最后扩展到电子商务。

②惠普研发有限合伙公司(简称惠普公司)对电子商务的定义。惠普公司认为,电子商务是通过电子化手段来完成商业贸易活动的一种方式。电子商务使我们能够以电子交易为手段完成商品和服务的交换,是企业和消费者之间的联系纽带。它包括两种基本形式:企业之间的电子商务和企业与最终消费者之间的电子商务。

③美国通用电气公司(简称通用公司)对电子商务的定义。通用公司认为,电子商务是指通过电子数据交换方式进行的商业交易,可分为企业与企业间的电子商务和企业与消费者之

间的电子商务。企业与企业间的电子商务以电子数据交换(eletronic data interchange,EDI)为核心技术,以增值网络和互联网为主要手段,可实现企业间业务流程的电子化,配合企业内部的电子化生产管理系统,可提高企业生产、库存、流通各个环节的效率。企业与消费者之间的电子商务以互联网作为主要服务提供手段,可实现公众消费和服务提供方式以及相关付款方式的电子化。

④英特尔有限公司对电子商务的定义。英特尔公司认为,电子商务是指在网络连接的不同计算机之间建立的商业运作体系,其利用互联网使商业运作电子化。电子贸易是电子商务的一部分,是指企业与企业之间或企业与消费者之间使用互联网进行商业交易(如广告宣传、商品介绍、商品订购、付款、售后服务等)。

⑤联想集团对电子商务的定义。联想集团认为,电子商务不仅仅是一种管理手段,而且是触及企业组织架构、工作流程的重组乃至社会管理思想的变革。企业电子商务的发展道路是一个循序渐进、从基础到高端的过程:①构建企业的信息基础设施;②实现办公自动化;③建设企业核心的业务管理和应用系统(包括 ERP 和外部网站);④针对企业经营的直接增值环节设计和实施客户关系管理、供应链管理和产品生命周期管理。

(2)有关组织对电子商务的定义。

①全球信息基础设施委员会电子商务工作委员会对电子商务的定义。该组织认为,电子商务是运用电子通信手段开展的经济活动,包括对商品和服务的宣传、购买和结算。

②加拿大电子商务协会对电子商务的定义。该组织认为,电子商务是运用数字通信手段进行商品和服务的买卖以及资金的转账,包括在企业之间和企业内部利用电子邮件、EDI、文件传输、传真、电视会议、远程计算机联网所能实现的全部功能,如市场营销、金融结算、销售及商务谈判。

③欧洲经济委员会对电子商务的定义。欧洲经济委员会 1997 年在全球信息社会标准大会上提出:电子商务是指各参与方以电子方式而不是以物理交换或直接物理接触方式完成的任何形式的业务交易。这里的电子方式(或技术)包括 EDI、电子支付手段、电子订货系统、电子邮件、传真、网络、电子公告牌、条码、图像处理、智能卡等,这里的商务主要是指业务交易。

④国际商会对电子商务的定义。1997 年 11 月,国际商会在巴黎举行的世界电子商务会议上,将电子商务定义为整个贸易活动的电子化。其认为电子商务从外延上看,是交易各方以电子方式,而不是以当面或直接面谈的方式进行的任何形式的商业交易。

(3)政府部门对电子商务的定义。

①美国政府在 1997 年发布的《全球电子商务纲要》中比较笼统地指出:电子商务是指通过互联网进行的各项商务活动,包括广告、交易、支付、服务等活动。

②欧洲议会对电子商务的定义为:通过数字方式进行的商务活动。电子商务通过电子方式处理和传递数据,包括文本、声音和图像。它涉及诸多方面的活动,包括货物数字贸易和服务、在线数据传递、数字资金划拨、数字证券交易、数字货运单证、商业拍卖、合作设计与工程、在线资料和公共产品获得,还包括商品(如消费品、专门设备等)、服务(如信息服务、金融和法律服务等)、传统活动(如健身、体育等)和新型活动(如虚拟购物、虚拟训练)。

③我国在《中华人民共和国电子商务法》(以下简称《电子商务法》)中将电子商务定义为:通过互联网等信息网络销售商品或者提供服务的经营活动。

2. 本书中电子商务的概念

从以上定义中可以看出，人们只是从不同的角度阐述了各自对电子商务的不同理解。概括起来，电子商务有狭义和广义之分。狭义的电子商务也称为电子交易，主要是指利用互联网开展交易活动，它仅仅将在互联网上开展的交易活动归为电子商务。而广义的电子商务是指利用电子技术使整个商业活动电子化，如市场分析、客户联系、物资调配等。

本书认为，电子商务是指一个具有商业活动能力的社会实体（一般企业、金融机构、政府组织、个人消费者等）在网络计算机环境中所进行的一切规范、有序的商业贸易活动。这里强调了三点：一是活动要有商业背景，二是网络计算机和数字化，三是规范有序。上述三点特征贯穿销售、市场到商业信息、资金管理的全过程。在此过程中，任何能加速商务处理过程、减少商务成本、创造商业价值、增加商机的活动都应纳入电子商务范畴。对于任何交易行为而言，买方、卖方交换的是需求，体现形式是价格，伴随而来的是信息流、物资流和资金流。通常，不管是"以物换物"的交易方式，还是"一手交钱，一手交货"的交易方式，信息流、物资流和资金流"三流"都是合一的，至少物资流与资金流是合一的，只有电子商务使得"三流"彻底分离。这种分离使得人类的交易活动呈现出丰富多彩和复杂的特征，同时也产生了极大的风险。驾驭电子商务的有效手段是准确、及时地掌握相关信息，以信息统领、监督和控制交易过程，由立法和政府来规范市场。

3. 电子商务的本质

电子商务强调创造新的商机，以较少的投入获得较大的回报。电子商务是运用现代信息技术（特别是网络技术）的一种新的社会生产、经营和管理形态，其根本目的是通过提高企业生产效率、降低经营成本、优化资源配置来实现社会财富的最大化。因此，电子商务要求的是整个生产经营方式以及价值链的改变，是利用信息技术实现商业模式的变革与创新。这也是电子商务的本质。

1.1.3 传统商务与电子商务的比较

自人类进行日常活动的分工开始，传统商业活动就开始了。每个家庭不再像以前那样既要种植谷物，又要打猎和制造工具。每个家庭可专心于某一项生产活动，然后用获得的产品去换取所需之物。例如，制造工具的家庭可以和种植谷物的家庭互换产品。在原始交易中，无形的服务也开始进行交易。

货币的出现使物物交易大大减少，交易活动变得更加容易。然而，交易的基本原理并没有发生变化：社会的某一成员创造出了有价值的物品，这种物品是其他成员所需要的。所以，商务活动就是至少有两方参与的有价物品或服务的协商交换过程，它包括买卖双方为完成交易所开展的各种活动。

（1）传统商务与电子商务的共同点。传统商务与电子商务具有以下共同点：一是目标相同，两者的基本目标均为提高效率、节约成本、赢得消费者、获取利润；二是以满足消费者需求为中心，只有了解并满足了消费者的需求，企业才能成功。因此，不论是传统商务还是电子商务，其商务活动都以满足消费者的实际需求为中心。

（2）传统商务与电子商务的运作过程对比。传统商务和电子商务的运作过程都是由交易前的准备、贸易磋商、合同执行、支付与清算等环节组成的，表1-1所示为传统商务与电子商务运作过程的比较。

表 1-1 传统商务与现代电子商务运作过程比较

运作过程	传统商务	电子商务
交易前的准备	交易双方通过报纸、电视等媒介获取信息，进行信息的匹配	交易双方通过网络进行商品信息的发布、查询和匹配
贸易磋商	交易双方通过口头磋商或者纸质贸易单证方式传递	交易双方通过网络进行磋商或通过电子单据来实现线上的传播
合同执行	以书面形式签订具有法律效力的商务合同	电子合同(具有同样的法律效力)
支付与清算	通过支票或现金进行支付	线上支付(包括电子现金、电子支票、电子钱包等)

(3)电子商务在交易的各个环节都采用了与传统商务不同的方式。电子商务在诸多方面都优于传统商务。表 1-2 所示为传统商务与电子商务的交易项目对比。

表 1-2 传统商务与电子商务的交易项目对比

交易项目	传统商务	电子商务
信息提供	根据销售方的不同而不同	透明、准确
流通渠道	从生产商到批发商再到零售商最终到消费者手中	直接从生产商到消费者手中
交易对象	部分地区	全世界
交易时间	根据销售方营业时间而定	随时
销售方法	通过各种关系买卖	完全自由
销售地点	需要销售空间	虚拟空间
消费者方便程度	受时间、空间限制	根据消费者的偏好
服务消费者	需要前期做好消费者偏好的掌握	及时捕捉消费者的需求偏好

1.1.4 电子商务的发展概述

电子商务并非新兴事物，早在 1839 年当电报刚出现的时候，人们就开始对运用电子手段开展商务活动进行讨论。当信息以莫尔斯电码形式在电线中传输的时候，人类就进入了运用电子手段开展商务活动的新纪元。

1. 电子商务的起源

20 世纪 70 年代以来，电子计算机技术、网络通信技术及其相关技术不断发展，并在社会生活各个领域中得到了较多应用。电子商务在与这些技术的互动发展中得到了不断完善。

人们一般认为电子商务起源于电子数据交换。计算机的电子数据处理技术使科学计算向文字处理和商务统计报表处理方向转变。文字处理软件和电子表格软件的出现，为采用标准格式商务单证提供了强有力的工具。企业商业文件的处理，从手工书面文件的准备和传递转变为电子文件的准备和传递。随着网络技术的发展,电子数据资料的交换又从磁带、软盘等电子数据资料物理载体的寄送转变为通过专用的增值通信网络传送,近年来又转变为通过公用的互联网传送。银行间的电子资金转账技术与企事业单位间电子数据交换技术相结合,产生了早期的电子商务或称电子交易(electronic commerce,EC)。信用卡、自动柜员机、零售业销售终端和联机电子资金转账技术的发展,以及相应的网络通信技术和安全技术的发展,使得今天网上持卡购物与企业之间网上交易这两种模式的电子商务得到了飞速发展。

1991年,美国政府宣布互联网向社会公众开放,允许在网上开发商业应用系统。1993年,互联网成为一种具有处理数据(图文、声像、超文本对象)能力的网络技术,具备支持多媒体应用的功能。1995年,互联网上的商业业务信息量首次超过了科教业务信息量。这既是互联网此后产生爆炸性发展的标志,也是电子商务从此大规模发展的标志。

1996年2月,VISA与Master Card两大信用卡国际组织共同制定了保障在互联网上进行安全电子交易的SET协议(SET协议的制定得到了IBM、微软等一批技术领先跨国公司的支持)。SET协议适用于企业对消费者B to C(business to customer)模式,围绕客户、商户、银行、或客户、商户、收单行、或开户行以及其他银行间的相互关系确认身份(将数字加密技术应用于数字签名和颁发电子证书),以此保障交易安全。

1997年12月,VISA与Master Card共同建立安全电子交易有限公司,专门管理与促进SET协议在全球的应用与推广。

随着移动通信技术的迅猛发展,手机、平板电脑已经成为大众普遍接受的互联网接入方式。手机上网已经成为一种重要的上网方式。同使用计算机上网相比,手机上网几乎不受时空的限制,这为移动电子商务的进一步发展打下了良好的基础。

2. 电子商务的发展前景

(1)全球电子商务发展概况。纵观全球电子商务市场,各地区发展并不平衡,呈现出美国、欧盟、亚洲"三足鼎立"的局面。

美国是最早发展电子商务的国家,一直引领全球电子商务的发展,是全球电子商务较为成熟、发达的地区。欧盟的电子商务较美国起步晚,但发展速度快,目前也成为全球电子商务较为领先的地区。亚洲作为电子商务发展的新秀,市场潜力较大,是全球电子商务的持续发展地区。

(2)我国电子商务发展概况。

我国的电子商务发展呈现出典型的块状经济特征,东南沿海属于较为发达的地区,北部和中部地区属于快速发展地区,西部则相对落后。政府出台了一系列电子商务政策和法规,努力推动电子商务的快速发展。随着市场经济体制的进一步完善,我国电子商务的发展环境将不断完善,发展动力将持续增强,推进经济增长方式转变和结构调整的力度将继续加大,电子商务的发展需求将会更加强劲。

①电子商务与产业发展深度融合,加速形成经济竞争新态势。在综合性电子商务网站已经占据绝大部分市场份额的情况下,越来越多的行业性电子商务网站会在综合性电子商务网站市场之外寻求专业化细分领域的发展。电子商务正在与传统产业进行深度融合,两者相互促进、协调发展。

②电子商务服务业蓬勃发展,逐步成为国民经济新的增长点。企业电子商务、国际电子商务的发展,带动了电子商务服务业的发展。围绕电子商务服务形成的从低端技术环节到中端

支撑环节再到高端应用环节的服务链在我国快速发展,一个全新视角的电子商务服务业群正在形成,未来将成为国民经济新的增长点。

③移动电子商务正成为电子商务新的应用领域。自2006年以来,移动通信商密切关注移动电子商务企业市场,中国移动和银联联手推出的"手机钱包"可提供移动电子商务付费的个性化服务。基于移动支付的支持,移动电子商务已成为电子商务新的应用领域。

④B to B(business to business)与O to O(online to offline)双线融合。线上线下一体化的电子商务与商圈经济相结合的新服务模式,将会更好地惠及广大消费者和企业。O to O不仅可以使传统的B to C企业更好地发挥自身服务与体验差异化的竞争优势,在一定程度上抵御单纯电子商务的分流影响,还能使企业享受到线上销售带来的低成本和高效率,增强企业与消费者间的互动。

1.2 电子商务的功能与特征

1.2.1 电子商务的功能

电子商务可提供网上交易和管理等全过程的服务,因此具有广告宣传、咨询洽谈、网上订购、网上支付、电子账户、服务传递、意见征询、交易管理等各项功能。

1. 广告宣传

企业借助Web服务器在互联网上发布各类商业信息;消费者可通过网上的检索工具迅速找到所需商品。企业可利用网上主页和电子邮件在全球范围内做广告宣传;与以往的各类广告形式相比,企业利用网络平台发布的广告成本较为低廉,而为消费者提供的信息量却更为丰富。

2. 咨询洽谈

企业可借助非实时的电子邮件、新闻组和实时讨论组来了解市场和商品信息、洽谈交易事务;如有进一步的需求,还可用网上的白板会议来交流即时的图形信息。网上洽谈能摆脱人们面对面洽谈的限制,提供多种方便的异地交谈形式。

3. 网上订购

电子商务交易双方可借助电子邮件的交互传送实现网上订购。网上订购时通常会在产品介绍页面上提供十分友好的订购提示信息和订购交互格式框,当消费者填完订购单后,通常系统会回复确认信息单以保证消费者收悉订购信息。订购信息也可采用加密的方式,从而可使消费者和企业的商业信息不会被泄露。

4. 网上支付

网上支付是电子商务的重要环节。在网上直接采用电子支付手段可节省交易开支。进行网上支付时,需要保证信息传输的安全性和可靠性,以防止发生欺骗、窃听、冒用等非法行为。

5. 电子账户

网上支付必须有电子金融系统的支持,即银行或信用卡公司及保险公司等金融单位为电子商务提供金融服务。电子账户管理是网上支付的基本组成部分,信用卡卡号和银行账号都是电子账户的重要信息,其可信度需要有必要的技术措施进行保证。如数字证书、数字签名、加密等手段的应用即可保证电子账户操作的安全性。

6. 服务传递

对于已付款的消费者,应将其订购的货物尽快地传递到他们手中。而有些货物在本地,有些货物在异地,可应用电子邮件把物流的调配信息及时发送给消费者。最适合在网上直接传递的是信息产品,如软件、电子读物、信息服务等,它们能直接从电子仓库到达用户端。

7. 意见征询

企业能十分方便地利用网络平台收集消费者对销售服务的反馈意见,这样能使企业的市场运营形成回路。消费者的反馈意见不仅能提高售后服务水平,还能使企业获得改进产品、发现市场的商业机会。

8. 交易管理

整个电子商务交易流程的管理不仅涉及人、财、物,还将涉及企业和企业、企业和消费者及企业内部等各方面的协调和管理。因此,交易管理是涉及商务活动全过程的管理。电子商务的发展为社会的商务活动提供了良好的交易管理的网络环境及多种多样的应用服务系统,从而也使电子商务获得了更广泛的应用。

1.2.2 电子商务的特征

电子商务具有商务性、服务性、集成性、可扩展性、安全性、协调性等特征。

1. 商务性

电子商务最基本的特性为商务性,即电子商务可为买卖双方提供交易的服务和机会。通过将互联网信息连接至企业数据库,记录消费者每次访问、销售、购买的形式和购货动态,以及消费者对产品的偏爱,企业通过统计这些数据来获知消费者最想购买的产品是什么。

2. 服务性

在电子商务环境中,消费者不再受地域的限制,不再像以往那样忠实地只光顾某家邻近的商店,他们也不再仅仅关注价格,而是越来越注重商品和服务的质量。企业借助互联网应用能自助快捷地完成商务过程,可以更便捷地为消费者提供相关服务。例如将资金从一个存款账户移至一张支票账户、查看一张信用卡的收支状况等,都可以足不出户地实时完成。

3. 集成性

电子商务的集成性体现为事务处理的整体性和统一性。电子商务能规范事务处理的工作流程,将人工操作和电子信息处理集成为一个不可分割的整体。电子商务是一种新兴事物,催生出了大量新技术,并能兼容已有的技术。互联网的重要商业价值在于用户能有效地利用已有的资源和技术,有效地满足用户需求。

4. 可扩展性

要想使电子商务正常运作,就必须确保其扩展性。互联网有众多的用户,在运作过程中经常会出现传输拥堵状况。倘若一家企业预计每天可受理 40 万人次的访问,而当实际有 80 万人次访问时,那么必须尽快配备一台扩展服务器,否则消费者访问速度将急剧下降,甚至严重影响消费者访问。对于电子商务来说,可扩展的系统才是稳定的系统。如果在出现访问高峰情况时,企业网络能及时扩展,则可将系统阻塞的可能性大为降低。

5. 安全性

对于消费者而言,无论某网络平台的物品多么具有吸引力,如果缺乏安全性保障,他们也不会在该网络平台进行交易。企业和企业间的交易更是如此。在电子商务中,安全性是必须考虑的核心问题。欺骗、窃听、病毒植入和非法入侵威胁着电子商务的开展,因此要求网络平台能提供有效的安全解决方案,例如加密机制、签名机制、分布式安全管理、存取控制、防火墙设置、防病毒保护等。为了帮助企业创建和实现这些方案,国际上的多家企业联合开展了安全电子交易的技术标准和方案研究,以便建立安全的电子商务环境。

6. 协调性

电子商务是一个协调的过程,需要消费者、生产方、供货方、销售方及商务伙伴间的协调。为了提高效率,许多组织都提供了交互式协议,电子商务活动可以在这些协议的基础上开展进行。

1.3 电子商务与新经济和企业竞争力的关系

1. 电子商务与新经济

新经济最早起源于美国。由于20世纪90年代以来,美国社会经济一直呈现高增长、低通胀、低失业率的特点,因此经济学界把这种现象称为"新经济"。

电子商务是新经济的发动机。电子商务是信息产业新的增长点,以电子商务为代表的网络经济是知识经济或数字经济的重要体现。电子商务的兴起在流通领域掀起了一场革命。电子商务的发展形成了新的交换机制,产生了新的市场规则,冲破了时间与空间的限制,加快了全球市场一体化进程。电子商务还有力地推动了信息产业和信息服务业的发展。

2. 电子商务与企业竞争力

电子商务应用对企业竞争力具有不可忽视的影响。这些影响主要体现在以下几个方面。

(1)改变企业的竞争方式。

企业应用电子商务改变了上下游企业之间的关系,使上游企业和下游企业合作的机会增多,从而进一步加强了上下游企业之间的战略联盟。

电子商务的应用不仅给消费者和企业提供了更多的消费选择与开拓销售市场的机会,还提供了双方密切交流的场所,从而提高了消费者了解市场和企业把握市场的能力。

电子商务的应用提高了企业开发新产品和提供新型服务的能力。电子商务可以使企业迅速了解消费者的喜好和购买习惯,同时可以将消费者的需求及时反映给决策层,从而促进企业更有针对地结合消费者需求进行研究与开发。

电子商务的应用扩大了企业的竞争领域,使企业从常规的广告宣传、促销手段、产品设计与包装等领域的竞争扩大到虚拟空间的竞争。

电子商务的应用构成了企业竞争的无形壁垒,这主要表现在大幅度提高了新企业进入竞争市场的初始成本。

(2)改变企业的竞争基础。

电子商务的应用对改变企业竞争基础的显著表现是改变了交易成本。电子商务具有一次性投入(固定成本)高、变动成本低的特征。那些年交易量大、批发数量大或用户多的企业发展电子商务,比年交易量小、批发数量小的企业更容易获得收益。因此,那些交易量庞大、财力雄厚的企业发展电子商务,对比交易量小、财力不足的企业更容易获得竞争优势。

(3)改变企业的竞争模式。

电子商务为企业提供了一种可以全面展示其产品、服务的虚拟空间,可起到提高企业知名度和商业信誉的作用。电子商务使企业在网络平台的广告成本低于其他媒体,网络平台对消费者的影响力已远超报纸、电视、广播等传统媒体。随着电子商务活动范围的扩大,电子商务的广告效应不断增强。

总之,电子商务对企业竞争力的提升和影响是全方位的。我们只有全面、深刻地把握电子商务的本质,掌握开展电子商务活动的基本原理,才能在各领域的电子商务实践中推动电子商务的应用和发展。

本章小结

本章介绍了商务及与商务相关的概念,如商业、贸易、市场营销和经营;明确了电子商务的本质,介绍了电子商务的概念及其与对传统商务的比较。电子商务的核心和本质是整个生产过程、经营方式、价值链的改变,利用信息技术实现商业模式的变革与创新。另外,本章还介绍了电子商务的功能和特征,以及电子商务与新经济和企业竞争力的关系。

工作任务

借助 i 博导平台(https://www.ibodao.com/),自学电子商务基础部分"电子商务那些事"第 1 节与第 2 节。

实践应用

登录拼多多平台,试根据拼多多平台的特点和用户情况,分析拼多多未来用户的增速趋势。

任务拓展

1. 为什么说商务活动既是企业的基本活动,又是决定企业命运的活动?
2. 你如何理解电子商务的概念?

第 2 章 电子商务模式

 知识框架

 知识目标与能力目标

知识目标：

1. 理解电子商务模式的基本概念
2. 掌握电子商务模式的分类及盈利模式

能力目标：

1. 能够分析不同平台的电子商务模式类型
2. 掌握基本的电子商务模式的盈利形式

 **案例导入**

截至 2020 年 12 月，阿里巴巴在中国零售市场移动月活跃用户数达 9.02 亿，年活跃消费者达 7.79 亿人。值得注意的是淘宝天猫的用户增长主要来自于三、四线及以下地区，70% 的新增用户都来自于下沉市场，淘系在下沉市场的渗透率已经达到 40%。

除了淘宝网和天猫，淘系各个平台各有侧重，可以满足消费者分层和差异化的需求。其中，聚划算和天天特卖，集中在原产地和源头商品上发力，为消费者提供更多工厂直供和农场直供的商品，满足消费者对高性价比商品的需求。天猫国际和新收购的考拉海购，以"大进口"战略满足中高端消费者的高端购物需求。淘宝网和闲鱼平台，则为消费者创造长尾供给。聚划算还在 2019 年推出了"天天工厂"项目。通过跟工厂的联合定制，平台和工厂数据得以打通，淘系能够实现更优质的源头供给，并通过直供模式去除中间环节，实现更高的性价比。伴随着阿里云、菜鸟等阿里巴巴经济体生态的加入，进一步帮助传统企业实现全链路生产的数字化。

资料来源：俊世太保.增长之年 2020 到来，阿里巴巴的三大战略要发力了[EB/OL].(2019-12-20)[2021-11-08]. https://me.mbd.baidu.com/r/wrecWGwKwE?f=cp&u=4335b01e1fb60330.

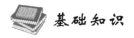
基础知识

2.1 电子商务模式概述

2.1.1 商务模式与电子商务模式

1. 商务模式概述

商务模式是企业有效利用资源的方法,通过此方法企业能够向消费者提供比竞争对手更大的价值,并以此赢利。它强调的是一种商业运作的外在形式。商务模式一般由价值流、税收流和物流组成,它们对企业至关重要。企业绩效的第一个决定性因素就是它的商务模式,成功的商务模式能够成为企业的核心竞争力。商务模式包括以下11个要素。

(1)消费者的特征、与企业的关系、消费者的价值诉求,以及消费者能够为企业创造的价值;

(2)企业能够提供的产品和服务、企业的目标市场;

(3)企业的发展战略;

(4)生产流程,包括商品生产、运送商品和服务;

(5)经营管理所需要的资源及成本;

(6)企业的供应链,包括供应商和商务伙伴;

(7)价值链的结构;

(8)主要的竞争对手、各自的市场份额,以及市场策略和优势、劣势;

(9)商业模式带来的竞争优势,包括定价优势和销售优势;

(10)企业可能发生的变化,以及阻碍变化的因素;

(11)预期经营收入、预期成本、融资渠道、赢利能力。

2. 电子商务模式概述

电子商务模式是指在网络环境和大数据环境中基于一定技术的商务运作方式和盈利模式。研究和分析电子商务模式的分类体系,有助于挖掘新的电子商务模式,为电子商务模式创新提供路径,也有助于企业制定特定的电子商务策略和实施步骤。

彼得·德鲁克提出:"当今企业的竞争,不是商品的竞争,而是商业模式的竞争。"为了在激烈的市场竞争中获得一席之地,企业必须进行商业模式创新。伴随着互联网的发展,以大数据、云计算、AI、人工智能、区块链、AR、VR等为代表的信息技术正深入影响着各行各业。电子商务模式的应用已经成为广大企业的共识,但多数企业由于技术实力、人才储备等方面的限制,难以推出全新的商业模式,正面临着如何从传统模式过渡到电子商务模式,甚至利用电子商务模式来改造传统模式的局面。

2.1.2 电子商务模式的常见分类

电子商务的应用范围非常广,可以从参与交易的对象(交易主体)、交易商品的形式和交易的地域范围等不同角度将其划分为不同的类型。

1. 按照交易主体划分

按照交易的主体不同进行划分,电子商务模式主要有两大主流模式,即 B2B 模式和 B2C 模式,在主流模式的基础上又延伸出了 C2B、G2B 等其他模式。

(1)企业与企业之间(business to business,B to B)的电子商务模式。

企业与企业之间的电子商务模式,简称 B to B 模式(亦称 B2B 模式),是指以企业为主体,在企业之间开展的电子商务活动。B to B 模式是电子商务应用最多、最受企业重视的模式。在这种模式下,企业可以使用互联网或其他网络为每笔交易寻找到合适的伙伴,完成从订购到结算的全部交易行为。B to B 电子商务模式是电子商务的主流模式,也是企业面临激烈的市场竞争时,改善竞争条件、建立竞争优势的主要方法。

B to B 电子商务模式主要是针对企业内部以及企业(B)与上下游合作厂商(B)之间的信息整合,并在互联网上进行企业与企业间的交易。因此,B to B 电子商务模式不仅可以减少企业内部信息流通的成本,还可以使企业与企业之间的交易流程更快速,为企业带来更高的生产效率、更低的劳动成本及更多的商业机会。

(2)企业与消费者之间(business to customer,B to C)的电子商务模式。

企业与消费者之间的电子商务模式,简称 B to C 模式(亦称 B2C 模式),是消费者利用互联网直接参与经济活动的模式,类似于商业电子化的零售商务。随着互联网的出现,网上销售迅速发展起来,B to C 模式就是企业通过网络销售商品或为个人消费者提供服务。即企业直接将商品或服务放到网络上销售,并提供充足信息与便利接口来吸引消费者选购。B to C 模式的典型代表是亚马逊、天猫、京东和唯品会等电子商务平台。

(3)消费者与消费者之间(customer to customer,C to C)的电子商务模式。

消费者与消费者之间的电子商务模式,简称 C to C 模式(亦称 C2C 模式),是电子商务平台通过为买卖双方提供在线交易平台,使企业可以主动提供商品上网拍卖,而消费者可以自行选择商品进行竞价,其代表是 eBay、淘宝网。C to C 模式下消费者与消费者之间的互动交易方式是多变的,例如消费者可在某一竞标网站或拍卖网站上共同线上出价而由价高者中标,或消费者自行在网络论坛中张贴布告出售二手货品甚至新品。

(4)消费者与企业之间(customer to business,C to B)的电子商务模式。

消费者与企业之间的电子商务模式,简称 C to B 模式(亦称 C2B 模式),是互联网经济时代新的商业模式。这一模式改变了原有生产者(企业和其他组织)和消费者之间的关系,是一种消费者贡献价值、企业和其他组织消费价值的模式。C to B 模式与我们熟知的供需模式恰恰相反。真正的 C to B 模式应该先有消费者需求,而后才有企业生产,即先由消费者提出需求,后有生产企业按需求组织生产。C to B 模式是消费者根据自身需求定制商品和价格,主动参与商品设计、生产和定价,商品、价格等体现消费者的个性化需求,生产企业进行定制化生产。

按照实现难度及层级不同,C to B 模式又可分为以下 3 种。

①聚定制,即通过聚合消费者的需求组织企业批量生产,以让利于消费者。其流程是提前交定金抢占优惠价名额,然后在活动当天交尾款,这是该模式最大的亮点。例如,在天猫、淘宝网"双 11"活动预热阶段,平台预售商品,收取消费者订金,这样可以为活动当天的成交达成奠定基础。C to B 模式对于企业的意义在于可以提前锁定消费群体,有效缓解 B to B 模式下企

业盲目生产带来的资源浪费,降低企业的生产及库存成本,提高产品周转率,对于商业社会中的资源节约可起到极大的推动作用。美团、糯米等团购平台属于聚定制的代表。

②模块定制,属于 C to B 模式中的浅层定制,是为消费者提供了一种模块化、菜单式的有限定制方式。考虑到整个供应链的改造成本,为每位消费者提供完全个性化的定制产品,目前在很多行业中实施起来还不太现实。引领 C to B 模块定制的企业当属海尔,消费者可以在海尔的线上商城根据自己的喜好和需求,定制个性化的家电产品。

③深度定制,也叫作参与式定制,在此模式下消费者能参与到定制的全部流程中。厂家可以完全按照消费者的个性化需求来定制,每一件商品都可以算是一个独立的库存量单位。目前,深度定制较成熟的行业当属服装、鞋、家具行业。以定制家具为例,每位消费者都可以根据户型、尺寸、风格、功能实现完全个性化定制。这种完全个性化的定制最大限度地满足了消费者个性化的需求,因此正在占领成品家具的市场份额。深度定制最核心的难题是如何解决大规模生产与个性化定制相背离的矛盾。深度定制的典型代表是定制家具企业尚品宅配,这家被称为"传统产业转型升级的典范"的企业将 IT 技术与互联网技术进行了深度整合,通过其设计系统、网上订单管理系统、条码应用系统、混合排产及生产过程系统解决了以上难题。

(5)政府与企业之间(government to business,G to B)的电子商务模式。

政府与企业之间的电子商务模式,简称 G to B 模式(亦称 G2B 模式),即政府通过电子网络系统进行电子采购与招标,精简管理业务流程,快捷、迅速地为企业提供各种信息服务。在 G to B 模式中,政府主要通过电子化网络系统为企业提供公共服务。G to B 模式旨在打破各政府部门的界限,实现业务相关部门在资源共享基础上迅速、快捷地为企业提供各种信息服务,精简管理业务流程,简化审批手续,提高办事效率,减轻企业负担,为企业的生存和发展提供良好的环境,促进企业发展。

G to B 模式对企业的服务体现在三个层面:政府对企业开放各种信息,以方便企业的经营活动;政府为企业提供电子化服务,包括税收电子化服务、审批电子化服务等;政府对企业进行监督和管理,市场监管、质检、环保等部门提供网络举报的渠道。例如,各地方市场监督管理局的门户网站会提供网上办事大厅及查询平台、举报平台等功能,以方便企业办理各项事务。

(6)政府与公众之间(government to citizen,G to C)的电子商务模式。

政府与公众之间的电子商务模式,简称 G to C 模式(亦称 G2C 模式),是指政府通过电子网络系统为公众提供各种服务。G to C 模式所包含的内容十分广泛,主要包括公众信息服务、电子身份认证、电子税务、电子社会保障服务、电子民主管理、电子医疗服务、电子就业服务、电子教育及培训服务、电子交通管理等。G to C 模式的目的是为公众提供方便、快捷、高质量的服务,开辟公众参政、议政的渠道,建立公众的利益表达机制,打造政府与公众的良性互动平台。

(7)企业到企业再到消费者之间(business to business to customer,B to B to C)的电子商务模式。

企业到企业再到消费者之间的电子商务模式,简称 B to B to C 模式,来源于 B to B、B to C 模式的演变和完善,是 B to B 和 B to C 的完美结合。采用 B to B to C 模式的电子商务企业需要构建自己的物流供应链系统,提供统一的服务。第一个"B"并不仅仅指品牌供应商,任何商品供应商或服务供应商都能成为第一个"B";第二个"B"是指电子商务企业或平台,其通过统一的经营管理对商品和服务、消费者终端同时进行整合,是广大供应商和消费者之间的桥梁,可以为供应商和消费者提供优质的服务。B to B to C 模式把"供应商→生产商→经销商→消费者"这几个供应链环节紧密连接在一起,整个供应链是一个从创造价值到价值变现的过程,对从生产、分销到终端零售的资源进行全面整合,不仅增强了企业的服务能力,还有利于消费者获得更多的增值服务。

2. 按照交易商品的形式划分

根据交易商品的形式不同,电子商务分为两种模式:无形商品和服务的电子商务模式、有形商品和服务的电子商务模式。

(1)无形商品和服务的电子商务模式。

无形商品和服务是指电子商务市场中的数字产品和服务(专指可以通过下载或在线使用等形式使用的数字产品和服务)。其具有无实物的性质,是在网上发布时默认无法选择物流运输的商品和服务,可用虚拟货币或现实货币交易买卖的虚拟商品,或指虚拟社会服务,主要包括计算机软件、股票行情和金融信息、新闻、音乐影像、电视节目、网络游戏中的一些商品和在线服务。

无形商品和服务的电子商务模式主要有广告收入模式和会员付费模式。

①广告收入模式。广告收入模式是指在线服务商免费向消费者提供在线信息服务,服务商的营业收入主要依靠网络广告来获取的模式。这种向 C 端(消费者)免费、向 B 端(企业广告主)收费的模式是目前较为成功的一种电子商务模式。例如,百度公司的在线搜索服务和今日头条的在线新闻服务的主要收入都来源于大量广告主在平台上投放的广告收费。

②会员付费模式。会员付费模式是指向客户端收费,注册会员(获取服务的个人或者企业)可通过付费获得相应的无形商品和服务的模式。在线服务企业通过该模式销售电子刊物、在线游戏、有线电视节目、在线教育课程、软件产品、设计类服务等,这类企业为了吸引消费者,一般为其提供免费的基础服务,通过提供付费的增值服务来获取利润。

(2)有形商品和服务的电子商务模式。

有形商品是指传统的实物商品,其可以通过互联网查询、下单、支付等,再通过物流配送,将商品送到消费者手中。这种电子商务模式较为常见,在此不再赘述。

2.2 电子商务常见模式

2.2.1 B to C 电子商务模式

1. B to C 电子商务模式概述

B to C 是企业对消费者直接开展商业活动的一种电子商务模式。这种电子商务模式以直接面向消费者开展零售业务为主,主要借助于互联网开展在线销售活动,故又称为电子零售或网络零售。我国 B to C 网络零售市场发展势头强劲,创新引领市场新业态和新技术发展,以无人便利店、无人餐厅、无人办公室货架为代表的零售形式层出不穷,刷脸支付服务再次升级了网络零售。

2016年,马云在杭州云栖大会开幕式上提出了"新零售"这一概念。新零售是指企业以互联网为依托,通过运用大数据、人工智能等先进技术手段,对商品的生产、流通与销售过程进行升级改造,进而重塑业态结构与生态圈,并对线上服务、线下体验以及现代物流进行深度融合的零售新模式。同年,国务院办公厅印发了《关于推动实体零售创新转型的意见》,明确了推动我国实体零售创新转型的指导思想和基本原则,将建立适应其融合发展的标准规范、竞争规则,引导实体零售企业逐步提高信息化水平,将线下物流、服务、体验等优势与线上商流、资金流、信息流融合,拓展智能化、网络化的多渠道布局。

2. B to C 电子商务模式的分类

根据经营的商品范围和品牌不同,B to C 电子商务可分为品牌型垂直电子商务商城、平台型垂直电子商务商城和平台型综合电子商务商城。

(1)品牌型垂直电子商务商城。

这类线上商城一般只销售单一品牌、单一品类的商品,适用于某类商品的生产厂商或代理商在网上开展销售业务,在销售该商品的同时,也实现了品牌的广告宣传。无论是刚刚上市的新产品还是人们熟悉的品牌产品,为弥补商品品种单一带来的网站题材单调的缺点,这类商城大多围绕该商品的销售开展各种形式的广告及促销活动。对商品的介绍主题鲜明、内容详尽,培养消费者对商品品牌的忠诚度是这类线上商店的经营特色。例如,国内的小米商城和华为商城是小米和华为品牌为旗下产品建立的垂直电子商务商城。再比如,意大利一家销售葡萄酒的线上商店,不仅提供葡萄酒商品信息,还推出了葡萄酒的酿造工艺、种类、质量鉴别、世界著名葡萄园以及葡萄酒制造商的发展历史等内容,进入网站后人们仿佛来到了一个葡萄酒博物馆。

此外,还有一些传统生产企业网络直销型的商城,其主要是为了协调企业原有的线下渠道与网络平台的利益,实行差异化销售。例如,线上销售所有产品系列,传统渠道销售的产品则体现地域特色;实行差异化的价格策略,同一商品在不同的时间段设置不同的线下和线上价格。

(2)平台型垂直电子商务商城。

这类商城销售的是多品牌的某一类商品,如化妆品、鲜花、礼品、玩具等,其采用在某一个行业或细分市场深化运营的电子商务模式。这种商城的优势在于能够满足消费者某一方面的消费需求,使消费者容易挑选到满意的商品,尤其适用于零售方式。同时,此类商城"小而精",由于商品种类单一,可降低成本,因而是目前线上商城采用较多的一种形式。

(3)平台型综合电子商务商城。

这类商城如同百货商场或超级市场一样,销售的商品种类繁多、品种齐全,衣食住行无所不包,适合有各种消费需求的消费者光顾。由于容易吸引消费者,因此销售机会较多。但由于销售的商品较多,网站需要有一定的规模,因此前期投入较大,维护费用也较高,需要一定的经济实力支撑。例如,天猫商城、京东商城、亚马逊平台等,各平台都销售服装、食品、家电、家具等多品类商品,每个品类下面又涉及多个品牌的商品。

3. B to C 电子商务模式的流程

(1)B to C 电子商务模式后台管理流程。

B to C 电子商务模式后台管理主要是运营企业对线上平台的管理,主要涉及"进""销""存"三个流程。其中,涉及的功能有商品管理、期初数据管理、采购管理、销售管理、库存管理、商店管理、客户管理、应收款明细管理、应付款明细管理等,具体流程如图 2-1 所示。

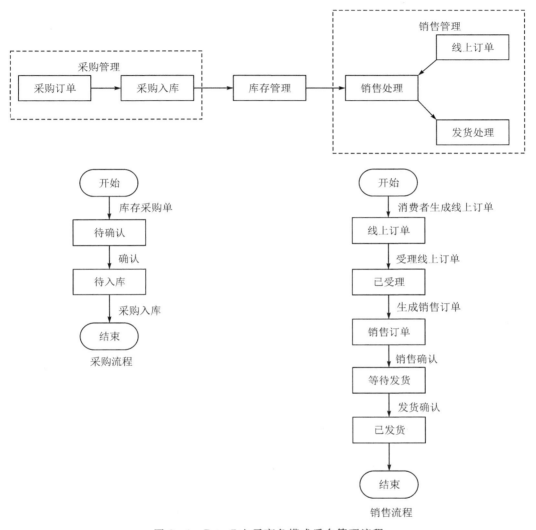

图 2-1 B to C 电子商务模式后台管理流程

(2)B to C 电子商务模式前台线上购物流程。

B to C 电子商务模式前台线上购物流程具体为:注册→查找商品→放入购物车→提交订单→支付订单→查看订单状态→收货后评价。B to C 电子商务模式前台线上购物的具体流程及操作如图 2-2 所示。

B to C 电子商务模式退货流程具体为:发起退货→货物送回并确认→退还消费者货款→退款到账确认。

4. B to C 电子商务模式网站的基本功能

(1)前台。

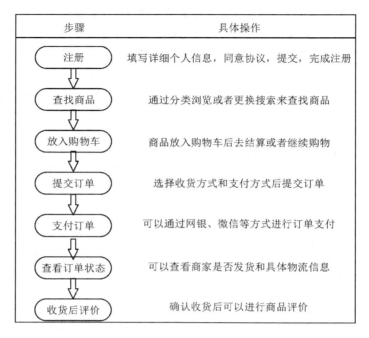

图 2-2　B to C 电子商务模式前台线上购物流程

①首页。首页具体包括以下内容。

商品搜索系统:在此系统下消费者输入关键字,搜索框自动提示关键字,包含此关键字的商品全部展示在搜索结果页中。

商品分类系统:运营人员可以根据市场和销售对象对商品进行分类,以方便消费者购买。

品牌展示系统:用于展示销售商品的品牌 Logo,包含品牌介绍、动态和活动。

热销排行系统:用于对每月、每周或每天的热销商品进行排行。

广告管理系统:用于首页广告图与横幅广告(Banner)的后台发布和更换。

公告管理系统:用于对网站的公告进行发布和管理。

商品展示系统:用于根据热销展示、消费者推荐展示、新品展示等展示不同类型的商品。

导购文章系统:用于展示与商品有关的消费者评论,提高消费者的购买转化率。

帮助中心系统:帮助中心主要以图文结合、操作教程的形式展示。

②商品列表页。商品列表页具体包括以下内容。

商品筛选系统:消费者可从功能、价格、属性等方面进行商品筛选。

③商品详情页。商品详情页主要包括以下内容。

支付管理系统:用于告知消费者有哪些付款方式,以及使用说明与注意事项。

物流配送系统:用于告知消费者有哪些配送方式以及签收注意事项等,重要的是运费计算功能。

标签管理系统:除商品参数、属性之外的资料,用于告知消费者使用注意事项、小贴士、商品常识等。

留言管理系统:消费者在某个商品下留言咨询,运营人员在后台可以看到此条留言并回复。

促销管理系统：用于举行促销活动，运营人员在后台可以手动进行商品的添加与删除。

④订单结算页。订单结算页主要包括以下内容。

优惠管理系统：消费者使用优惠折扣，运营人员在后台对优惠折扣进行管理。

支付后台系统：财务人员可以在后台查看订单支付状态，运营人员可看到支付成功的订单，交由采购人员或者物流人员进行商品采购或发货。

⑤订单状态页。订单状态页具体包括以下内容。

快递信息系统：后台发货后消费者可以看到相关单号，进入对应的快递公司网站可查询包裹状态。

订单状态系统：消费者成功下单后，可以查询订单状态，包括备货（缺货）、已发货、确认签收等状态。

留言管理系统：消费者在订单中添加备注或者留言，客户服务人员可以在后台看到详细信息，然后进行回复。

售后管理系统：消费者签收后，发现商品有问题，可以提交售后服务申诉。客户服务人员在后台可以看到，然后致电消费者，最后将处理结果登记到系统中。

⑥评价页面。评价页面具体包括以下内容。

评价管理系统：消费者只有在成功交易后，才可以在对应商品下发表评价，评价经过后台审核后才能通过；客户服务人员可以对消费者的评价进行回复，总结消费者的建议。

⑦商品推荐页面。商品推荐页面具体包括以下内容。

商品推荐：在商品页面上，消费者购买商品后可以将商品推荐给自己的好友。

⑧购买功能。购买功能具体包括以下内容。

购物车系统：消费者可以把商品放入购物车，以便消费者进行支付。同时，购物车可以记录消费者的购买行为，以便运营人员进行数据分析，提高购买转化率。

收藏夹系统：用于消费者收藏商品。

(2) 后台。后台页面主要包括以下内容。

后台人员管理：用于添加、查询、修改、删除管理员、客服、美工等工作人员。

消费者管理系统：用于添加、查询、修改、删除消费者，可以查看消费者信息及其订单。

商品管理系统：用于添加、查询、修改、删除商品和进行促销。

商品分类系统：用于添加、查询、修改、删除商品，便于引导消费者购买，分类详细，按需设置。

商品属性系统：用于添加、查询、修改、删除商品属性，如图书有书号、出版社、出版时间等字段信息。

订单管理系统：用于添加、查询、修改、删除订单。

品牌管理系统：用于添加、查询、修改、删除商品品牌，品牌包括 Logo 图片内容。

留言管理系统：用于添加、查询、修改、删除留言。

评论管理系统：用于添加、查询、修改、删除评论信息。

广告管理系统：用于添加、查询、修改、删除首页广告图，进行广告图的更换。

公告管理系统：用于添加、查询、修改、删除公告信息。

导购信息系统：用于添加、查询、修改、删除导购信息。

帮助中心系统：用于添加、查询、修改、删除帮助信息。

支付系统：用于订单的支付管理，与外部支付平台对接，包括支付宝、微信等第三方平台。

邮件管理系统：用于自动发送与消费者相关的邮件。

物流配送系统：用于商品的配送管理，与外部各个物流公司的系统对接，实现订单的物流配送跟踪。

4. B to C 电子商务模式的盈利模式

盈利模式在很大程度上由管理模式决定。受企业发展规模、发展战略、管理方式、销售渠道等因素的影响，不同企业 B to C 电子商务模式的盈利模式存在一定的差异，盈利水平也参差不齐。具体来说，B to C 电子商务模式的盈利模式包括以下四种。

（1）销售商品收益模式。

生产型企业可以通过 B to C 电子商务商城宣传和推广本企业的一些商品或服务，以实现销售目的。企业销售的商品或服务既包括企业自己生产的商品及服务，也包括加盟厂商的商品及服务。企业通过网络销售平台极大地拓展了其商品销售范围和销量，提高了其利润水平，如小米商城、华为商城、海尔商城等。

（2）网店服务费收益模式。

B to C 电子交易中介平台的主要收入来源是收取在平台上经营的企业的网店服务费。例如，天猫商城的常规费用包括保证金及技术服务费。品牌旗舰店、专卖店的保证金通常为：带有 TM 商标的为 10 万元，全部为 R 商标的为 5 万元。专营店的保证金通常为：带有 TM 商标的为 15 万元，全部为 R 商标的为 10 万元。此外，企业还需要按照其销售额（不包含运费）的一定百分比（费率）交纳技术服务费（0.5%～5%不等）。

（3）网络广告收益模式。

在 B to C 电子交易中介平台上经营的企业，为了获得更多的消费者，需要在这些平台上做大量的广告宣传。如天猫商城的直通车竞价排名广告，企业需设置相应商品的竞价关键词，展示在消费者的搜索结果中；还有传统的硬广告，通常在全网首页、各级子页面以焦点图、文字链接等形式出现。从天猫首页广告位置点击进入并成功购买的消费者，企业需要向天猫支付 30～50 元不等的流量广告费用。

（4）网站间接收益模式。

当 B to C 商城发展到相当规模的时候，每天有海量的消费者和交易量，这时企业可以通过价值链的其他环节间接获取利润。例如，天猫商城近 90% 的消费者使用支付宝进行支付，有巨大的交易金额和沉淀资金，阿里巴巴集团可以利用支付时间差进行相关的资金投资，获取更多的利润。亚马逊公司通过旗下亚马逊商城平台的大数据运营，分析消费者购买行为，可为其他的销售型企业提供精准的消费者网络营销服务。

2.2.2 B to B 电子商务模式

1. B to B 电子商务模式概述

B to B 电子商务模式是指企业与企业之间通过互联网进行商品、服务及信息交换的电子商务活动。通常，交易双方通过各类电子商务平台完成供求信息发布、商务洽谈、订货、签订电子合同、网上支付、票据签发及传递、物资配送及监控等。B to B 电子商务模式的涉及面十分广泛,企业通过信息平台和外部网站将面向上游供应商的采购业务和面向下游代理商的销售业务联系在一起,从而可降低彼此的交易成本。

随着"互联网＋"战略的进一步实施,电子商务的发展已经到了成熟阶段。电子商务在各行业中的渗透率继续提高,越来越多的大中型企业借助电子商务打造"互联网＋企业"的模式,实现企业内部、企业与企业之间的现代信息化交易,电子商务已经成为我国经济发展的新动能。据国家统计局的调查显示,2020 年我国电子商务交易额为 37.21 万亿元,比上一年增长 4.5%。其中,B to B 交易额占电子商务整体交易额仍然最大。

B to B 电子商务模式是电子商务的主要运作模式。以钢铁、化工、建材、农业等领域为代表的 B to B 电子商务迅速发展,中国政府积极推进供给侧改革,国内企业纷纷转型,落实"互联网＋"政策,B to B 电子商务的发展不断出现新机遇。B to B 电子商务的发展有以下几个特点。

(1) B to B 电子商务平台的服务广度和深度不断扩展。

目前,部分 B to B 电子商务平台已经从信息平台转变为交易平台,信息服务模式在 B to B 电子商务发展中的优势逐步消失。同时,在线交易模式正在快速占领市场。

(2) 供应链线上线下协同发展。

优化交易结构流程,降低供应链交易成本,线上线下协同发展,对优化资源和提高效率有很大作用。

(3) 垂直型 B to B 电子商务平台专注于商品和服务。

垂直型 B to B 电子商务平台聚焦于某一具体品类或者行业,更加了解消费者的需求,对某一品类或行业更加专注,可以积累更多的客户资源,提供一站式供销服务。

(4) 地方特色产业 B to B 电子商务发展迅速。

地方特色产业 B to B 电子商务,使得互联网与这些特色产业相结合,实现"互联网＋特色产业"的创新。在 B to B 电子商务平台上构建专属卖场,线上线下相结合,可实现产业转型升级、优化重组,营造良好的发展态势。

(5) B to B 电子商务软件即服务(software-as-a-service,SaaS)模式崛起。

目前,大数据、云计算、人工智能扮演着重要角色,三者相结合,将会形成人工智能在云端利用大数据创造价值的模式。未来在大数据、云计算及人工智能的发展和应用下,各种智能配件、智能汽车等将会逐渐发展起来,这也标志着中国将迎来 SaaS B to B 市场的高速发展期。

2. B to B 电子商务模式的分类

B to B 电子商务模式有很多种,可以根据不同的分类标准进行分类。根据交易平台的构建主体,B to B 电子商务模式可分为基于企业自有网站的 B to B 电子商务和基于第三方中介网站的 B to B 电子商务。根据交易的贸易类型不同,B to B 电子商务模式可分为内贸型 B to B 电子商务模式和外贸型 B to B 电子商务模式。根据买方和卖方在交易中所处的地位不同,B to B 电子商务模式可划分为以下三种模式。

(1) 以买方为主导的 B to B 电子商务模式。

以买方为主导的 B to B 电子商务模式也叫网上采购,是一个买家与多个卖家之间进行交易的模式。买方发布需求信息(商品名称、规格、数量、交货期),召集供应商前来报价、洽谈和交易。这种模式汇总了卖方企业及其产品的信息,使买家能够综合对比,绕过分销商和代理商,为买方提供更好的服务,从而加速买方的业务开展。这种模式可使采购过程公开化、规范化,实现信息共享,加快信息流动的速度,扩大询价、比价的范围,节省交易费用,强化监督控制体系,提高整个运营环节的工作效率。

(2)以卖方为主导的 B to B 电子商务模式。

以卖方为主导的 B to B 电子商务模式是 B to B 电子商务模式中最普遍的一种,也就是网上直销型的 B to B 模式。在这种模式下,个人消费者和企业买主都处于供应商的市场环境中,卖方发布欲销售的商品信息(商品名称、规格、数量、交货期、价格),吸引买方前来认购。卖方可以是制造商或分销商,向批发商、零售商和大企业直接销售,即一个卖家对多个潜在买家。这种模式可以加快企业产品销售进度,实现新产品推广,降低销售成本,扩展卖方渠道(包括数量、区域)等。这种模式的一个显著特征是比较偏向于为卖方服务,而不会较多兼顾买方的利益。

(3)中立的 B to B 电子商务模式。

中立的 B to B 电子商务模式是指由买方、卖方之外的第三方投资自行建立起的中立的网上交易市场,是供买卖多方参与的竞价拍卖模式,是一对多买方主导和多对一买方主导交易模式的综合。这一模式包括水平型 B to B 电子商务模式和垂直型 B to B 电子商务模式两种类型。

①水平型 B to B 电子商务模式是以提供供求信息为主的平台,买方和卖方可以在此分享信息,发布广告,竞拍投标,进行交易。水平型 B to B 电子商务网站追求的是"全",获得收益的机会较多,而且潜在的用户群体比较大,所以能够迅速地获得收益。但是,其风险主要体现在用户群体是不稳定的,被模仿的风险较大。

②垂直型 B to B 电子商务模式,又称纵向电子商务市场,是提供某一类商品及其相关商品(互补商品)的一系列服务(网上交流、广告、网上拍卖、网上交易等)的电子商务交易平台。垂直型 B to B 电子商务网站的专业性较强,一般定位在一个特定的专业领域内,如 IT、化学、医药、钢铁、农业等。

3. B to B 电子商务模式的交易流程及网站的基本功能

(1)B to B 电子商务模式交易流程。

B to B 电子商务模式交易流程具体如下:

①商业客户向销售商订货时,首先要发出"用户订单"。该订单中应包括商品名称、数量等一系列与商品有关的信息。

②销售商收到"用户订单"后,根据"用户订单"的要求向供货商查询商品情况,发出"订单查询"。

③供货商收到并审核"订单查询"后给予回答,回答内容通常是有无货物等。

④销售商在确认供货商能够满足商业客户"用户订单"要求的情况下,向物流商发出有关货物运输情况的"运输查询"。

⑤物流商在收到"运输查询"后给予回答,内容包括有无能力完成运输,及相关运输的日期、线路、方式等。

⑥在确认运输无问题后,销售商即刻给商业客户一个满意的回答,同时要给供货商发出

"发货通知",并通知物流商运输。

⑦物流商接到"运输通知"后,将商品从供货商处运输到商业客户处。接着,商业客户向支付网关发出"付款通知",支付网关进行转账。

⑧支付网关向销售商发出交易成功的"转账通知"。

(2) B to B 网站的基本功能。

B to B 网站的基本功能包括:商品信息发布、关键字设置、免费会员权限设置、分析竞争对手、引擎优化、邮件列表杂志订阅、销售信息、分类排名、论坛管理、系统管理。

①商品信息发布。商品信息发布模块的设计目的在于使企业便捷地将商品、服务等信息在 B to B 网站进行展示。发布商品信息时最需要注意关键字的选择,客户根据关键字搜索商品,并且关键字是 B to B 网站搜索排名的重要依据。如果商品搜索结果比较靠后,则应通过 B to B 网站系统模块适当调整关键字使排名靠前。

②关键字设置。关键字设置是企业产品在 B to B 网站上操作的重点,多家企业产品的关键字常常出现互相竞争的状况。对此,应用 B to B 网站的企业可通过系统后台有效发掘和扩展关键字。

③免费会员权限设置。B to B 网站与其他零售网站相比具有一定的规范性,需要客户注册、登录账号才能查看商品信息、订单信息及支付货款。系统根据会员的等级设置不同的权限,提供差异化的服务。例如,高级会员可定期在首页上发布广告,可利用平台的短信服务直接联系客户等。

④分析竞争对手。分析竞争对手模块主要从采购商的角度来分析竞争对手的不足,促使采购商在商品介绍、商品图片、厂房介绍、各种认证上下功夫,提高竞争力。

⑤引擎优化。网站级别较高的 B to B 网站设置引擎优化模块,可提供定制开发服务,使会员的二级网站主页能够获得百度、搜狗等搜索引擎的抓取,为会员提高知名度创造便利条件。

⑥邮件列表杂志订阅。设置邮件列表杂志订阅模块,从而增强企业产品推广力度。在申请订阅之后,平台会通过此模块把最新的行情及信息发至客户的邮箱。

⑦销售信息。B to B 平台的强大之处主要通过销售信息模块体现出来。企业运用此模块,可对商品展示内容中的标题进行设置,并且可以不断刷新更新速度,达到有力宣传商品、进行商品推广的目的。

⑧分类排名。B to B 平台商品可进行分类排名,商品分类具有准确性、多样性的特点。很多采购商通过分类排名对商品进行筛选。买家可通过常用分类来查找商品信息。

⑨论坛管理。该模块将论坛系统与会员系统整合,对论坛内容进行管理,同时支持会员创建和加入不同的论坛,促进网站会员之间的交流。

⑩系统管理。该模块可对网站数据库和文件进行管理,以使网站页面得到及时更新和调整。

4. B to B 电子商务模式的盈利模式

(1)以提供商品供应、采购信息服务为主要盈利模式。

以提供商品供应、采购信息服务为主要盈利模式的网站建立了分类齐全、商品品种多、商品参数完善、商品介绍详细的商品数据库,注重商品信息的质量;不断更新商品数据库,有新的、真实的、准确的商品信息时及时发布，以全面提升采购体验，吸引更多采购商和供应商来网站发布、浏览、查找信息。该类网站的盈利主要来自向中小供应商收取的会员费、广告费、竞价排名费、网络营销基础服务费等。

（2）以提供加盟代理服务为主要盈利模式。

产品直接面向消费者的品牌企业，需要通过招募加盟商、代理商来销售产品。以提供加盟代理服务为主要盈利模式的网站主要围绕品牌企业、经销商的需求来设计功能和页面。比如，服装网站要做好动态、图库、流行趋势等行业资讯内容，全面收集服装品牌信息，建立数量大、准确度高的加盟商、代理商数据库。这类网站的盈利主要是收取品牌企业的广告费、会员费，其中广告费占较大比重。

（3）以提供生产代工信息服务为主要盈利模式。

采购商可以在该类网站上通过图片、视频和 VR 等方式观看代工厂商的实地厂房和生产线，了解工厂的实际生产能力，从而选择合适的代工厂。这类网站的盈利模式是通过为代工厂提供订单，收取代工厂会员费和广告费。

（4）以提供小额在线批发交易服务为主要盈利模式。

以提供小额在线批发交易服务为主要盈利模式的网站了解零售商的需求，建立了完善的在线诚信体系和支付体系，商品种类丰富，信息详细。

（5）以提供大宗商品在线交易服务为主要盈利模式。

以提供大宗商品在线交易服务为主要盈利模式的网站指主要以收取交易佣金、提供行业分析报告、举办行业会议等为盈利模式的网站，其中买卖双方诚信审核、支付、物流问题可通过第三方合作伙伴来解决。进入这类网站时要首先选好行业，一般成熟行业的门槛比较高，可选择在一些新兴的市场发展。

（6）以提供企业竞争性情报服务为主要盈利模式。

以提供企业竞争性情报服务为主要盈利模式的网站，其团队核心管理层具有一定行业背景，比较适合那些从这类网站辞职的分析员，以及具有行业协会、商会、贸易商等行业背景的人来开办。其盈利来源为收取会员费、咨询费、会议费、广告费等。

（7）以"商机频道＋技术社区服务"为主要盈利模式。

技术社区的盈利来源包括招聘求职服务、技术会议服务、培训学校广告服务、软件广告服务、设备广告服务等。为了增强商机频道的用户黏性，运营时要服务好技术"新手"和技术"高手"，让"高手"在社区展示自己的才能和商品，获得精神满足；让"新手"在这里学知识，向技术"高手"提问。这样，技术社区才能有内在的推动力，获得长远的、持续不断的发展。这类网站一般包括问答、博客、图库、招聘求职、资料下载、个人空间、微博、会议等栏目频道。

（8）以"B to B 行业网站＋行业资讯服务"为主要盈利模式。

行业资讯类资料在印制过程中一定要注意控制成本，开始投放时不要印刷太多，同时结合线下渠道一起推广，一般可通过参加各地的展会免费派发，也可通过快递免费派发给目标客户，投放一定要精准。其盈利来自收取封面、前彩页、内插页、页眉、页脚、书签等广告位的费用。

（9）以"B to B 行业网站＋行业资讯＋展览、会议服务"为主要盈利模式。

一般以"B to B 行业网站＋行业资讯＋展览、会议服务"为主要盈利模式的网站在举办会议时,需要与行业高层建立良好的合作关系,包括协会、地方政府、高校、科研院所,结合 B to B 行业社区运营,通过社区吸引行业用户的关注,然后将这些用户集中在一起召开会议,解决问题。

(10)以"B to B 行业网站+域名空间+网站建设+搜索引擎优化服务"为主要盈利模式。

要做好这类网站,团队要有企业网站建设操作经验、行业网站运营经验、企业网站搜索引擎优化排名经验。一些有网站建设背景、网络营销推广服务背景的企业会选择这种模式来建设 B to B 行业网站。

本章小结

在网络经济时代,电子商务模式的选择已经成为各企业战略规划的重要内容。本章介绍了电子商务模式的定义和分类,具体讲述了 B to B、B to C 等电子商务模式,分析了各种模式的盈利模式。

工作任务

借助 i 博导平台(https://www.ibodao.com/),自学电子商务基础部分"电子商务那些事"第 3 节。

实践应用

登录某电商平台网站,试分析其电子商务的开展情况。

任务拓展

1. 你如何理解电子商务模式的含义?
2. 简述电子商务盈利模式的主要类型。

第 3 章　电子商务物流

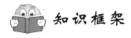 知识框架

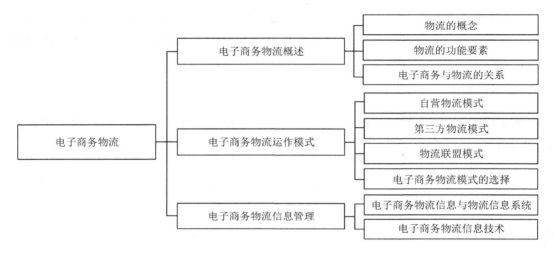

 知识目标与能力目标

知识目标：

1. 理解电子商务物流的定义和功能要素
2. 熟悉电子商务物流运作模式
3. 了解电子商务物流信息技术的定义和构成

能力目标：

1. 了解电子商务与物流的关系
2. 掌握电子商务物流信息技术
3. 掌握电子商务物流的理论与应用

 案例导入

亚马逊物流供应链体系

亚马逊（Amazon）是全球最早开始经营电子商务的公司之一，成立于1995年，总部位于西雅图。亚马逊从初期的在线图书零售商逐渐发展成为一家综合服务提供商，其产品和服务已超越网络零售范畴。2020年伊始，受新冠肺炎疫情的冲击，全球股市暴跌，但亚马逊股价大涨

30%,属于美国企业中为数不多的"逆3行者"。亚马逊在2019年世界500强企业位列第13,2020年全球500个最具价值品牌中位列榜首。

亚马逊从成立之初到2015年才实现第一次季度盈利,不是它没有盈利能力,而是它主动选择不盈利,把利润全部用来扩张业务。亚马逊致力于打造遍布全球的现代物流体系,其自建物流可有效提升电商服务质量,提高产品寄递过程可控性,提高与第三方物流议价能力,并在形成规模效应后有效降低物流成本。随着时间推移,亚马逊很可能将物流服务提供给第三方来提升利润率。亚马逊对物流的强大整合能力主要基于全球仓储网络、多种配送模式,以及前沿科技。

(一)覆盖全球的仓储网络

全球布局:通过前期大量资金投入设施建设,亚马逊在全球逐渐形成一张高效服务网络。截至2020年6月,亚马逊在全球拥有物流配送基础设施(包含分拣、订单履行、配送中心等)共1182处。其中,位于美国的有559处,位于英国的有97处,位于德国的有49处,位于印度的有331处(包括250个末端配送站)。为确保所有客户能够享受到高效寄递体验,所有配送中心毗邻人口聚集的大都市或交通枢纽,即使人口稀疏的地区,亚马逊也会布局规模较小的服务网点。

(二)综合配送能力

在运输与配送环节,亚马逊最初实行第三方物流合同制。随着业务量爆发式增长,合同物流暴露出缺乏可控性、灵活性等弊端。物流服务是产品质量的一部分,在2013年经历灾难性的大量包裹延误后,亚马逊加速建立自有物流团队,逐渐减少对物流企业的依赖。据统计,2019年亚马逊美国境内包裹量高达45亿件,其中通过自建物流网络交付的包裹23亿件,占美国电商106亿件包裹配送量的22%,这个数字让亚马逊成为美国第四大快递公司。目前,亚马逊有飞机44架(另外6架在筹备中),在全美20多个机场枢纽有物流基础设施。辛辛那提/北肯塔基国际机场的自用航空货运中心正在建设中,预计2021年投入使用。亚马逊的末端配送主要通过三种方式进行:一是外包给美国邮政、联邦快递、联合包裹等企业,这是亚马逊最早使用的模式。二是快递服务合作伙伴模式,这是以众包模式搭建的末端配送网络,投资者通过亚马逊的审核就可成为亚马逊的专属快递伙伴。三是智能化的新型配送模式,如Amazon Flex,有空闲时间的司机以"零工"模式参与配送,解决快递业高峰时期运力不足、低谷时段工薪负担重的双重矛盾。

(三)仓储自动化及大数据智慧物流

拥有遍布全球的仓储、配送网络以及先进自动化设备,还不足以达到世界顶尖物流运营水平,大数据智慧物流运营系统才是背后的支撑力量。亚马逊在业内率先利用大数据、人工智能、云技术进行仓储物流管理,将全球所有仓库紧密相连,实现快速响应的同时确保精细化运营,此运营系统具备强大数据运算和分析能力,兼容性高,灵活对接能力强。

资料来源:国家邮政局发展研究中心.亚马逊飞轮及物流供应链体系[EB/OL].(2020-07-29)[2021-05-30]. https://baijiahao.baidu.com/?id=167354012315986934&wfr=spider&for=pc.

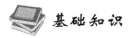
基础知识

3.1 电子商务物流概述

3.1.1 物流的概念

1. 物流概念的形成

物流的概念最早出现在美国。20世纪初,一些发达资本主义国家出现生产过剩与需求不足的经济危机,市场竞争的加剧使人们开始关注分销工作,萌发了物流的概念。1915年,阿奇·萧在《市场流通中的若干问题》一书中首次提出了"physical distribution"(即PD)的概念,有人将它译为"实体分销",也有人译为"物流",这被认为是物流概念最早的雏形,此时的"PD"概念考虑的只是单纯的生产者至消费者之间的货物配送问题。

将物流作为一门科学从系统的观点进行研究,是在第二次世界大战末期,从美国军事后勤部门的研究开始的。第二次世界大战期间,由于前线形势变化较快,出现了如何组织军需品的供给,各供应基地、中转基地、前线供应点如何合理规划,如何确定最优运输线路等问题,于是美国军队围绕战争期间军需物质的供应建立了现代军事后勤(logistics),对战略物资的生产、采购、运输、仓储、配送等进行全过程管理,形成了一门"后勤管理"(logistics management)学科。这一系列的研究导致了现代物流学科的出现。所以,至今美国还广泛地把物流学称为"后勤学",许多国家定义物流概念时更多地使用"logistics"而不是"physical distribution"。

日本最早引用"物流"概念是在20世纪50年代中期。当时,日本非常重视学习西方的科学技术,日本的流通技术在考察美国时引入了"物流"概念。此后,经过很长时间的研究与实践,终于在1965年,"logistics"一词被日本理论界和产业界普遍接受,并将其解释为"物的流通"或"实物流通",之后又被译为物流或综合物流。

我国于20世纪80年代初从日本引入了"物流"这一词汇。40多年来,随着理论界对物流理论研究的加深,以及企业界大量的物流实践活动,人们对物流的认识也在不断加深。物流概念引入我国大体经历了以下三个阶段:

(1)第一阶段(20世纪80年代初至90年代初)。这一阶段从欧美市场营销理论的引入开始接触物流概念。尽管当时在中国还尚未形成"物流"的概念,但是类似物流的行业是客观存在的。例如,中国的"储运"与国外的"物流"便很相似,只是限于这个时期中国的经济体制正处于转轨时期,真正意义上的现代物流尚未形成。

(2)第二阶段(20世纪90年代中期至90年代末期)。一方面,由于对外开放力度加大,大量跨国公司进入中国,将现代物流(logistics)的理念传播给中国;另一方面,大量"三资"企业的生产和制造活动开始本地化,对现代物流(logistics)产生了需求。于是,一批传统储运企业开始向开展综合物流业务的现代物流企业转型。

(3)第三阶段(20世纪末至今)。一方面,由于世界经济一体化进程的推进,国际政治、技术和管理对中国经济产生了深刻影响,促进了中国物流业的发展;另一方面,由于中国社会主义市场经济体制建设的进程加快,现代物流发展的客观需求和市场环境基本具备,现代物流开始在中国进入全面发展的新阶段。

2. 物流的定义

通过上述物流概念的形成可知,物流一直处于不断发展的过程中,其概念也一直在更新,在不同的时期有着不同的内涵。

(1) 美国市场营销协会对物流的定义(20世纪50年代)。

物流是物质资料生产阶段移动到消费者或利用者手里,并对该移动过程进行管理。

(2) 美国物流管理协会对物流的定义(20世纪80—90年代)。

物流是供应链流程的一部分,是为了满足客户需求而对商品、服务及相关信息从原产地到消费地的高效率、高效益的正向和反向及储存进行的计划、实施与控制过程。其内容包括客户服务、搬运及运输、仓库保管、工厂和仓库选址、库存管理、接受订货、流通信息、采购、装卸、零件供应并提供服务、废弃物回收处理、包装、退货业务、需求预测等。

(3) 日本日通综合研究所对物流的定义(20世纪80年代)。

物流是物质资料从供给者向需要者的物理移动,是创造时间性、场所性价值的经济活动。具体包括包装、装卸、保管、库存管理、流通加工、运输、配送等诸多活动。

(4) 欧洲物流协会对物流的定义(20世纪90年代)。

物流是在一个系统内对人员或商品的运输、安排及与此相关的支持活动的计划、执行与控制,以达到特定的目的。

(5) 中国国家标准《物流术语》(GB/T 18354—2006)对物流的定义(20世纪90年代)。

物流是指物品从供应地向接收地的实体流动过程。根据实际需要,将运输、储存、装卸、搬运、包装、流通加工、配送、信息处理等基本功能实施有机结合。

3.1.2 物流的功能要素

现在,物流的概念从模糊逐渐变得清晰,外延逐步扩充,物流所应具备的功能也从单一的运输概念发展成为包括运输、仓储、装卸、包装、流通加工、废弃物回收等多功能的综合物流。同时,随着计算机技术的飞速发展,物流信息也成为物流不可分割的一个功能,从而构成了一个功能全面的综合物流大系统。具体来说,物流可以划分为以下几个方面。

1. 运输

运输是物流的重要活动要素之一,是物流的关键,主要是指在既定设施网络和信息能力的条件下对存货进行空间上定位的活动。任何跨越空间的物质实体的流动都可称为运输。运输可以创造场所效应和空间价值。场所效应是指物质实体在不同场所的使用价值不同,通过空间的转移可以最大限度地发挥其使用价值;空间价值是指通过改变物品的空间位置而创造价值,实现物品由供应地点向需求地点的移动。运输功能的发挥,缩短了物质交流的距离,扩大了社会经济活动的范围并实现了在此范围内价值的平均化、合理化。

 拓展阅读

五种运输方式的对比

物流的快速发展离不开运输,目前运输方式主要有五种,即铁路运输、公路运输、水路运输、航空运输、管道运输。五种运输方式的比较见表3-1。

表 3-1　五种运输方式比较

对比项目	铁路运输	公路运输	水路运输	航空运输	管道运输
成本	中	中	低	高	很低
速度	快	快	慢	很快	很慢
频率	高	很高	有限	高	连续
可靠性	很好	好	有限	好	很好
可用性	广泛	有限	很有限	有限	专业化
距离	长	中、短	很长	很长	长
规模	大	小	大	小	大
能力	强	强	很强	弱	很弱

2. 储存

储存功能也是物流的重要活动要素之一,是物流体系中唯一的一个静态环节。在物流中,运输承担了改变物品空间状态的责任,储存则改变了物品的时间状态。运输和储存是物流运动空间和时间上的两个主要支柱。存储的作用主要表现在两个方面:一是完好地保证货物的使用价值和价值;二是为将货物配送给用户,在物流中心进行必要的加工活动而进行保存。

库存主要分为基本库存和安全库存。基本库存是补给过程中产生的库存。在订货之前库存处于最高水平,随着日需求不断消耗存货,库存数量不断减少直至为零。而在实际生产中,在库存没有降低为零时,就要开始启动订货程序,在发生缺货之前要能够完成商品的补给,而在订货过程中必须保持的库存量就是基本库存。但是补给过程中存在诸多不确定性因素,如运输延误,商品种类、质量等不符合要求,销售的周期性变化或突然变化,这就需要企业必须另外储备一部分库存来应对不确定因素,即安全库存。

目前常见的存储形式有以下几种类型:配送中心型——具有发货、配送和流通加工的功能;存储中心型——以存储为主;物流中心型——具有存储、发货、配送、流通加工等功能。

3. 装卸搬运

装卸搬运是物流各个作业环节连接成一体的接口,是运输、保管、包装等物流作业得以顺利实现的根本保证。装卸一般是与搬运相伴发生的,装卸和搬运质量的好坏、效率的高低是整个物流过程的关键所在。

4. 流通加工

流通加工发生在流通领域的生产过程中,是对商品深入的辅助性加工,主要作用是直接流通和销售服务。在流通过程中,可以弥补生产过程中加工程度的不足,更有效地满足用户的需求,更好地衔接生产和需求环节。它是物流活动中的一项重要增值服务,也是现代物流发展的一个重要趋势。目前企业流通加工的类型主要包括分选加工、精致加工和分装加工三种。流通加工的主要作用是:进行初级加工,方便用户提高原材料利用率;提高加工效率及设备利用率;充分发挥各种运输手段的最高效率;改变品质,提高收益水平。

5. 配送

配送是物流体系中由运输派生出的功能,也是物流中一种特殊的形式,是商流与物流的密切结合。配送是指按照用户的订货要求和时间计划,在物流据点进行分别加工和配货等作业后,将配好的货物送交收货人的过程。配送并不是单纯的运输或输送,而是运输与其他活动共同构成的组合体,几乎包括了所有的物流功能要素。一般来说,配送是短距离的运输,是物流体系末端的延伸功能,发生在流通与消费的交汇处。

配送中心是从事货物配备(集货、加工、分货、拣选、配货)和组织为用户运货,高水平地实现销售或供应的现代物流组合体。配送中心的作业流程包括进货、搬运、储存、盘点、订单处理、拣货、补货、出货等作业。

6. 信息处理和集成

现代物流已经不是简单的物资流通,它不仅要求提供准确高效的运输、保管、装卸、搬运、包装等功能,而且对于物品从生产到消费过程中产生的各种物流信息需要进行准确的处理和整合。物流信息是连接运输、保管、装卸、搬运、包装各环节的纽带,没有各物流环节信息的通畅和及时供给,就没有物流活动的时间效率和管理效率,也就失去了物流的整体效率。企业通过不断地收集、筛选、加工、研究和分析各类信息,并以此为依据,判断生产和销售方向,决定企业经营战略,是在竞争中保持不败的重要条件。

物流信息种类繁多,从信息的载体及服务对象来看,可分为商流信息和物流信息。商流信息主要包括进行交易的有关信息,如货源、物价、市场、资金、合同、付款结算等信息;物流信息主要包括采购、库存、订单、运输、进出库、交货和费用等信息。

信息系统是整个物流活动的中枢神经,其主要功能如下:对上述各项业务进行预测、分析、优化、决策、计划和执行处理等,从而及时了解客户的需求;调整需求和供给的匹配;缩短从接受订货到发货的时间;库存适量化;提高搬运作业率;提高运输效率;提高单处理的精确度;防止发货、配送出现差错;业务预警和例外处理;提供信息咨询;等等。

3.1.3 电子商务与物流的关系

电子商务是指利用计算机技术、网络技术和远程通信技术实现整个商务(买卖)过程中的电子化、数字化和网络化。从电子商务与物流的内涵来看,电子商务与物流有交叉关系,你中有我、我中有你,既有区别又有联系。

1. 电子商务对物流的影响

在电子商务的应用与发展过程中人们发现,如果没有一个高效、合理、畅通的物流系统,电子商务的优势就难以得到有效的发挥;但随着电子商务环境的改善,电子商务也正在使传统的物流发生变化。电子商务对物流的影响主要表现在以下三个方面。

(1)电子商务的快速发展促进了物流的发展。

近年来,我国电子商务和物流快递业都得到了跨越式的发展,电子商务规模和物流快递的增长曲线基本一致。2020年,我国电子商务交易额达37.21万亿元,位居全球第一,快递业务额达到833.6亿件,业务收入达到8795亿元,呈爆发式增长。电子商务的快速发展尤其是网络购物的流行直接带动了快递业务量的跨越式增长。

(2)电子商务改变了物流的管理方式。

传统的物流作业中,体现的是商品从供应地向接收地的实体转移,而对于转移的时间、转移过程中的质量控制和受到外部环境的制约并没有给予重视,物流的运作管理方式属于粗犷式的。电子商务的出现和发展,使得通过网络信息系统实现整个商品转移过程的实时监控和实时决策成为可能。当物流运作过程中的任何一个环节收到相应的需求信息时,系统都可以在最短的时间内做出反应,并拟订详细的运输和配送计划,通知各环节开始工作。在电子商务环境下,物流的仓储作业、运输作业和配送作业持续时间都要求尽量缩短,因为这一切工作都由系统设定,这样既减轻了物流运作过程中管理的难度,也提高了物流的运作效率,使得物流运作的管理方式从粗犷式向精细式转变。

(3)电子商务改善了物流设施与设备。

电子商务扩大了人们的交易范围和交易渠道,开始追求效率、安全、准确和可靠,其行业特点提高了物流作业标准,加剧了物流企业的竞争,从一个侧面促使物流行业改善设施与设备。

首先,电子商务的发展带动了物流基础设施的完善。良好的交通运输网络和通信网络等基础设施是实现电子商务全球化与高效率的基本要求。

其次,电子商务促进了物流设备的改进。传统的物流手工作业远远不能满足电子商务的需求,在电子商务迅速发展的背景下,机械化、自动化、可视化及智能化的设备不断被研发和应用在物流领域。

2. 物流对电子商务的影响

与传统渠道相比,电子商务具有方便、快捷、丰富、低价等特点,并且电子商务更看重消费者的购物体验,而物流是提升电子商务购物体验的基本保障。目前,我国物流对电子商务的影响体现在以下两个方面。

(1)物流是电子商务的重要基石。

绝大多数的电子商务行为最终都需要在物流的支撑下完成,并且物流作业过程中的速度、可靠性和安全性直接影响消费者对电子商务模式的认可与接受程度。以电子产品小米为例,其在国内目前主要的网购平台——天猫平台上的评分如图3-1所示。

由图3-1可以看出,天猫平台对店铺的评分主要体现在商品描述、服务态度和物流服务三个方面,任意一个方面的评分都将直接影响该品牌旗舰店在天猫平台上的总体评分,并且这种评分会在销售环节中体现。因此,物流作为主要的评分指标,已经和电子商务紧密地联系在一起,成为电子商务发展的基石。可以说,在互联网时代,物流服务水平高的电子商务平台的规模和影响力不一定大,但是物流服务水平低的电子商务平台的规模和影响力一定不大。

图3-1 天猫小米旗舰店动态评分图示

(2)物流是电子商务发展的瓶颈。

随着互联网通信技术的快速发展,计算机、笔记本电脑、手机、平板电脑等基础硬件设备的不断升级,以及物联网技术、可视化技术和大数据分析技术等的成熟和应用,电子商务的商流、资金流和信息流的传递与处理紧跟电子商务快速发展的步伐,同时也在侧面进一步推动电子商务的发展。但是物流不同,目前物流是我国电子商务发展的瓶颈和短板。现代物流在我国的发展时间较短,很多物流企业是由传统储运企业转型而来的,在基础设施设备、软硬件条件及管理理念上和电子商务追求的速度、服务及低成本存在一定的差距。

一方面,互联网无法解决物流问题。在这种情况下,未来的流通时间和流通成本绝大部分被物流所占有,然而物流的特殊性决定了其无法像解决商流问题那样依靠互联网来解决物流问题。以互联网为平台的网络经济可以改造和优化物流,但是不可能从根本上解决物流问题。物流问题的解决,尤其是物流平台的构筑,需要进行大规模基础建设。

另一方面,中国物流行业发展严重滞后。和电子商务的发展相比,即便是发达国家的物流,其发展速度也难以和电子商务的发展速度并驾齐驱。在我国,物流更是经济领域的落后部分,虽然电子商务的出现带动和促进了一批物流企业的快速发展,但从整体上看,物流行业的规章制度需要完善,物流从业人员的综合素质仍需提高,机械化、自动化和智能化等物流信息技术还需要进一步推广应用。因此,物流仍然是电子商务的瓶颈。

综上所述,电子商务的发展带动了物流的快速发展,物流服务水平的提高又为电子商务的进一步发展提供有力保障,电子商务和物流相互促进、共同发展。

3.2　电子商务物流运作模式

随着电子商务行业竞争的白热化,物流这个电子商务中的瓶颈环节已经成为电商巨头们决心打造的新的核心竞争力。目前常见的电子商务物流模式一般有自营物流模式、第三方物流模式和物流联盟模式。

3.2.1　自营物流模式

电子商务企业借助自身的物质条件自行开展经营物流活动的,称为自营物流模式。采取自营物流模式的电子商务企业主要有两类:第一类是资金实力雄厚且业务规模较大的电子商务企业,第二类是传统的大型制造企业或批发企业经营的电子商务网站。由于它们在传统商务中已经建立起初具规模的流通渠道,因此在电子商务业务中进行不断完善能满足电子商务物流配送的需要。

1. 自营物流模式的优势

自营物流模式是指由电子商务平台自己筹资组建物流配送系统,即从客户网上订单的签订到货物最终到达客户手中采用一条龙服务,没有第三者的参与。该模式的一般做法是:在订单量较密集的地区设置仓库中心和配送点。自营物流系统最大的好处是拥有对物流系统运作过程的有效控制权,借此提升该系统对企业服务顾客的专用性,因此配送速度及服务都较好。另外,它有利于企业内部各个部门之间的协调,对于获得第一手市场信息也有帮助作用,还可以有效地防止企业商业秘密的泄露。具体如下:

(1)可以有效控制物流业务的运作。在自营物流模式中,电子商务企业可以通过内部行政权力控制自营物流运作的各个环节,对供应链有较强的控制能力,容易与其他业务环节密切配合,使企业的供应链更好地保持协调、稳定,提高物流运作的效率,较好地保证信息流和资金流的安全,更好地支持货到付款业务。

(2) 可以使服务更加快速灵活。与第三方物流相比,自营物流由于在整个物流体系中是企业内部的一个组成部分,因此能够更好地满足企业在物流业务上的时间、空间和个性化要求,特别是对于配送频繁的企业,自营物流能更快速、灵活地满足其要求。

(3) 可以加强与客户的沟通,提升企业形象。电子商务企业利用自己的物流体系送货,能和客户面对面的接触,可以更好地了解客户的需求,同时让客户更好地了解自己。与客户的良好沟通和优质的服务有利于企业形象的提升和品牌的塑造。

2. 自营物流模式的劣势

对大部分电子商务企业来讲,企业自建物流配送体系会分散企业内部的财力、人力和物力,影响主营业务的发展,不利于培养企业的核心业务。如果电子商务平台订单量有限,配送达不到规模,就没有规模经济,从而导致配送成本高。因此,电子商务企业选择自营物流模式存在以下三个方面的劣势。

(1) 一次性固定投入较高。由于物流体系涉及运输、仓储、包装等多个环节,建立物流系统的一次性投资较大。调查显示,对于不少新建电子商务企业来说,自建物流配送系统的物流费用常常占企业成本的 30% 以上,远远高于物流外包所产生的成本。因此,自建物配送系统必须考虑企业的短期目标与长远规划。

(2) 对物流管理能力要求高。自营物流的运营需要有物流人才储备,并且工作人员具有专业化的物流管理能力,否则即使有较好的硬件也无法高效地运营。例如,许多自建物流配送体系的电子商务企业员工大部分是原有的富余人员,对物流配送不了解,要让他们适应新的工作条件和工作环境,需要对他们进行再培训,这既浪费大量的资源又不能顺利地开展物流配送工作。

(3) 需要不断地后续投入。自营物流电子商务企业创建初期由于订单量、市场占有率较少可以很好地运转,但随着企业规模的扩大和市场范围的拓宽,所涉及的人力、物力和财力的管理费用将成倍增长,需要持续不断投入保持自营物流的优势。

3.2.2 第三方物流模式

第三方物流(third party logistics,TPL)模式是指接受客户委托为其提供专项或全面物流系统设计及系统运营的物流服务模式,也称为合同物流模式。

1. 第三方物流模式的优势

在当今竞争日趋激烈和社会分工日益细化的社会背景下,第三方物流模式专业化的服务可以减轻甚至消除企业在物流方面的顾虑,使其能够专心经营网络商品,同时又可以降低企业物流配送的成本。第三方物流模式的优势具体表现在以下四个方面。

(1) 有利于企业集中精力于核心业务。由于任何企业的资源都是有限的,很难在业务上成为面面俱到的专家。为此电子商务企业应把自己的主要资源集中于自己擅长的主业,如电子商务平台建设、网络营销、订单处理、信息搜集、安全支付服务等,而把物流等不擅长的业务交给物流公司。

（2）减少固定资产投资，降低投资风险。电子商务企业自建物流需要投入大量的资金购买物流设备、建设仓库和信息网络，这些资源对于缺乏资金的企业，特别是中小型电子商务企业来说是个沉重的负担，采用三方物流模式便可避免这个问题。

（3）充分发挥专业化管理和规模优势。第三方物流企业专注于物流业务，可以站在物流系统的高度，利用自身专业化的物流规划能力、信息技术处理能力和协调平衡能力使物流系统的各个功能有机配合，实现总体成本的最小化。由于第三方物流企业面向社会承接业务，因此可以实现规模化配送，最大限度地减少车辆空载和仓库闲置，充分利用物流资源。

（4）为顾客提供更高水平的服务。拥有完善的信息网络和节点网络的第三方物流企业能够加快顾客订货的反应能力，迅速进行订单处理，缩短交货时间，实现货物"门对门"运输，提高顾客的满意度。

国际四大快递巨头德豪国际（DHL）、美国联邦快递（FEDEX）、美国联合包裹（UPS）、荷兰邮政（TNT）陆续进入中国市场，并迅速囤积力量，发展各自的分销和物流运输网络，国内的EMS、顺丰速运、圆通速递、申通快递、韵达速递逐步完善了物流配送体系，这些企业都能为电子商务企业提供第三方物流服务，但在服务水平、服务价格方面有所差异。

2. 第三方物流模式的劣势

与自营物流相比，第三方物流在为企业提供上述便利的同时，也给企业带来了诸多的不利，主要包括企业不能直接控制物流职能、不能保证供货的准确和及时、不能保证顾客服务的质量、不能维护与顾客的长期关系，以及企业将放弃对物流专业技术的开发等。

3.2.3 物流联盟模式

物流联盟模式是在第三方物流模式基础上发展起来的，是以物流为合作基础的企业战略联盟。根据国家标准《物流术语》（GB/T 18354—2006），物流联盟是指两个或两个以上的经济组织为实现特定的物流目标而采取的长期联合与合作。

物流联盟是基于正式的相互协议而建立的一种物流合作关系，参加联盟的企业通过汇集、交换或统一物流资源以谋取共同利益，同时合作企业仍保持各自的独立性。物流联盟为了比单独从事物流活动取得更好的效果，在企业间形成了相互信任、共担风险、共享收益的物流伙伴关系。

电子商务环境下的物流联盟通过电子商务企业运用自身信息、管理或平台优势签约或者联合制造业、销售公司及第三方物流公司作为联盟或合作成员，在物流外包的基础上，利用电商信息平台的优势进行不同环节、地域、商品、业务的物流网络整合，实现对物流配送环节的控制，如阿里巴巴基于云计算物流平台服务的"云物流"联盟配送连接电子商务的买家、卖家和包括物流配送在内的其他服务商。

物流联盟建立的明显优势是在物流合作伙伴之间减少了相关交易费用。物流合作伙伴之间经常沟通与合作，这可使搜寻交易对象信息方面的费用大为降低，提供个性化的物流服务建立起来的相互信任与承诺可减少各种履约的风险。物流合同一般签约时间较长，可通过协商来减少在服务过程中产生的冲突。

3.2.4 电子商务物流模式的选择

电子商务物流模式的选择是一种战略决策,应从物流对电子商务企业的战略重要性出发,从物流的战略地位与管理能力、物流成本、企业的实力及规模、第三方物流的服务能力等方面综合考虑。

1. 物流的战略地位与管理能力

如果电子商务企业的发展对物流的依赖程度较高,但是企业物流管理能力不足,那么应首先考虑第三方物流模式或物流联盟模式,结合企业战略可逐步发展自营物流模式;如果电子商务企业的发展对物流的依赖程度不高,同时企业对物流管理的能力不足,那么可以使用第三方物流模式;如果物流对电子商务企业的发展具有战略地位,同时电子商务企业物流管理能力也很高,那么应优先考虑自营物流模式。

2. 物流成本

一般情况下,如果电子商务企业规模较小,要想实现节约成本的目的,应该将物流外包,选择第三方物流模式。电子商务企业的物流系统成本由多方面组成,同时各成本之间存在着效益背反,如库存量的减少会使仓储费降低但是缺货率提高,进而导致订货费用和运输费用提高,如果这部分费用较高,甚至超过仓储费用,就会增加物流成本。所以,电子商务企业在选择物流模式的过程中,应该慎重考虑物流成本,结合企业的自身情况选择合理的物流模式。

3. 企业的实力及规模

一般而言,企业的规模越大,具有的实力就会越大,就越有足够的能力去搭建物流平台,制订科学的物流计划,使物流服务有所保障。

4. 第三方物流的服务能力

在选择物流模式时,要综合评估第三方物流的服务能力和服务水平,要考虑当前环境下第三方物流企业是否有能力满足自身电子商务企业及来自客户的需求。如果第三方服务水平低下,那么为了提高自身的电子商务购物体验,实力雄厚的电子商务企业可以优先发展能满足客户需求的自营物流。

3.3 电子商务物流信息管理

3.3.1 电子商务物流信息与物流信息系统

1. 电子商务物流信息

物流信息是指与物流活动(商品包装、商品运输、商品储存、商品装卸等)有关的一切信息。物流信息是反映物流各种活动内容的知识、资料、图像、数据、文件的总称。物流信息是在物流活动中的各个环节生成的信息,它将随着从生产到消费的物流活动的产生而产生的信息流,与物流过程中的运输、保管、装卸、包装等各种职能有机结合在一起,是整个物流活动顺利进行不可缺少的重要因素。

(1)物流信息的含义。

狭义的物流信息是指与物流活动有关的信息,如订货信息、库存信息、采购指示信息(生产指示信息)、发货信息、物流管理信息。

广义的物流信息不仅指与物流活动有关的信息,而且包括与物流活动有关的其他信息,如商品交易信息和市场信息等。

(2)物流信息的特点。

在电子商务时代,随着人们的需求向个性化的方向发展,物流过程也在向多品种、少量生产,以及高频度、小批量配送的方向发展,因此,物流信息在物流的过程中也表现出不同特征。与其他领域信息比较,物流信息的特殊性主要表现在以下几个方面。

①由于物流是一个大范围的活动,物流信息源也分布在一个大范围内,信息源点多、信息量大。如果在这个大范围中未能实现统一管理或标准化,则信息便缺乏通用性。

②物流信息动态性较强,信息的价值衰减速度较快,这就对信息工作的及时性要求较高。

③物流信息种类多,不仅本系统内部各个环节有不同种类的信息,而且由于物流系统与其他系统如生产系统、销售系统、消费系统等密切相关,因而还须收集这些类别的信息,这就使物流信息的分类、研究、筛选等难度增加。

2. 电子商务物流信息系统

物流信息系统与物流作业系统一样都是物流系统的子系统,是指由人员、设备和程序组成的,为后勤管理者执行计划、实施、控制等职能提供相关信息的交互系统。

物流信息系统作为企业信息系统中的一类,可以被理解为通过对与物流相关信息的加工处理来达到对物流、资金流的有效控制和管理,并为企业提供信息分析和决策支持的人机系统。物流信息系统以物流信息传递的标准化和实时化、存储的数字化、物流信息处理的计算机化等作为基本目标。

(1)物流信息系统的构成。

①硬件。硬件包括计算机、网络、必要的通信设施等,如计算机主机、外存、打印机、服务器、通信电缆、通信设施。它是物流信息系统的物理设备、硬件资源,是构建物流信息系统的基础,它构成系统运行的硬件平台。

②软件。在物流信息系统中,软件一般包括系统软件、实用软件和应用软件。

③数据库与数据仓库。数据库与数据仓库用来存放与应用相关的数据,是实现辅助企业管理和支持决策的数据基础。目前,大量的数据存放在数据库中,随着物流信息系统应用的深入,采用数据挖掘技术的数据仓库也应运而生。

④相关人员。系统的开发涉及多方面的人员,如企业高层领导、信息主管、中层管理人员、业务主管、业务人员、终端用户等,还有系统分析员、系统设计员、程序设计员、系统维护人员等,他们是从事企业物流信息资源管理的专业人员。不同的人员在物流信息系统开发过程中起着不同的作用。

⑤物流企业管理思想和理念、管理制度与规范流程、岗位制度。这些是物流信息系统成功开发和运行的管理基础和保障,是构造物流信息系统模型的主要参考依据,制约着系统硬件平台的结构、系统计算模式、应用软件的功能。

(2)物流信息系统的功能。

物流信息系统是把各种物流活动与某个整合过程连接在一起的通道。而这个整合过程应建立在交易系统、管理控制、决策分析以及制订战略规划4个功能层次上,如图3-2所示。

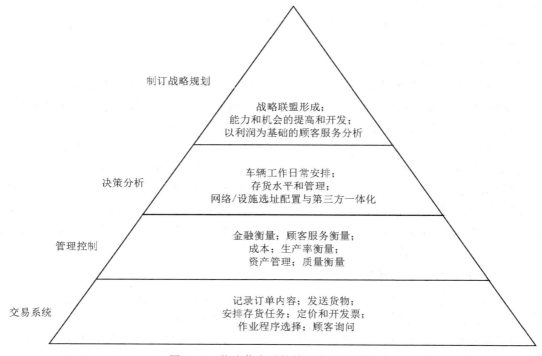

图3-2 物流信息系统的4个功能层次

3.3.2 电子商务物流信息技术

1. 物流信息技术的概念

物流信息技术是指运用于物流各环节中的信息技术。根据物流的功能以及特点,物流信息技术包括计算机技术、网络技术、信息分类编码技术、条码技术、射频识别技术、电子产品代码技术、电子数据交换技术、全球定位系统、地理信息系统、物联网技术等。

物流信息技术是物流现代化的重要标志,也是物流技术中发展最快的领域,从数据采集的条形码系统,到办公自动化系统中的计算机、互联网,各种终端设备等硬件以及计算机软件都在不断地发展。同时,随着物流信息技术的不断发展,产生了一系列新的物流理念和新的物流经营方式,推进了物流的变革。在供应链管理方面,物流信息技术的发展也改变了企业应用供应链管理获得竞争优势的方式,成功的企业通过应用信息技术来支持它的经营战略并选择经营业务,通过利用信息技术来提高供应链活动的效率,增强整个供应链的经营决策能力。

2. 物流信息技术的组成

(1)物流条码技术。

①条码技术概述。条码是由一组按一定编码规则排列的条、空符号,用以表示一定的字符、数字及符号组成的信息。条码技术就是为实现对信息的自动扫描而设计的,是一种对物流中物品进行核实和描述的方法。借助自动识别技术、销售时点信息(point of sale,POS)系统

及电子数据交换(electronic data interchange，EDI)等现代技术手段，企业可以随时了解有关产品在供应链上的位置，并即时给予反应。当今在欧美等发达国家兴起的物流信息管理(efficient consumer response，ECR)、快速反应(quick response，QR)、自动连续补货等供应链管理策略，都离不开条码技术的应用。条码技术是实现POS系统、EDI等技术的基础，是物流管理现代化、提高企业管理水平和竞争能力的重要技术手段。

②条码技术在物流中的应用。在供应链物流领域，条码技术就像一条纽带，把产品生命周期各阶段发生的信息连接在一起，可对产品从生产到销售的全过程进行跟踪。

③物料管理。对于生产型企业来讲，物料管理是物流管理的重要内容。条码技术在物料管理中的应用主要表现在以下几个方面。A.对采购的生产物料按照行业和企业规则建立统一的物料编码，从而减少因物料无序而导致的损失和混乱。B.为需要标识的物料赋予相应的条码符号，以便在生产管理中对物料的单件进行跟踪，从而建立完整的产品档案。C.利用条码技术对仓库进行基本的进、销、存管理，有效降低库存成本。D.通过产品编码，建立物料质量检验档案，生成物料检验报告，并将其与采购订单相对应，为供应商评价提供依据。

④生产线物流管理。生产线物流管理主要在以下几个方面应用了条码技术：A.制定产品识别码格式。根据行业和企业规则确定产品的编码规则，保证产品的规则化。B.建立产品档案。通过产品标识条码对产品的生产过程进行跟踪，并采集生产产品的部件等数据作为产品信息，当生产批次计划审核后建立产品档案。C.通过生产线上的信息采集点来控制生产信息。D.通过产品标识码在生产线上采集质量检测数据，以产品质量标准为准绳来判定产品是否合格，从而控制产品在生产线上的流向。

⑤分拣运输。铁路运输、航空运输、邮政通信等行业都存在货物的分拣和搬运问题，大批量的货物需要在较短时间内被准确无误地送到指定的车厢或航班。因此，为了快速、高效地将货物送往不同的目的地，就需要应用物流条码技术，使货物自动分拣到不同的运输机上。此时，需要人工操作的只是将先打印好的条码标签贴在即将发运的货物上，并在每个分拣站点安装一台条码扫描器。

⑥仓储管理。仓储管理实际上是条码应用的传统领域，其应用已经贯穿出入库、盘点、库存管理等多个方面。A.在出入库过程中，条码可以加快出入库的速度，也能减少手工操作的失误。B.利用条码技术后，盘点业务就可以采用自动化技术。例如，某仓库使用了手持终端，其盘点工作只需要利用手持终端扫描箱体，然后将手持终端中的数据导入管理系统中即可。扫描时，所有盘点数据都会记录在手持终端中，手持终端也会自动处理盘点重复等错误。C.在库存管理中，条码技术不仅可以标识所有货物，同样也可以标识货位。只要将货位条码和货物条码相对应，就可以确保货物的货位信息准确无误。

⑦产品售后跟踪服务。条码技术通过采集与跟踪产品的售后服务信息，可以为企业的售后服务提供依据，同时能够有效地控制售后服务中存在的各种问题。条码技术在售后服务中的应用体现在以下几个方面。A.根据产品标识符建立产品销售档案，记录销售信息、重要零部件的信息等。B.通过产品上的条码进行售后维修产品检查，检查产品是否符合维修条件和维修范围，并建立产品售后维修档案，同时分析其零部件的情况，建立维修零部件档案。C.通过产品标识条码反馈产品的售后维修记录，对产品维修点进行监督，记录并统计维修原因，强化对产品维修的过程管理。

(2)销售时点信息系统(POS 系统)。

①POS 系统的含义及组成。销售时点信息系统(POS 系统),是指通过能够自动读取信息的设备,如收银机。在销售商品时,直接读取和采集商品销售的各种信息,如商品名称、单价、销售数量、销售时间、销售商店、购买的顾客等,然后通过通信网络或计算机系统将读取的信息传输至管理中心进行数据的处理和使用。

POS 系统是信息采集的基础系统,是整个商品交易活动或物流活动信息传输的最基本环节。POS 系统最早应用于零售业。现在其应用范围从企业内部扩展到整个供应链。POS 系统包含前台 POS 系统和后台管理信息系统(management information system,MIS)两大部分。

②前台 POS 系统。前台 POS 系统是指通过自动读取设备(主要是扫描器),在销售商品时直接读取商品销售信息,实现前台销售业务的自动化,对商品交易进行实时服务和管理,并通过通信网络和计算机系统传送至后台。通过后台管理信息系统(MIS)的计算、分析与汇总从而掌握商品销售的各项信息,为企业管理者分析经营成果、制定经营战略提供依据,以提高经营效率。

③后台 MIS 系统。

后台 MIS 系统又称管理信息系统,主要负责整个企业进货、销售、调货系统的管理以及财务管理、库存管理、考勤管理等,它可根据商品进货信息对厂商进行管理,又可根据前台 POS 提供的销售数据,控制进货数量,合理周转资金;还可以统计分析各种销售报表,快速准确地计算成本与毛利;也可以对售货员、收款员业绩进行考核,是员工分配工资、奖金的客观依据。因此,商场现代化管理系统中前台 POS 系统与后台 MIS 系统是密切相关的,两者缺一不可。

④POS 系统的特点。POS 系统是供应链管理的基础,能够紧密地连接供应链,也可以说是物流信息管理的起点。其特点如下:

A.分门别类管理。POS 系统的分门别类管理不仅针对商品,而且还可针对员工及顾客。

a.单品管理。零售业的单品管理是指店铺陈列展示销售的商品,以单个商品为单位进行销售跟踪和管理的方法。由于 POS 系统信息能够即时准确地记录单个商品的销售信息,因此,POS 系统的应用使高效率的单品管理成为可能。

b.员工管理。员工管理是指通过 POS 终端机上计时器的记录,依据每个员工的出勤状况、销售状况(以月、周、日甚至小时为单位)进行考核管理。

c.顾客管理。顾客管理是指在顾客购买商品结账时,通过收银机自动读取零售商发送的顾客身份标识或顾客信用卡来确定每个顾客的购买品种和购买额,从而对顾客进行分类管理。

B.自动读取销售时点信息。在顾客进行商品结账时,POS 系统通过扫描读数仪自动读取商品条码标签或光学字符识别(optical character recognition,OCR)标签上的信息,在销售商品的同时获得实时的销售信息是 POS 系统的最大特征。

C.集中管理信息。各个 POS 终端获得的销售时点信息以在线连接方式汇总到企业总部,与其他部门发送的有关信息一起由总部的信息系统加以集中并进行分析加工,如把握畅销商品和滞销商品以及新产品的销售倾向,对商品销售量和销售价格、销售量和销售时间之间的相关关系进行分析,对商品上架陈列方式、促销方法、促销时间、竞争等影响因素进行相关分析、集中管理,等等。

D.有效连接供应链上的各方。供应链上各方参与合作的主要领域之一是信息共享,而销售时点信息是企业经营中最重要的信息之一,通过它能及时把握顾客的需要信息,供应链上各方可以利用销售时点信息并结合其他信息来制订企业的经营计划和市场营销计划。

3. 地理信息系统(GIS)

(1)GIS 技术概述。

地理信息系统(geographic information system,GIS)是一种为地理研究和地理决策服务的计算机应用系统,集遥感(remote sensing,RS)、全球定位系统(global positioning system,GPS)和计算机网络技术等于一体。地理信息技术具有数据搜集、数据管理和数据分析等方面的强大功能。其最大的优点在于它对空间数据的操作功能,并使客户可视化地进行人机对话;RS 和 GPS 的结合实现了数据搜集的宏观性与精确性的统一,从而优化了 GIS 的数据需求。地理信息技术由于其强大的空间分析能力,因此成为空间决策必不可少的工具。

(2)GIS 技术在物流中的应用。

物流活动具有资源庞杂、流动空间广、过程复杂的特点,而 GIS 技术具有强大的空间信息获取、管理、分析、决策等功能。将地理信息技术应用于物流,对于解决货物的高效合理流动,达到货物配给效益最大化的问题具有重要意义。地理信息技术在物流中的应用可概括为以下四个具体方面。

①空间查询和分析。通过空间数据进行快速搜索和复杂查询,GIS 能提供从简单的点击式查询到辩证思维的空间分析方法,GIS 最引人入胜的作用是通过各种假设分析来模拟区域内物流活动的空间规律;而且 GIS 的操作结果可通过高品质和高信息含量的可视化地图、影像、多媒体等方式加以直观表达。正是地理信息技术的空间查询和分析能力,使企业在物流过程可以迅速、准确地掌握供需双方的地理分布,确定货物调运的数量、种类和运输方式等,从而降低经营成本,提高收益。

②辅助决策。在物流环境中,为了优化企业经营者的利益,最大限度地体现消费者权益,必须将产品需求、产品流通和产品生产有机地联系在一起,实现在库存数量、存货地点、订货计划运输等方面的最佳选择,而且能够在准确的时间、准确的地点,以恰当的价格和便捷方式将产品送到消费者手中。因此,针对物流配送的各项分析和决策就显得非常重要。这些分析和决策主要包括:位置决策——在建立配送体系时的实施定位;生产决策——根据存在的设施情况,确定物流在这些设施间的流动路径等;库存决策——关心库存的方式、数量和管理方法等;运输决策——包括运输方式、批量、路径以及运输设备的尺度等。

③实时跟踪货物流通。现代物流是一个成品从原材料至终端客户的大物流体系,具体可分为三部分,即原材料流通到生产企业、生产企业内原材料转变为成品的流动和成品从生产企业至消费者手中的过程。无论哪一种流动,对附有条码等信息载体的流动物品都可以利用地理信息技术的全球定位功能,对其实现实时的跟踪与控制。

4. 全球卫星定位系统

(1)GPS 技术概述。

全球定位系统(GPS)是指利用卫星星座(通信卫星)、地面控制部分和信号接收机对被监控对象进行动态定位的系统。全球定位系统由太空部分、地面监控部分和客户接收部分组成。

①太空部分。全球定位系统的空间部分使用 24 颗高度约 2 万千米的卫星组成卫星星座,由 21 颗工作卫星和 3 颗在轨备用卫星组成。

②地面部分控制。地面控制部分是整个系统的中枢,由分布在全球的一个主控站、三个信息注入站和五个检测站组成。

③客户部分。客户部分主要由以无线电传感和计算机支撑的GPS卫星接收机、GPS数据处理软件和客户设备构成。其主要是接收GPS卫星所发出的信号,利用这些信号进行导航定位等。

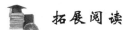 **拓展阅读**

北斗卫星导航系统

北斗卫星导航系统(以下简称北斗系统)是中国着眼于国家安全和经济社会发展需要,自主建设运行的全球卫星导航系统,是为全球用户提供全天候、全天时、高精度的定位、导航和授时服务的国家重要时空基础设施。

北斗系统自提供服务以来,已在交通运输、农林渔业、水文监测、气象测报、通信授时、电力调度、救灾减灾、公共安全等领域得到广泛应用,服务国家重要基础设施,产生了显著的经济效益和社会效益。基于北斗系统的导航服务已被电子商务、移动智能终端制造、位置服务等厂商采用,广泛进入中国大众消费、共享经济和民生领域,应用的新模式、新业态、新经济不断涌现,深刻改变着人们的生产生活方式,中国将持续推进北斗应用与产业化发展,服务国家现代化建设和百姓日常生活,为全球科技、经济和社会发展做出贡献。

北斗系统由空间段、地面段和用户段三部分组成。

(1)空间段。北斗系统空间段由若干地球静止轨道卫星、倾斜地球同步轨道卫星和地球轨道卫星等组成。

(2)地面段。北斗系统地面段包括主控站、时间同步/注入站和监测站等若干地面站,以及星间链路运行管理设施。

(3)用户段。北斗系统用户段包括北斗兼容其他卫星导航系统的芯片、模块、天线等基础产品,以及终端产品、应用系统与应用服务等。

北斗系统的建设实践,走出了在区域快速形成服务能力、逐步扩展为全球服务的中国特色发展路径,丰富了世界卫星导航事业的发展模式。

北斗系统具有以下特点:一是北斗系统空间段采用三种轨道卫星组成的混合星座,与其他卫星导航系统相比高轨卫星更多,抗遮挡能力强,尤其低纬度地区性能优势更为明显。二是北斗系统提供多个频点的导航信号,能够通过多频信号组合使用等方式提高服务精度。三是北斗系统创新融合了导航与通信能力,具备定位导航授时、地基增强、精密单点定位、短报文通信和国际搜救等多种服务能力。

资料来源:北斗卫星导航系统介绍[EB/OL].[2021-06-20].http://www.beidou.gov.cn/xt/xtjs/.

(2)GPS技术在物流中的应用。

GPS在物流中普及应用后,通过互联网实现信息共享,实现三方应用,即车辆使用方、运输公司、接货方对物流中的车货位置及运行情况等都能了如指掌,有利于三方协调好商务关系,从而获得最佳的物流方案,取得最大的经济效益。

①车辆使用方。运输企业将自己的车辆信息指定开放给合作客户,让客户自己能实时跟踪车与货的相关信息,能较为直观地在网上看到车辆分布和运行情况,找到适合自己使用的车

辆,从而省去不必要的交涉环节,加快车辆的使用频率,缩短运输配货的时间,节省相应的工作量。在货物发出之后,发货方可随时通过互联网或手机查询车辆在运输中的运行情况和所到达的位置,实时掌握货物在途的信息,确保货物运输时效。

②运输公司。运输企业通过互联网实现对车辆的动态监控式管理和货物的及时合理配载,以便加强对车辆的管理,减少资源浪费,减少费用开销;同时,将有关车辆的信息开放给客户后,既方便了客户的使用,又减少了不必要的环节,提高了企业的知名度与可信度。

③接货方。接货方只需要通过发货方所提供的相关资料及权限,就可在互联网实时查看货物信息,掌握货物在途情况和大概的运输时间,以便提前安排货物的接收、停放及销售等环节,使货物的销售链提前完成。

5. 物联网技术

为了对物流中的"物"进行识别、定位、追踪、监控、计数、分类、拣选,现代物流信息系统综合应用各种物联网感知技术,如射频识别技术(radio frequence identification,RFID)、传感器技术、红外技术、蓝牙技术、激光技术、视频识别与监控技术等,使得物流变得更加智能。

(1) 智能托盘。

在托盘等装载设备上加装RFID签,有利于托盘等装载设备的管理及监控。例如,使用射频识别标签标识自动化立体仓库中流通使用的托盘,对托盘进行动态跟踪,通过视频监控系统对仓储作业中各流程的作业时间点进行信息采集及记录,实现仓储作业环节的自动化管理。目前,射频识别技术在烟草行业、医药行业、农产品领域及食品行业的应用已经有较多成功的例子,在信息采集与管理、货物的识别、追踪和查询等方面发挥了一定作用,从而保障了药品安全及食品安全。

(2) 智能运输。

依托RFID、GPS、全球卫星定位系统及地理信息系统等技术的集成,可以构建物流货运配载信息化监控管理平台,提供实时的货物信息、导航信息及对返程配货信息进行联网监测等。通过识别出货物、货箱及托盘,RFID标签使运营者及时了解销售环节,知晓货物的来源及运输状态,最后成功将货物发送到指定目的地。

(3) 智能仓储。

通过在配送中心收货处、仓库出入库口、托盘、货架及其他物流关卡安装固定式RFID读写器,在货物包装箱上加装RFID标签并在运输设备上安装移动式的RFID读写器,以及使用手持读写器,能够实现对配送中心货物的自动化入库、盘点、分拣、出库实现货物库存的信息化管理。企业能够实时掌握货物的库存信息,结合自动补货系统及时进行货物的补充,从而提高库存管理能力。另外,RFID技术使装车智能化,当运输车辆来到月台时,扫描车辆上的射频识别设备会自动获取车辆当天配送的任务并将订单信息下载到车载终端,最后将暂存区货物调度到月台进行装车。

(4) 智能搬运。

目前在我国汽车物流系统、烟草物流系统、医药物流系统等先进的物流系统中都使用了智能机器人。在我国物流业中,智能机器人主要有两种,分别是从事自动化搬运的无人搬运小车(automated guided vehicl,AGV)和从事堆码垛物流作业的码垛机器人。这些智能机器人执行自动化作业指令和堆码垛作业指令。而激光和红外也应用于物流系统中对智能搬运机器人进行导引。随着信息技术和传感技术的发展,AGV在向着智能搬运车的方向发展,可实现智能作业与管理。而码垛机器人将具备远程遥控、温感、光感等新型智能特性,将来可作为物联网作业中的执行者,进行高效的分拣及堆垛作业。

本章小结

　　物流是电子商务的重要组成部分,是实现电子商务的最重要环节,也是其最终的环节,缺少了现代化的物流,电子商务的流程就不完整。因此,电子商务环境下物流有着重要的作用。

　　本章通过对电子商务物流相关知识的介绍,可以使读者了解物流的概念、功能要素,明确电子商务与物流之间的关系。现代物流和电子商务关系密不可分,现代物流是电子商务不可缺少的分支体系,电子商务更是为现代物流带来了技术上的革新和管理上的挑战。电子商务环境下的物流系统不仅在结构上更加完善,而且具有信息化、自动化、柔性化、智能化、社会化、网络化等特点。电子商务企业主要采用企业自营物流、第三方物流和物流企业联盟等模式来最大限度地发挥电子商务的优势,更好地满足顾客的需求和企业的发展。

工作任务

　　登录顺丰速运官网(https://www.sf-express.com),了解其网站的基本功能,学会网上寄件下单、货物跟踪查询等操作。

实践应用

　　登录京东商城和当当网,了解其物流模式。

任务拓展

1. 什么是物流?电子商务物流的特点有哪些?
2. 电子商务环境下的物流模式有哪些?
3. 简述电子商务物流信息技术的发展及应用情况。

第4章 电子商务法律法规

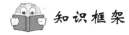

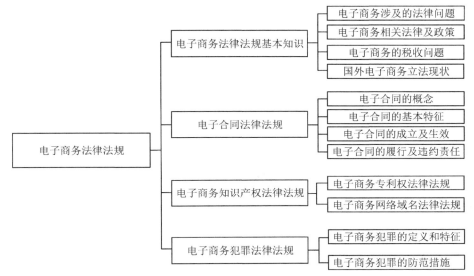

 知识目标与能力目标

知识目标：

1. 熟悉电子商务基本法律法规
2. 掌握电子合同的概念、特征、成立生效及违约责任
3. 熟悉电子商务知识产权保护相关概念
4. 理解电子商务犯罪原因及防范措施

能力目标：

1. 能够分辨知识产权侵权行为
2. 掌握《中华人民共和国电子商务法》部分关键条款

案例导入

一名刚上小学二年级的男童，在某购物网站用他父亲李某的身份证号码注册了客户信息，并订购了一台价值1000元的小型打印机。但是当该网站售服人员将货物送到李某家中时，曾经学过一些法律知识的李某却以"其子未满8周岁，是无民事行为能力人"为由，拒绝接收打印机并拒付货款。由此交易双方产生了纠纷。

李某认为,电子商务合同虽订立在虚拟环境下,但却是在现实社会中得以履行,所以应该也能够受现行法律的规范。依据《中华人民共和国民法典》(以下简称《民法典》)第二十条规定,不满八周岁的未成年人为无民事行为能力人,由其法定代理人代理实施民事活动。其子未满8周岁,不能独立订立货物买卖合同,所以该打印机的网上购销合同无效,其父母作为其法定代理人有权拒付货款。

对此,网站一方认为:由于该男童是使用其父亲李某的身份证信息登录注册,从网站所掌握情况来看,与其达成打印机网络购销合同的当事人是一个具有完全民事行为能力的成年人,而并非此男童。由于网站无法审查身份证来源,因此已经尽到了自己的义务,不应当就合同的无效承担民事责任。

问题:当事人是否具有民事行为能力?该电子合同是否有效?

资料来源:找法网[EB/OL].(2018-12-02)[2021-06-28]. https://china.findlaw.cn/ask/question_46766361.html.

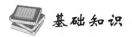

基础知识

4.1 电子商务法律法规基本知识

法律问题是电子商务中的前沿问题,也是电子商务框架中重要的社会环境问题。成熟的法律法规能够为电子商务活动提供稳定的环境,保证电子商务交易的顺利进行,使电子商务更加稳定、有序地发展。

4.1.1 电子商务涉及的法律问题

电子商务涉及的法律问题很多,但较为突出的主要有电子合同问题、知识产权问题、个人隐私问题和管辖权问题等。下面就这些问题做以简单介绍。

(1)电子合同问题。不同于传统的书面合同,电子合同是数字化的合同,这一特征使电子合同效力的认定变得十分复杂。

(2)知识产权问题。电子商务的无形化使知识产权保护更加困难。网络域名,网页上的各类文章、图像、音频和视频、软件,电子商务网站(电商网站)所涉及的商业秘密等,都会牵涉专利权、商标权、版权和著作权等知识产权问题。因此,保护知识产权与发展电子商务有着密切联系。

(3)个人隐私问题。计算机和网络技术为人们获取、传递、复制信息提供了便利,但网络的开放性和互动性又给个人隐私保护带来了困难。在线消费时,消费者均需将个人信息提供给银行和商家,如何规范银行和商家对消费者个人信息的再利用行为,从而保护消费者的隐私是一个棘手的问题。

(4)管辖权问题。传统的管辖通常有两大原则:属人管辖和属地管辖。网络的超地域性对传统的法律管辖体系造成了极大冲击,也带来了一系列的问题。传统的管辖权确定原则要求具有一个相对稳定、明确的关联因素,如当事人的国籍、住所和财产所在地等,但在网络空间中这些因素都变得十分模糊,从而导致在确定网络纠纷的管辖权时比较困难。

拓展案例

快递员泄露客户信息获利 3.8 万元被判刑

在电商网站迅速发展的背后,暴露出各种各样的问题,侵权、盗版和个人信息泄露不仅会危害社会,还会给品牌商和消费者造成经济损失。

2017 年 6 月,深圳中院对一起侵犯公民个人信息案做出二审判决,在某速运公司工作的员工宋某向他人出售公司内部账号和密码,导致 20 多万用户的个人信息被泄露,宋某因此获刑一年零三个月。案情显示,自 2015 年 8 月开始,被告人宋某利用其速运公司员工的身份,获得同事的公司操作平台员工账号和密码后,将自己的用户账号、密码一并提供给了另一名被告人曹某。曹某通过外网登录了该速运公司的服务器,访问运单查询系统,下载了大量的客户运单信息。曹某把这些客户运单信息交由另一被告人李某贩卖获利。

截至被捕之日,宋某共收取曹某给予的 3.8 万元报酬,曹某贩卖公民个人信息获利 6 万多元,李某分得 5000 多元。

一名网店老板黄某则以 1000 元的价格向李某购买了公民个人信息 100 万条,用于发送宣传其网店的信息。

最终,宋某、曹某、李某、黄某四人因侵犯公民个人信息罪而获刑。其中,宋某获刑一年零三个月,曹某获刑两年,李某获刑 11 个月,黄某则被判缓刑。4 人被处罚金 5000 元到 3 万元不等。

资料来源:王纳.快递员泄露客户信息获利 3.8 万元被判刑[EB/OL].(2017-06-13)[2021-06-28].https://tech.sina.com.cn/it/2017-06-13/doc-ifgfzaaq6224146.shtml.

思考:

1. 这个案件中,宋某泄露客户信息引发了哪些法律问题?
2. 你认为电商网站应该如何避免客户信息泄露?

4.1.2 电子商务相关法律及政策

1. 已出台的电子商务法律及相关政策

(1) 电子合同相关法律规定。

电子合同是具有法律效力的,2021 年 1 月 1 日起施行的《民法典》第四百六十九条第三款规定:"以电子数据交换、电子邮件等方式能够有形地表现所载内容,并可以随时调取查用的数据电文,视为书面形式。"这一规定,从法律层面确定了电子合同的法律地位。

(2) 电子签名制度。

《中华人民共和国电子签名法》(以下简称《电子签名法》)规范了电子签名行为,为我国电子商务安全认证体系和网络信用体系的建立奠定了基础。自此,电子签名与手写签名或者盖章具有同等的法律效力,同时承认了电子文件与书面文件具有同等法律效力。

(3) 域名法律规定。

2002 年,中国互联网络信息中心依据互联网名称与数字地址分配机构(ICAN)的《统一域名争议解决政策》的基本精神,结合我国实际情况制定了《中国互联网络信息中心域名争议解决办法》,自此建立了我国的域名保护和争议解决机制。2014 年 9 月 1 日,修订后的《中国互联网络信息中心域名争议解决办法》正式开始施行。

(4)电子商务法。

《中华人民共和国电子商务法》(以下简称《电子商务法》)自2019年1月1日起施行,这是我国第一部电子商务领域的综合性法律。《电子商务法》是一部调整消费者、平台、入驻经营者利益法律关系的民事立法。

2.《电子商务法》主要解决的问题

《电子商务法》对电子商务发展过程中出现的主要问题或矛盾做出了相应的规定。

(1)电子商务经营者应依法办理市场主体登记。

《电子商务法》规定,电子商务经营者应依法办理市场主体登记。微商、代购人员、直播销售人员等都属于电子商务经营者,应依法办理市场主体登记。但是,个人销售自产农副产品、家庭手工业产品,个人利用自己的技能依法从事便民劳务活动和零星小额交易活动无须进行登记。例如,个人在微信朋友圈内销售农家自产鸡蛋、自制手工艺品就无须进行登记。

(2)商家销售的商品有问题,平台承担连带责任。

对关系消费者生命健康的商品或者服务,电子商务平台经营者对平台内经营者(商家)的资质资格未尽到审核义务,或者对消费者未尽到安全保障义务,造成消费者受到损害的,应当依法承担连带责任。

(3)明确商家承担运输责任和风险。

电子商务经营者委托物流企业对实物商品进行投递运输时,实物商品在投递运输过程中的所有权还在商家的控制下,商品在途的风险和责任由商家承担。

(4)网络搭售商品不得设置为默认选项。

《电子商务法》规定,电子商务经营者搭售商品或者服务时,应当以显著方式提请消费者注意,不得将搭售商品或者服务作为默认同意的选项。如用户在网上预订机票时,网站经常会搭售酒店优惠券、接送机优惠券、航空险等,看似贴心的服务,有些却是暗地里搭售,让消费者在不知情时购买了搭售商品。

(5)消费者付款成功后,经营者不得随意毁约。

经营者应当负有诚实守信、切实履行合同的义务,消费者付款成功后,经营者不得以各种理由或借口随意违约。同时《电子商务法》的该项规定也为消费者依法维权提供了有力保障。例如,消费者在"双11"的订单,卖家如果以弄错折扣为由拒绝发货,消费者可以根据《电子商务法》追究经营者的违约责任。

(6)评价应真实,"刷好评""删差评"将被严惩。

为了提升网店的信用度,不少商家采取"刷好评""删差评"等方式,提升店铺的好评率。《电子商务法》实施后,"刷好评""删差评"将被严惩。这将确保消费者评价发挥良好的作用,促使平台经营者以及平台内经营者诚实经营。

(7)破解"押金难退"难题,退款方式被明确。

以前订酒店、骑共享单车等需要消费者先交纳押金,但随着电子商务的发展,押金难以退还的问题逐渐凸显,甚至屡屡出现押金退还程序复杂、条件苛刻、退款不及时等情形,严重损害了广大消费者的合法权益。《电子商务法》规定,消费者申请退还押金,符合押金退还条件的,电子商务经营者应当及时退还。

4.1.3 电子商务的税收问题

采用电子商务方式进行贸易时,贸易过程中的许多环节及费用支付都可以通过网络完成,有些数字化产品甚至可以直接在网上传送。这就使税收的征收管理变得非常困难,并产生了许多十分棘手的问题。

1. 电子商务涉及的税收问题

概括来说,电子商务涉及的税收问题主要有以下三类。

(1)电子商务交易"隐匿化"引发的问题。电子商务使传统商务的纸质合同、票据、支付等均变成了数字流和信息流,并且由于计算机加密系统的开发和利用,极大方便了交易双方有效地隐蔽交易内容,逃避纳税义务。鉴于法律和技术原因,税务部门无法进入加密程序,也无法获得真实的纳税资料。这使税务部门难以对隐匿的电子商务交易进行公平、有效的管理。

(2)税收管辖权难以界定。目前,世界各国(或地区)确定税收管辖权时,有的是以行使属地原则为主,有的是以行使居民管辖权(属人)原则为主,有的是二者并行行使,绝大多数发达国家实行的是以属地税制为主的混合税制。但是,在涉及跨境电商时,重复征税问题无法得到有效解决,其关键在于电子商务的无国界性和虚拟性。属地税收管辖权是以各国(或地区)的地理界线为基准的,而电子商务使经济活动与特定地点间的联系弱化,单纯在线交易更难确定属地。在所有因素都未确定、世界各国未达成统一共识的条件下,跨境电商的征税必然会引起国际税收管辖权的冲突,从而易造成多重征税(因税收管辖权重叠导致多重征税),或是不承担任何税负(游离于任何税收管辖权之外)的情况。

拓展阅读

境外所得征税制度的国际税收原则

境外所得征税制度的国际税收原则有三种:一是属人原则,采用抵免法或扣除法消除双重征税,即居住国(地区)对本国(地区)境内居民的全球所得征税,对其境外所得已缴纳的外国(地区)税收给予抵免,或者作为成本费用扣除;二是属地原则,采用免税法消除双重征税,即居住国(地区)仅对来源于其境内的所得征税,对其居民来源于境外(地区)的所得,居住国(地区)免于征税;三是以属地税制为主的混合税制,如法国作为实行以属地税制为主的典型国家,规定对于企业在国外取得的积极所得适用免税法,但对纳税人来源于协定国家(地区)的消极所得适用抵免法,对来源于非协定国家(地区)的消极所得适用扣除法[①]。

(3)电商中的C2C模式卖家基本不纳税有失公平。2019年1月1日《电子商务法》实施后基本解决了这一问题。目前,我国电子商务的主流业态有B2B、B2C、C2C三种模式,前两类电商模式,由于交易卖方主体都为工商注册企业性质,其本身已纳入公司注册地所在线下征税监管范畴,故不容易产生偷税、漏税的情形。《电子商务法》实施前,个人网店由于豁免登记,税收征管很难监控,大部分个人卖家都不纳税。但随着电商业务的发展,很多个人网店年交易额甚至可以达到上千万元,但仍然游离于税收征管之外,这显然有失公平,因此《电子商务法》专门

---

① 来源:蒋雯.观韬观点:试论美国境外所得税制度改革[EB/OL].(2018-08-16)[2021-09-30].https://www.sohu.com/a/247616256_658347.

对此做了规定。

2.《电子商务法》对税收的规定

《电子商务法》明确规定,电子商务经营者应当依法办理市场主体登记;应当依法履行纳税义务,并依法享受税收优惠;依照规定不需要办理市场主体登记的电子商务经营者在首次纳税义务发生后,应当依照税收征收管理法律、行政法规的规定申请办理税务登记,并如实申报纳税。个人卖家属于电子商务经营者,自2019年1月1日起应当依法办理市场主体登记,也应当依法履行纳税义务。

税收范围包括跨境税收、经营者普通交易税收。缴纳主体包括电商平台、平台内经营者。这意味着通过电商渠道进行交易的各种方式都需要纳税。

《电子商务法》要求电商经营者依法向消费者提供发票,其目的除了堵塞税收漏洞外,更多的考量则是着力于营造公平的电商竞争环境。在当前许多经营者将不提供发票作为主要避税手段的情况下,《电子商务法》把提供发票作为电商经营者的基本义务,在客观上能起到堵塞税收漏洞的作用,既有助于找准反逃税的切入点,也有利于营造各经营主体公平争的环境。

拓展阅读

个人卖家应当缴纳增值税,可以享受小微企业暂免征收增值税的优惠政策。根据2017年底修订的《中华人民共和国增值税暂行条例》的规定,在中国境内销售货物或者劳务,销售服务、无形资产、不动产以及进口货物的单位和个人,均为增值税的纳税人,应当纳增值税。另外,为了支持小微企业的发展,2018年1月1日起实施的《国家税务总局关于小微企业免征增值税有关问题的公告》规定,2018年至2020年,对月销售额不超过3万元的小规模纳税人免征增值税。当然,这样的规定也适用于电子商务经营者。

4.1.4 国外电子商务立法现状

1.国际组织电子商务立法

早在1985年,联合国国际贸易法委员会就十分关注计算机的商业应用所引发的法律问题。1992年,为推动国际电子支付的广泛应用,联合国国际贸易法委员会制定了《贸易法委员会国际贷记划拨示范法》,用以处理互联网的商业运用而引发的电子签名、认证机构及相关的法律问题。1999年,联合国国际贸易法委员会将历时5年起草的《电子商务示范法》提交联合国大会并获得通过,为各国电子商务立法提供了规范性指引。同年联合国国际贸易法委员会起草了《统一电子签名规则(草案)》,该草案提出了电子签名与强化电子签名的概念,并对电子签名、认证证书、认证机构等做了规范。之后,该组织广泛吸取了一些国家的立法经验,于2001年3月23日正式公布了《电子签名示范法》及立法指南。

国际商会对联合国国际贸易法委员会的立法工作给予了积极的支持和配合。国际商会于1997年11月发布了《国际数字化安全商务应用指南》,主要是为了解决在互联网上进行的数字化交易的相关问题。此外,国际商会在2004年制定了《国际商会2004年电子商务术语》(载有《国际商会电子订约指南》),为当事人提供了两个易于纳入合同中的简短条款。2005年4月又发布了经过修订的营销和广告使用电子媒体指南,为国际电子商务交易提供了进一步完善的规范性框架,并推动其向前发展。之后,在《电子商务示范法》基础上又开始制定更加细致的《电子贸易和结算规则》。

1999年,欧盟公布了《关于统一市场电子商务的某些法律问题的建议》,包括一些市场进入、认证服务、电子证书及其责任和国际方面的问题。另外,世界贸易组织对贸易领域的电子商务已提出了工作计划,特别是针对服务贸易问题提出了重点解决的几个问题,如电子商务主义、司法管辖权、电子商务分类、协议签署等。具体而言,世界贸易组织有关电子商务的立法范围包括跨境交易的税收和关税问题、电子支付、网上交易、知识产权保护、个人隐私、安全保密、电信基础设施、技术标准、普遍服务、劳动力问题和政策引导。2000年5月,欧盟通过的《电子商务指令》试图对电子商务做出综合性规范,并以其高效性和安全性促进电子商务在欧盟的发展。此外欧盟认为,有必要采取一系列积极的政策和立法措施,对电子货币的相关问题进行指导、规范和协调。

据相关资料显示,欧盟委员会已着手研究"自律"与"合作管理"的规范性文件,并已经完成其中的部分内容,其目标是在广泛征询意见的基础上,为制定电子商务行为自律准则提供指导性的意见,用于非诉讼争议解决机制。非诉讼争议解决机制是指在传统的诉讼解决纠纷的基础上,还可以发展调解、协商、仲裁、谈判等其他途径,并配套相应的机构和制度,节省当事人的时间和成本,同时,可有效减轻法院受理案件数量,解决跨国消费者的合同争议。

2. 各国电子商务立法

在电子商务立法初期,除国际电子商务立法外,一些国家也各自制定了相关的法律。美国的犹他州于1995年颁布的《数字签名法》是世界范围第一部全面确立电子商务运行规范的法律文件。目前,美国绝大多数州都制定了与电子商务有关的法律。至20世纪末,美国已经出台了一系列的法律和文件,其中包括《电子信息自由法案》《个人隐私保护法》《公共信息准则》《网上电子安全法案》等,从而构成了电子商务的法律框架。

加拿大于1998年制定了《个人信息保护与电子文件法(草案)》,同时还起草了《统一电子商务法》。欧洲国家制定的有关电子商务的法律,还有意大利的《数字签名法》、丹麦的《数字签名法》、德国的《信息和通信服务规范法》、俄罗斯的《联邦信息、信息化和信息保护法》等。

1997年,马来西亚制定了《数字签名法》,这是亚洲最早的电子商务立法。1998年,新加坡出台了《电子交易法》,1999年制定了配套法规《电子交易(认证机构)规则》。1999年,韩国制定了《电子商务基本法》。

4.2 电子合同法律法规

4.2.1 电子合同的概念

合同亦称契约,是当事人之间达成的、对他们具有法律约束力的协议。《民法典》第四百六十四条第一款:"合同是民事主体之间设立、变更、终止民事法律关系的协议。"传统的合同形式主要有两种:口头形式和书面形式。

口头形式是指当事人以对话的方式达成协议,它一般适用于标的量不大、内容不复杂且能及时结清的合同关系。书面形式则是指当事人采用有形记录的方式,主要是以纸面方式来表达协议的内容,在商务活动中当事人多采用书面合同,许多国家的立法还对某些合同规定必须采用书面形式。随着通信技术的进步,电话、传真的使用使合同形式日益电子化,但人们把电话达成的合同归类为口头合同,把传真达成的合同归类为书面合同。20世纪末,计算机技术和互联网的迅猛发展使越来越多的协议通过网络达成。这些协议本质上为数据电文,不存在原件与复印件的区分,也无法用传统方式进行签名和盖章,因此引出一个概念——电子合同。

从合同法体系上讲,电子合同可以视为一种新的合同形式,而不是对传统合同概念的颠覆。因此,国际社会并未形成一个被人们普遍接受的"电子合同"的定义,各国电子商务立法更加注重对合同的形式"数据电文"或"电子方式"的界定。

《民法典》第四百六十九条将数据电文确定为书面形式的一种,并用列举的方式指出数据电文包括电子数据交换、电子邮件、电报、电传和传真。列举式立法将"数据电文"这一概念封闭起来,失去了国际电子商务立法中广泛使用技术中立原则而给法律带来的灵活性。自2005年4月1日起施行的《电子签名法》从法律上确认了电子签名的效力,并对"数据电文"进行了重新定义。由此,电子合同在我国法律体系中已经基本得到了承认和规范。

4.2.2 电子合同的基本特征

电子合同是合同的一种表现形式,当然具有传统合同诸如协商性、平等性等一些基本特征,但由于电子合同是以数字化形式表现的合同,因此也具有自身的一些特征。

1. 电子合同主体的虚拟性和广泛性

在传统交易中,合同各方主体主要是自然人或法人,合同的签订多是面对面地进行。在电子商务交易中,主体的身份通过其在网络上数字化的信息来展示,交易各方互不见面,主要是以网络为平台,以数字化方式传播信息,在虚拟的平台上运作。电子合同的主体具有虚拟性,其在电子商务市场中受地域限制较小,供需双方的距离被大大缩短,给交易带来了极大的便捷。

2. 电子合同的无纸化和超文本性

区别于传统合同,电子合同是以数据电文的形式存在的,不存在原件与复印件,电子合同具有超文本的特性。

3. 电子合同的格式性

网络交易对象广泛,是一种针对大众的交易,所以电子合同主要体现为格式性的制式合同。经营者拟定好条款,消费者往往只能拒绝或接受,其公平交易权极易受到影响。

4. 电子合同订立过程的自动性

电子合同的订立主要通过计算机网络进行,计算机预先设定好程序,由信息系统代替当事人做出要约和承诺,整个订立过程不需要人工干预,计算机自动做出意思表示,完成整个交易的过程。

5. 电子合同成立和生效的特殊性

传统合同需要签字、盖章才能生效;电子合同则通过一定的技术标准,如电子签名、电子认证,通过"功能等同"原则来规定,当满足一定条件时就视为书面形式和可靠的电子签名。

4.2.3 电子合同的成立及生效

合同成立的基本要件是双方当事人的意思表示一致,电子合同虽采取了数据电文或数据电讯表达方式,是合同的一种特殊类型,但也必须遵循合同成立的一般原则。《电子商务法》第四十九条规定:"电子商务经营者发布的商品或者服务信息符合要约条件的,用户选择该商品或者服务并提交订单成功,合同成立。当事人另有约定的,从其约定。"

1. 要约

(1)要约的含义。

要约是一方当事人以缔结合同为目的,向对方当事人提出合同条件,希望和对方订立合同的意思表示。该意思表示应当符合两个条件:一是内容具体、明确,二是表明经受要约人承诺。当要约符合上述两个条件时,要约人即受该要约约束。

要约产生约束力的时间为要约生效时间。《民法典》第一百三十七条在要约生效上采纳了"到达主义",该条规定:"以非对话方式作出的意思表示,到达相对人时生效。以非对话方式作出的采用数据电文形式的意思表示,相对人指定特定系统接收数据电文的,该数据电文进入该特定系统时生效;未指定特定系统的,相对人知道或者应当知道该数据电文进入其系统时生效。当事人对采用数据电文形式的意思表示的生效时间另有约定的,按照其约定。"以电子邮件为例,根据这一规定,如果收件人提供了特定的地址或者账号,那么该电子邮件进入该特定的地址或者账号的首次时间为要约到达时间;如果收件人没有提供特定的地址或者账号,则该电子邮件发出首次进入国际互联网的时间视为到达时间。这一规定便于确定要约生效的时间,但是也存在着不尽如人意的地方,如对"到达"的一般理解为送到受要约人控制范围,不以受要约人实际知晓为必要,所以,在数据电文进入收件人的某一系统后,收件人并未马上阅读到该数据电文,如果视为到达,对收件人来说是不公平的。因此,在实际操作中将收件人检索并阅读到该数据电文的时间视为到达时间。

要约生效后,对于要约人和受要约人均具有法律约束力。对于要约人,要约一经生效,即不得随意撤回、撤销或者变更;对于受要约人,要约一经生效,就取得通过承诺成立合同的法律地位。

(2)要约的撤回。

要约的撤回是指要约人在发出要约后、到达受要约人之前,取消其要约的行为。《民法典》第一百四十一条规定:"行为人可以撤回意思表示。撤回意思表示的通知应当在意思表示到达相对人前或者与意思表示同时到达相对人。"因为要约一旦达到受要约人后就发生效力,要约人便不能撤回要约。如果要约人以邮寄信件的方式发出要约,在要约到达受要约人之前可以用电话将之撤回。但是,基于在线交易信息输的高速性,要约一旦发出,信息几乎同时到达受要约人,受要约人即刻就可收到,几乎不存在撤回的可能。因此,电子要约的撤回从法理上是可行的,但从交易时间看则没有实现的机会。

(3)要约的撤销。

要约的撤销是指在要约生效后使要约失效的行为。《民法典》第四百七十七条规定:"撤销要约的意思表示以对话方式作出的,该意思表示的内容应当在受要约人作出承诺之前为受要约人所知道;撤销要约的意思表示以非对话方式作出的,应当在受要约人作出承诺之前到达受要约人。"并且,有以下情形之一的,要约不得撤销:一是要约人确定了承诺期限或者以其他形式明示要约不可撤销;二是受要约人有理由认为要约是不可撤销的,并已经为履行合同做了合理准备工作。

(4)要约与要约邀请的区别。

要约邀请是希望他人向自己发出要约的意思表示,它不因相对人的承诺而成立合同。而要约则是要约人愿意接受一经对方承诺就成立合同的约束。要约和要约邀请的区分,对认定合同是否有效及当事人是否受到法律约束十分关键。当事人可以在发出信息中特别声明为要约或要约邀请。如果声明"不得就其提议做出承诺"或"广告和信息仅供参考"等,则该信息只能视为要约邀请;如果在信息中公开表明,发布人愿意受信息内容约束,与承诺者缔结合同,那么可视为要约。

在其他未明确的情形下,一项意思表示是要约还是要约邀请需要根据具体情形认定。如果双方当事人在网络交易中以电子邮件方式建立商务关系,那么可以根据双方的交易习惯及信息内容来区分要约或要约邀请。例如,相对人收到一封电子邮件,内容为"本人欲以4000元价格出售八成新的笔记本电脑一台,给第一个回复此电子邮件之人",该意思表示针对该个人,且内容具体、明确,则该电子邮件就是要约。

如果商家是在开放型商业网站上发布商品或服务信息,那么可根据交易的性质和网上登载的信息是否存在希望与他人订立合同的意图来具体认定该信息是要约还是要约邀请。例如,信息中如仅介绍商品的名称、性能,但未具体规定价格、数量等内容,或者提供信息仅供消费者浏览,或者发布者在发布信息时如明确表示在客户用鼠标单击购买后必须有发布人的确认,则说明在上述情形中,发布人不具有明确的订约意图,这类信息属于要约邀请。如果信息中介绍了商品的名称、性能、价格、数量,尤其是消费者可以将之放入广告发布者指示的"购物菜单"中,消费者一经点击"购买"即可成交,说明发布人明确表示愿意受到拟订立合同的拘束,这类信息属于要约;如果信息内容确已构成要约,则发布人不得拒绝对方的承诺,否则应承担违约责任。

2. 承诺

(1)承诺。

承诺是受要约人同意要约的意思表示。一项有效的承诺的构成要件有以下几个。

①承诺由受要约人向要约人做出,受要约人必须是要约指向的特定人或在未确定的情况下由具备接受要约条件的人做出;同时,承诺必须向发出要约的人做出。

②承诺应当以通知的方式做出,但根据交易习惯或者要约表明可以通过行动做出承诺的除外。

③承诺必须在要约的存续期间做出,这里的存续期限是确定的或合理的期限;超过承诺期限发出的承诺,除要约人及时通知受要约人该承诺有效外,为新要约。

④承诺的内容应当与要约的内容一致。承诺是无条件的、绝对的。受要约人对要约的内容做出实质性变更,为新要约。

承诺一经受要约人承诺并送达要约人时生效,承诺生效时合同成立。传统的合同法理论以承诺生效时间为合同成立时间的这一规定也同样适用于网络交易。

(2)电子合同承诺的撤回和撤销。

承诺的撤回是指承诺人阻止承诺发生法律效力的意思表示。《民法典》第四百八十五条规定:"承诺可以撤回。"撤回承诺的通知应当在承诺通知到达要约人之前或者与承诺通知同时到达要约人。在网络交易中,受要约人承诺的方式一般表现为以下两种:第一种是在网站上用鼠标点击"我同意"或按键盘 Enter 键;第二种是受要约人利用电子邮件进行承诺。无论采用何种承诺方式,因为电子数据在网络中传递的速度非常快,意思表示在瞬间即可完成,撤回承诺的可能性也极小;但是只要技术上撤回是可行的,就应对撤回承诺予以肯定。上述关于电子合同要约撤回的规则也适用于电子合同承诺的撤回。

通过网络通信订立合同不存在撤销问题。因为承诺一经到达要约人,合同即成立,但是如果承诺一律不能撤销,这会使被动接受合同一方处于不利地位。因为电子商务在线交易中,当事人在网页上用鼠标单击"确认"图标成交,其过程十分短暂,甚至是在瞬间完成,交易者在用鼠标点击时可能会因各种原因而误操作,也可能会因为用鼠标点击时间短暂而未对合同条款进行仔细的思考,因此,在用鼠标点击成交时,承诺人的意思表示可能并不完全真实。因此,有学者建议在用鼠标点击成交以后,应给客户一段考虑是否最终决定成交的期限。如果在该期限内,客户不愿意成交,可以撤销承诺。如果客户愿意成交,则不必再做出任何表示。这一观点有其合理性,但是它有悖于合同订立的一般规则。因此,从契约自由原则和维护法律的一致性出发,一般不应改变承诺生效规则。

 拓展阅读

《民法典》中有关承诺的条款

第四百八十三条　承诺生效时合同成立,但是法律另有规定或者当事人另有约定的除外。

第四百八十四条　以通知方式作出的承诺,生效的时间适用本法第一百三十七条的规定。

承诺不需要通知的,根据交易习惯或者要约的要求作出承诺的行为时生效。

第四百八十五条　承诺可以撤回。承诺的撤回适用本法第一百四十一条的规定。

第四百八十六条　受要约人超过承诺期限发出承诺,或者在承诺期限内发出承诺,按照通常情形不能及时到达要约人的,为新要约;但是,要约人及时通知受要约人该承诺有效的除外。

第四百八十七条　受要约人在承诺期限内发出承诺,按照通常情形能够及时到达要约人,但是因其他原因致使承诺到达要约人时超过承诺期限的,除要约人及时通知受要约人因承诺超过期限不接受该承诺外,该承诺有效。

第四百八十八条　承诺的内容应当与要约的内容一致。受要约人对要约的内容做出实质性变更的,为新要约。有关合同标的、数量、质量、价款或者报酬、履行期限、履行地点和方式、违约责任和解决争议方法等的变更,是对要约内容的实质性变更。

第四百八十九条　承诺对要约的内容作出非实质性变更的,除要约人及时表示反对或者要约表明承诺不得对要约的内容作出任何变更外,该承诺有效,合同的内容以承诺的内容为准。

第四百九十条　当事人采用合同书形式订立合同的,自当事人均签名、盖章或者按指印时合同成立。在签名、盖章或者按指印之前,当事人一方已经履行主要义务,对方接受时,该合同成立。

法律、行政法规规定或者当事人约定合同应当采用书面形式订立,当事人未采用书面形式但是一方已经履行主要义务,对方接受时,该合同成立。

第四百九十一条　当事人采用信件、数据电文等形式订立合同要求签订确认书的,签订确认书时合同成立。

当事人一方通过互联网等信息网络发布的商品或者服务信息符合要约条件的,对方选择该商品或者服务并提交订单成功时合同成立,但是当事人另有约定的除外。

第四百九十二条　承诺生效的地点为合同成立的地点。

采用数据电文形式订立合同的,收件人的主营业地为合同成立的地点;没有主营业地的,其住所地为合同成立的地点。当事人另有约定的,按照其约定。

来源:《中华人民共和国民法典》节选

2. 电子合同的生效

(1)电子合同的生效条件。

已经成立的电子合同只有具备法律规定的条件才能发生法律效力。这些要件就是合同有效的要件。根据《民法典》规定,电子合同的生效要件包括合同当事人应具有相应的民事行为能力、意思表示真实、不违反法律或社会公共利益。下面对这些要件分别介绍。

(1)合同当事人应具有相应的民事行为能力。

民事行为能力是民事主体以自己的行为设定民事权利与义务的资格。合同作为民事法律行为,只有具备相应民事行为能力的人才有资格设立,不具有相应民事行为能力的人所订立的合同不能生效。

(2)意思表示真实。

订约当事人双方的意思表示一致,合同即可成立,但只有当事人的意思表示是真实的合同才能有效。所谓意思表示真实,是指行为人表示于外部的意思与其内在意志是一致的。因此,当事人意思表示真实是合同有效的必要要件。在电子合同中,电子意思表示是否真实同样也是判断电子合同是否有效的一个核心要件。电子意思表示是指利用资讯处理系统或计算机作出意思表示的情形。对于电子意思表示,一个重要问题是计算机是否可以真实地"代理"合同当事各方的意愿,即计算机能否取得适当的"人格"。对于电子传达的意思表示不难认定其附属特定人的意思表示,因为它是用计算机经由网络予以表达,电子媒体只不过是一种传达工具而已。因此,计算机的自动处理可以视为当事人真实意思表示。

(3)不违反法律或者社会公共利益。

所谓不违反法律或者社会公共利益,是指合同的目的和内容不违反法律、法规的强制性或禁止性规定,不损害社会公共利益和国家利益。否则,该电子合同不能生效。

4.2.4　电子合同的履行及违约责任

1. 电子合同的履行

合同的履行是指双方当事人按照合同约定的各项条款全面履行自己的义务,实现合同规定的权利,以使双方当事人的合同目的得以实现的行为。合同履行是合同法律效力最集中的体现。《民法典》第五百零九条第一款规定:"当事人应当按照约定全面履行自己的义务。"这是法律对于合同履行的基本要求。电子合同因标的不同有信息产品合同和非信息产品合同之分。非信息产品合同由于有一定的物理载体,因此仍依照《民法典》的履行规则;而信息产品合同的履行则存在较强的特殊性。

2. 电子合同的违约归责与违约救济

（1）违约归责。

违约责任的归责原则是指基于一定的归责事由而确定违约责任承担的法律原则。合同违约责任的归责原则有两种，即过错责任原则和严格责任原则。过错责任原则是指一方违反合同的约定，不履行和不适当履行合同时，应以过错作为承担责任的要件和确定责任范围的依据。严格责任原则是指在违约发生以后，确定违约当事人的责任时，应当主要考虑违约的结果是否因违约方行为造成，而不是因违约方故意或者过失。《民法典》中将严格责任确定为违约责任的一般归责原则，与合同法理论和国际立法趋势相一致。电子合同只是合同的一种特殊形式，其合同性质并未改变。因此，按《民法典》的规定，严格责任仍是我国电子合同违约责任的一般归责原则。

（2）违约救济。

电子合同作为合同的一种形式，《民法典》规定的承担违约责任的基本原则也适用于电子合同的履行。只是在信息产品交易中，在违约导致合同终止时，还应采取停止使用、中止访问等措施。

①合同解除后，尚未履行的，终止履行；已经履行的，根据履行情况和合同性质，当事人可以请求恢复原状或者采取其他补救措施，并有权请求赔偿损失。

②合同因违约解除的，解除权人可以请求违约方承担违约责任，但是当事人另有约定的除外。

③主合同解除后，担保人对债务人应当承担的民事责任仍应当承担担保责任，但是担保合同另有约定的除外。

（3）免责事由。

合同违约的免责事由包括不可抗力、约定免责等。电子商务环境中不可避免地存在网络故障、病毒感染、黑客攻击等问题，这些因素是否构成不可抗力要根据具体情况来决定。

不可抗力是指不能预见、不能避免并且不能克服的客观情况。当不可抗力致使物品灭失或不能给付时，债务人可以免责；当不可抗力致使合同部分不能履行或迟延履行时，则免除部分责任或迟延履行责任。多数学者认为，在电子商务环境中，下述情形可认定为不可抗力：

①文件感染病毒。如果许可方采取了合理与必要的措施来防止文件遭受攻击，如给自己的信息系统安装了符合标准或业界认可的安全设施、防火墙，在安全人员尽职工作的情形下仍然感染病毒，造成合同无法履行，应认定为不可抗力，许可方因此不能履行合同的可以免责。然而，这并不排除许可方返还对方价款的义务。

②非自己原因造成的网络中断。网络传输中断可由传输线路的物理损害引起，也可由病毒或攻击造成。例如，由于地震导致通信电缆损坏，绝大部分的网络连接不畅，造成文件无法传输，电子邮箱服务无法使用等。当事人对此无法预见和控制，应属于不可抗力。

③非自己原因造成的电子错误。例如，消费者通过网络支付平台向商家付款，但由于信息系统的错误未能将价款转移到商家的账户。

约定免责是指当事人在合同中约定的，旨在限制或免除其将来可能发生的违约责任的条款。在法律对网络中断、病毒感染、电子错误等问题做出明确规定的情形下，免责条款是当今电子商家和互联网服务商降低法律风险的最有效手段。然而,免责条款的约定不得违反法律和社会公共利益,不得排除当事人的基本义务,也不能排除故意或重大过失的责任。

4.3 电子商务知识产权法律法规

4.3.1 电子商务专利权法律法规

1. 电子商务专利权的概念

电子商务专利又称为商业方法专利(business method patent,BMP),是指为了处理或解决商业经济活动或事务而通过人类心智创作的方法或规则,是电子商务活动者在电子商务活动中采用特定的经营方法或模式所拥有的排他性权利。电子商务的飞速发展给传统的专利法律制度带来了新的挑战,因为在电子商务活动过程中,经营者发明了一些独特、新颖和高效的商业方法。这些方法都要借助计算机软件、硬件和网络来运行,这一点不同于传统意义上的智力活动规则。如果这些商业方法具备了授予专利权的条件,发明人是否可以申请专利、如何保护,引出了新的电子商务法规建设问题。

对于专利权的授权条件,《中华人民共和国专利法》(以下简称《专利法》)第二十二条第一款规定:"授予专利权的发明和实用新型应当具备新颖性、创造性和实用性。"一项发明或实用新型要取得专利权必须具备新颖性、创造性、实用性三个条件,且缺一不可。其中,新颖性是指在申请日以前没有同样的发明或实用新型在国内外出版物上公开发表过、在国内公开使用过或者以其他方式为公众所知,也没有同样的发明或实用新型由他人向国务院专利行政部门提出过申请,并且记载在申请日以前公布的专利件中;创造性是指同申请日以前已有的技术相比,该发明具有突出的实质性特点和明显进步,该实用新型具有实质性特点和进步;实用性是指该发明或实用新型能够制造或者使用,并且能够产生积极效果。

2. 电子专利申请

电子专利申请是指以互联网为传输媒介、以电子文件形式提出的专利申请。随着网络技术的发展及网络应用范围的扩大,通过网络以电子形式申请专利,成为创造申请人及专利管理部门的共同需求。为此,我国国家知识产权局发布了《关于专利电子申请的规定》,目的在于规范与通过互联网以电子文件形式提出的专利申请的有关程序和要求。按照该规定,发明、实用新型和外观设计专利申请均可采用电子文件形式提出。提交电子专利申请与相关文件的,应当遵守用户协议中规定的文件格式、数据标准、操作规范和传输方式。对电子专利申请,国家知识产权局以电子文件形式向申请人发出各种通知书、决定和其他文件的,申请人应当按照用户协议规定的方式获取。专利法及其实施细则和专利审查指南中关于专利申请和相关文件的所有规定,除专门针对以纸质形式提交的专利申请和相关文件的规定之外,均适用于专利电子申请。

3. 电子商务商业方法专利保护

电子商务和网络的发展不仅需要相关的硬件设备,同时还需要相关的软件和网络技术。对硬件设备和软件已有相关的法律进行保护,而对网络技术的保护仍然处于探讨阶段。电子商务商业方法不同于纯粹的商业方法,已不再属于智力活动规则和方法范畴,而是以计算机软件为核心内容和外在表现形式,借助计算机系统和网络媒介实施的,用于经营活动或处理财经信息的系统性技术方法,因此在我国现行专利制度框架下,电子商务商业方法发明成为专利性主题,实际上并不存在根本性的障碍,至于其能否最终被授予专利权,还要看该网络商业方法发明是否满足专利的新颖性、创造性和实用性的要求。

4.3.2 电子商务网络域名法律法规

域名的出现是为了方便人们发送和接收电子邮件或访问某个网站。随着互联网在中国的蓬勃发展及商业活动电子化进程的不断加快,域名从一种网络技术上的地址符号转变为蕴藏巨大商机的、被赋予经营性标记的财产价值。随着全世界域名注册数量的飞速增长,因域名注册和使用引发的纠纷频频发生,域名与商标、商号等法律所保护的其他商业标记之间的冲突也愈演愈烈。如何正确认识并解决域名的法律保护、协调域名与相关法律制度的关系问题也就显得十分必要。

1. 域名的基本知识

(1) 域名的概念。

互联网是由无数个建立在主机中的互联网站点互联形成的,这些站点由主机等设备构成。为了区分每个站点并使所有站点成为一个整体,为每个网站和每台服务器主机都分配了一个地址,这便是 IP 地址。

互联网上的主机资源非常丰富,每台主机都有一个唯一的 IP 地址。网络用户在访问主机时需要提供主机的 IP 地址,但要记住大量的 IP 地址非常困难。因此,为了方便人们记忆、使用 IP 地址,互联网采用一种分层次结构的名字来标识主机,这个名字称为域名。例如,搜狐网站主机的域名为 www.sohu.com。主机域名在互联网中是需要向指定管理部门申请注册才能得到的。

(2) 域名的法律特征。

在电子商务环境中,域名的法律特征在很大程度上取决于它的技术特征,其主要内容包括以下几点:

① 标识性。在互联网上,不同的组织机构(计算机用户)是以各自的域名来标识自身而相互区别的。域名是人们选择用来在国际互联网上代表自己的标识。

② 唯一性。由于域名的命名具有一定的规范性,同时它又与 IP 地址等价,具有高度的精确性,因此在技术保障基础上的域名便具有全球唯一性。这是域名标识性的根本保障。

③ 排他性。现行的电子商务以互联网为依托,互联网使用范围的全球性决定了域名必须先申请注册,申请注册遵循"先申请先注册"的原则。可见,域名的排他性是其唯一性的进一步延展和必要保证。

④ 无限性。因为域名借以存在的互联网没有地域的限制,所以在空间上具有无限性的特点。在时间上,注册域名实行年检制度,只需要每年交纳一定的费用,就可以无限期拥有,无须定期续展。

⑤ 财产性。由于域名具有标识性和唯一性的特点,其商业价值表现得越来越突出,域名的无形财产权受到了广泛的认可和保护。

⑥ 转让性。域名只能转让而不能被许可使用。

⑦ 国际性。域名具有天然的不受地域限制的特征,这是由互联网的国际性决定的。

根据以上法律特征,域名权符合知识产权的特征,是一种独立的、新型的知识产权。

(3)域名的法律保护。

①域名纠纷的类型。在互联网发展进程中,域名纠纷时有发生。当前因域名注册而引起的纠纷大致包括以下几种:

A. 因抢注域名而引起的纠纷。抢注域名即在明知或应知的情况下将他人知名的商标、商号、姓名或其他商业标识抢先注册为域名,自己并不使用。这种行为一般同时伴有抢注域名的数量众多、公开索要高价出售被抢注域名等特点。对"明知或应知"的认定可以由商标、商号、姓名等的影响力来判定,而域名抢注者的主观故意则由法院进行推定。

B. 因盗用域名而引起的纠纷。盗用域名即将他人知名的商标、商号或其他商业标识注册为域名并加以使用。

C. 权利冲突型的域名纠纷。权利冲突型的域名纠纷即不同的民事主体针对相同的标识,在不同的商品或服务范围内各自享有商标权、商号权或其他商业标识权,因注册域名发生冲突而引起的纠纷。

②域名保护的原则。

A. 先申请原则。域名的取得基于域名的申请登记,按照"先申请先注册"原则处理。域名申请可以用电子邮件、传真、邮寄等方式提出,随后在 30 日内以其他方式提交下列文件、证件:域名注册申请表、本单位介绍信、承办人身份证复印件和本单位依法登记文件。其申请时间以收到第一次注册申请的日期为准。如在 30 日内未收到上述全部文件,则该次申请自动失效。

B. 初步审查原则。域名的审查仅限于对与在册域名是否相同的审查,即要求域名的区别特征仅在于其是否与在册域名相同,而不在于相似性。

C. 设立禁用条款。我国对域名的命名原则和限制原则的规定是对域名的初步审查,包括对禁用条款的审查。

D. 国际检索与国内检索。从国际范围来看,各国已实现了商标数据库的联网,在注册域名时应进行国际检索。从国内范围来看,域名机构可以利用商标查询数据库进行初步检索,并且,域名注册机构与商标注册机构之间需要进行必要的协调。初步检索能减少大量的域名争议。

E. 允许转让。当发生域名争议时,如果争议双方能在平等、自愿、公平的基础上达成一致意见,应允许调解,一方将域名转让给争议的另一方。

③国内外域名立法保护现状。域名原本只是网络技术术语,是计算机在互联网上的物理地址。随着互联网和电子商务的兴起,域名的经济价值日益凸显,被广泛应用于区分不同的网站及其提供的商品或服务。为了有效解决域名冲突,国际组织和各个国家(地区)都采取了较多积极的措施,并制定了一些相关的政策和法律。

A. 国际互联网名称和编号分配公司方案。1999 年 8 月和 10 月,国际互联网名称和编号分配公司分别通过了《统一域名争议解决规则》和《统一域名争议解决规则细则》,这两份文件成为解决顶级域名争议的依据。根据该规则和细则,统一域名纠纷处理机制适用于符合下列三个条件的域名纠纷:注册域名与投诉人享有权利的商品商标或者服务商标相同或令人混淆的近似;域名注册人就其域名不享有权利或合法权益;域名是被恶意注册和使用的。

1999 年 11 月,国际互联网名称和编号分配公司指定世界知识产权组织为第一个"纠纷处理服务提供者",并公布了《关于网络域名程序的最后报告》。该报告就域名注册的规范程序、统一争端的解决程序及域名的排他程序等提供了政策性的建议。

B. 我国的域名保护。我国的域名管理机构中国互联网络信息中心于1997年5月颁布了《中国互联网络域名注册暂行管理办法》。该办法第十一条第五项规定，申请注册域名"不得使用他人已在中国注册过的企业名称或商标名称"，又规定"在cn顶级域名之下注册的三级域名不得与受中国法律保护的商标发生冲突"。

2001年6月颁布的《最高人民法院关于审理涉及计算机网络域名民事纠纷案件适用法律若干问题的解释》，将域名纠纷案件定性为侵权或不正当竞争。2002年10月颁布的《最高人民法院关于审理商标民事纠纷案件适用法律若干问题的解释》规定，与他人注册商标相同或者相近似的文字注册为域名，并且通过该域名进行相关商品交易的电子商务，容易使相关公众产生误认的，属于《中华人民共和国商标法》规定的给他人注册商标专用权造成其他损害的行为之一。这一规定明确了将他人注册商标注册为域名，并在电子商务中使用的行为属于商标侵权行为。

2002年，中国互联网络信息中心颁布了《中国互联网络域名管理办法》（2004年修订）、《中国互联网络信息中心域名注册实施细则》（2012年修订）、《中国互联网络信息中心域名争议解决办法》（2006年修订）等一系列规定，对域名注册、管理及争议解决进行了规范。此外，针对域名中存在的问题，我国还出台了《中文域名争议解决办法（试行）》《中国互联网络信息中心域名争议解决办法程序规则》《中华人民共和国商标法》《最高人民法院关于审理涉及计算机网络域名民事纠纷案件适用法律若干问题的解释》等法律法规、规章制度和司法解释。

尽管如此，我国目前对域名的管理、规范多是从保护商标和禁止域名侵权这些角度进行的，多表现为禁止性的规定，对域名给予积极扶持、保护的相关规定较少。另外，我国关于域名的法律规则比较零散，且专门的规范文件的效力较低，对域名的法律性质尚没有明确规定。

4.4 电子商务犯罪法律法规

4.4.1 电子商务犯罪的定义和特征

由于网络本身的特点，近年来利用网络进行电子商务犯罪的情形日益增多，成为新经济时代犯罪的典型。由于其涉及地域广阔，隐蔽性强，促使各国不断修订、完善相关法律法规。

1. 电子商务犯罪的定义

刑法学意义上的电子商务犯罪是指在电子商务领域中，为了牟取非法利益利用电子商务信息系统特点所实施的侵犯他人权益，危害电子商务正常秩序，具有严重社会危害性，触犯刑法及应受刑法处罚的行为。按照这一定义，电子商务犯罪仅限于刑法明文规定的行为。然而电子商务犯罪是在互联网时代新近发展起来的一类特殊的计算机犯罪，大多数的行为在刑法条文中没有规定，虽然具有严重的社会危害性，但刑事立法的滞后使其不构成犯罪，不能进行刑罚处罚。所以我们所要研究的电子商务犯罪应是犯罪学意义上的电子商务犯罪，即发生在电子商务活动过程中妨害电子商务秩序的犯罪。

电子商务犯罪通常表现为电子商务中的计算机犯罪、与计算机犯罪相关联的电子商务犯罪，以及在电子商务活动中借助网络进行的传统犯罪，这些犯罪与电子商务活动密切相关。例如，盗用用户网上支付账户的犯罪、伪造并使用网上支付账户的犯罪、盗用商户电子商务身份证进行诈骗的犯罪、电子商务中的诈骗犯罪、虚假认证的犯罪、侵犯电子商务秘密的犯罪、电子商务偷税逃税的犯罪、非法入侵电子商务认证系统的犯罪等。

2. 电子商务犯罪的特征

(1)从电子商务犯罪侵犯的对象看,被侵犯的电子商务秩序不是某一种社会关系,而是发生在电子商务活动中的若干社会关系的集合。在这一社会关系的集合中,既有国家利益(如国家对电子商务的管理控制权),又有社会利益(如网络通信服务安全关系每个网络用户的利益),还有个人利益。电子商务领域犯罪与电子商务领域违法违规行为的区别在于,其具有严重的社会危害性,阻碍正处于关键成长阶段的电子商务的发展。

(2)从电子商务犯罪实施的行为看,犯罪主体多采用网络通信中的高科技工具,危害行为多种多样,有时还会多种手段并用,如非法潜入管理者空间非法修改指令、利用数据传输中的疏漏窃取信息、开发特种攻击软件等。所有的犯罪手段都表现出利用电子商务计算机信息系统的技术特性,包括利用计算机系统特性、网络通信系统特性、计算机数据的技术特性和电子商务信息系统应用功能等。

(3)从电子商务犯罪造成的后果看,犯罪行为严重危害电子商务秩序,具有较大的社会危害性。因为电子商务的运作具有全球性和自动化的特点,犯罪人大多数通过计算机程序和数据这些无形媒介进行操作,犯罪主体作案不受时间、地点限制,过程简短,可以在短时间内完成上百次、上千次犯罪行为,波及范围可能很广,涉案金额可能很大,而且许多犯罪后果会超出犯罪人自身的控制。由于电子商务犯罪一般不会对硬件和载体造成任何损坏,不会留下外部痕迹,因此具有很强的隐蔽性,有相当一部分犯罪事实并没有被被害人发觉。即使有些受到攻击的对象觉察到自己受到侵害,但为避免声誉受损或再次遭受报复也往往在案发后隐而不报。这些都给案件的侦破工作带来很大阻碍,致使犯罪人没有受到法律追究而逍遥法外并持续作案。

(4)从电子商务犯罪的主体来看,他们都是网络用户的组成部分,来自多个行业。随着电子商务日益被公众所接受,电子商务活动主体日益扩大,犯罪人数也不断增长,具有年轻化的趋势。而且电子商务的犯罪主体具有高智商的特征,因为没有一定的网络知识和操作技能是难以在这一领域实施犯罪的。

(5)从电子商务犯罪的动机来看,电子商务犯罪多表现为以牟利为目的,如利用金融网络系统窃取金融机构资金、利用电子商务进行诈骗、利用国际电子资金过户系统进行洗钱等。但是,也有为不正当竞争目的进行的犯罪,如窃取竞争对手商业秘密、侵犯著作权等,还有的因为工作、生活、人际关系摩擦而试图报复,也有单纯的技能炫耀、技能尝试的因素。

4.4.2 电子商务犯罪的防范措施

1. 加强网络安全教育

随着科学技术的发展,信息产业已经成为人类社会的支柱产业,各级政府部门和企业为获取完全信息的需要,都将自己的局域网联入互联网。"既要使网络开发,又要使网络安全"已成为互联网用户的迫切希望。首先,要加强网络职业道德教育;其次,要加强对网络用户进行网络安全意识教育;最后,要发挥舆论作用,加强对全社会互联网用户的社会道德教育,使每个人都能充分地意识到互联网的健康有序运行需要全社会的共同维护,切实增强网络用户的社会责任感,减少网上犯罪行为。

2. 加快发展计算机网络安全管理

(1) 行政管理。

中国的计算机网络安全目前是多部委交叉管理的。国务院批准成立了国家信息化工作领导小组，国家计算机网络与信息安全管理方面的重大问题主要由国家信息化工作领导小组下设的计算机网络与信息安全管理工作办公室来负责组织与协调。另外，按照政府机构改革的要求，各省、自治区、直辖市不再另设跨部门的信息化工作协调领导机构。

(2) 机构内部管理。

目前的计算机网络系统与电子商务系统已经具有相对稳定的安全性，而且随着信息安全技术的发展和管理的完善，网络的安全性会更高，外部人员单凭计算机技术破解网络安全防护的措施比较困难。所以，网络系统内部人员实施犯罪行为成功的可能性加大，如认证机构的工作人员利用工作之便窃取秘密信息后而实施犯罪。加强机构内部的网络安全管理就成为预防电子商务犯罪的重要环节。

(3) 建立专门化的网络执法机构。

司法滞后是我国打击网络犯罪所面临的一个重要问题，电子商务犯罪不同于其他传统犯罪，具有非常高的智能性，这就要求相关的司法人员也要掌握一定的计算机网络专业知识。我国公安系统设立了网络安全保卫部，专门对利用网络进行的违规违法行为进行监督管理。

3. 倡导国际交流与合作

网络彻底消除了边界的概念，在互联网上不存在国别或是地域的局限与限制，电子商务更是摒弃了很多传统交易上的概念，所以加强国际交流与协作，制定一些国际适用的约法、条约等来治理具有国际性的计算机犯罪和电子商务犯罪问题，具有较强的现实意义。

本章小结

本章节主要介绍了电子商务行业所涉及的相关法律法规，如《电子商务法》中相关的条款对电子商务行业的影响等。

工作任务

登录中华人民共和国商务部网站，自学《电子商务法》全部条款。

实践应用

根据章节中所学知识，对一起简单的电子商务领域的法律纠纷问题提出处理方案，要求能够找出法律依据，并做简单陈述。

任务拓展

如何理解《电子商务法》等相关法律法规对电子商务行业发展的影响？

第5章　客户关系管理

 知识框架

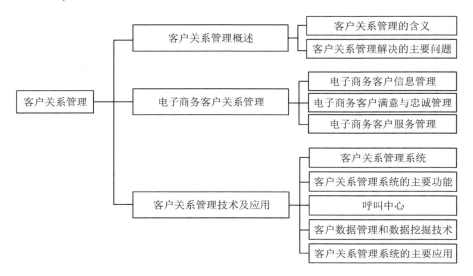

 知识目标与能力目标

知识目标：

1. 掌握客户关系管理的概念和内涵
2. 了解客户关系管理系统的主要功能
3. 掌握电子商务客户关系管理的内容与企业应用

能力目标：

1. 能够运用客户关系管理的理念和技术解决企业管理问题
2. 能够分析企业客户关系管理的应用情况，为企业的客户关系管理提出合理化建议

 案例导入

客户第一——沃尔玛的客户关系管理

沃尔玛成功的秘诀在于它的信念和经营法则：站在客户的角度为客户着想，维护与客户的关系。沃尔玛的天天低价策略正是其客户关系管理的核心。与按订单生产不同，以价格取胜是沃尔玛所有IT投资和基础架构的最终目标。沃尔玛能够利用多个渠道收集最详细的客户信息，并且能够造就灵活、高速的供应链信息系统。

沃尔玛在中国和供应商联系主要采用零售商联系系统，该系统也是其客户关系管理系统之一。零售商联系系统使沃尔玛能和主要的供应商共享业务信息。这些供应商可以得到相关的货品层面数据,观察销售趋势、存货水平等。通过信息共享,沃尔玛能和供应商们一起促进业务的发展,帮助供应商在业务的不断扩展中掌握更多的主动权。沃尔玛模式已经跨越了企业内部管理及与外界沟通的范畴,形成了以自身为主,连接生产厂商与客户的全球供应链。沃尔玛能够参与到上游厂商的生产计划和控制中去,因此能够将消费者的意见迅速反映到生产中,按客户需求开发定制产品。

资料来源:i博导平台(https://www.ibodao.com/Task.detail.task_id/267287.html)

思考: 沃尔玛是如何利用供应链信息系统实现客户关系管理的?

5.1　客户关系管理概述

随着市场经济的进一步发展和物质产品的日益丰富,市场形态已经明显转向买方市场,企业之间的竞争愈加激烈,竞争手段愈加多元化。但是,不同企业的发展有一个共同的趋势是:对客户的研究更加深入,更注重从客户的需求出发,同客户形成一种持久的良好关系。

在电子商务时代,信息技术革命极大地改变了企业的商业模式,对企业与客户之间的互动产生了巨大的影响,客户可以极其方便地获取企业和商品信息,并且更多地参与到商业过程中。这就要求企业应深入了解客户需求,及时将客户的意见反馈到产品和服务设计中,为客户提供更加个性化的服务。在这种环境下现代企业的客户关系管理应运而生。

5.1.1　客户关系管理的含义

客户关系管理(customer relationship management,CRM)的概念最早产生于美国,最初由高德纳咨询公司(Gartner Group)提出,当时被称为"接触管理"(contact management)。20世纪90年代以后,伴随着互联网和电子商务的发展,客户关系管理得到了迅速发展。全球最具权威的信息技术咨询、评估、测评机构高德纳咨询公司结合新经济的需求和新技术的发展,于1999年又提出了"现代企业客户关系管理"的新概念。不同的学者和商业机构对客户关系管理的概念有不同的看法,目前关于客户关系管理还没有统一定义。

本书认为,客户关系管理是企业为了提高核心竞争力,以客户为中心,利用相应的信息技术及互联网技术改进客户服务水平,提高客户的满意度与忠诚度,进而提高企业盈利能力的一种管理理念。其核心思想是:客户是企业的一项重要资产,客户关怀是客户关系管理的核心,客户关怀的目的是与所选客户建立长期和有效的业务关系,在与客户的每一个"接触点"上都更加接近客户、了解客户,从而最大限度地增加利润率和市场占有率。

根据客户关系管理的概念,可以从以下三个层面理解客户关系管理。

1. 客户关系管理是一种管理理念

客户关系管理是一种管理理念,是以客户为中心,将客户视为最重要的企业资产(客户资产),而构建起的一个信息畅通、行动协调、反应灵活的客户沟通系统。企业通过与客户交流来掌握其个性化需求,并在此基础上为其提供个性化的产品和服务,不断提高企业带给客户的价值,实现企业和客户的双赢,而不是千方百计地从客户身上为自己谋取利益。

客户关系管理是管理有价值客户及其关系的一种商业策略。客户关系管理吸收了数据库营销、关系营销、一对一营销等最新管理思想的精华,通过满足客户的个性需求,特别是满足最有价值客户的特定需求,与其建立和保持长期、稳定的关系,从而使企业在同客户的长期交往中获得更多的利润。

拓展阅读

数据库营销是指企业以与客户建立一对一的互动沟通关系为目标,依赖庞大的客户信息库开展长期促销活动的一种全新的销售手段。

关系营销是把营销活动看成一个企业与消费者、供应商、分销商、竞争者、政府机构及其他客户产生互动行为的过程,其核心是建立和发展与这些客户的良好关系。

一对一营销是指企业先进行客户分类,然后针对每个客户采取个性化的营销沟通方式,从而建立互动式、个性化沟通的业务流程。

2. 客户关系管理是一种管理系统和技术

客户关系管理是一种先进的管理模式,要取得成功必须有强大的技术和工具支持。客户关系管理系统是实施客户关系管理必不可少的支持平台。客户关系管理系统基于网络、通信、计算机等信息技术,能实现企业前台、后台不同职能部门的无缝链接,能够协助管理者更好地完成企业的客户管理。

3. 客户关系管理并非是单纯的信息技术或管理技术,而是一种企业商务战略

客户关系管理的目的是使企业根据客户特征进行分类管理,加强企业与客户、供应商之间的连接,从而优化企业的可盈利性,提高利润并改善客户的满意度。

企业在引入客户关系管理的理念和技术时,不可避免地要对企业原来的管理方式进行变革。业务流程重组为企业的管理创新提供了具体的思路和工具。通过对营销、销售、服务与技术支持等与客户相关领域业务流程的全面优化,企业可以从管理模式和经营机制的角度优化管理资源配置、降低成本、增加市场份额。

5.1.2 客户关系管理解决的主要问题

随着工业经济社会向知识经济社会的过渡,经济全球化和服务一体化成为时代的潮流。客户对产品和服务满意与否,成为企业发展的决定性因素。通过客户关系管理,企业可以不断完善客户服务,提高客户满意度,从而留住更多客户,吸引新的客户,增加利润。

1. 完善客户服务

客户关系管理的核心理念是以客户为中心,通过改进对客户的服务水平,提高企业核心竞争力。市场是由需求构成的,满足客户需求是企业生存的本质,客户需求的满足状态制约着企业的获利水平。

越来越多的企业认识到:在售后服务方面做得好的企业,其市场销售水平就会处于上升的趋势;反之,那些不注重售后服务的企业,其市场销售水平则会处于下降的趋势。客户服务正由售后客户关怀变为使客户从购买前、购买中到购买后的全过程中获得良好体验。购买前,向客户提供产品信息和服务建议;购买期间,向客户提供企业产品质量符合的有关标准,并照顾到客户与企业接触时的体验;购买后,则集中于高效跟进和完成产品的维护和修理,这种售前的沟通、售后的跟进和提供有效的客户关怀,可使客户满意度提升。

2. 提高客户满意度

客户关系管理中,对客户全面关怀的最终目的是提高客户满意度。客户关怀能够很好地促进企业和客户之间的交流,协调客户服务资源,对客户做出及时的反应。对客户资源进行管理和挖掘,不仅有助于现有产品的销售,还能够满足客户的特定需求,真正做到"以客户为中心",从而赢得客户的忠诚。

3. 挖掘关键客户

挖掘企业最有价值的客户,利用企业有限的资源和能力服务最有价值的客户是客户关系管理的主要目标之一。高德纳咨询公司认为,客户关系管理就是通过对客户详细资料进行深入分析,提高客户满意度,从而提高企业竞争力的一种手段。

5.2 电子商务客户关系管理

电子商务的迅速发展给企业的客户关系管理带来了无限的发展空间。电子商务客户关系管理不同于传统的客户关系管理,它主要借助网络环境下信息获取和交流的便利,对客户信息进行收集和整理;充分利用数据库和数据挖掘等先进的智能化信息处理技术,将大量客户资料加工成有用的信息;以信息技术和网络技术为平台开展客户服务管理,从而提高客户满意度和忠诚度。客户关系管理与电子商务进行整合,提取电子商务中的客户信息、交易信息、服务信息,对消费者行为进行分析,然后进行有针对性的营销。

电子商务客户关系管理是一个系统工程,既需要以客户关系管理理论为指导,又需要现代信息技术做支撑,还要结合电子商务新环境的特征,将这三者有效结合才能取得良好效益。

电子商务客户信息管理是客户关系管理各部分运作的基础,电子商务客户满意与忠诚管理是客户关系管理的目标和核心,电子商务客户服务管理是客户关系管理的关键内容。

5.2.1 电子商务客户信息管理

客户信息管理是客户关系管理的一个重要组成部分。客户信息管理主要包括:客户基本资料、档案管理,客户消费信息管理,客户信用度管理,客户黑名单管理,客户流失信息管理,客户分类信息管理,大客户信息管理及潜在大客户管理等内容。

电子商务客户信息管理的过程及内容主要包括电子商务客户信息的收集、客户资料数据库的建立、客户信息整理、客户信息分析等。

 拓展阅读

客户关系管理系统可以使企业员工共享客户资源,从而为企业搭建一个完善的客户信息资源数据库,管理层可以通过客户关系管理系统设置哪些客户资源能在员工之间共享,哪些客户资源只授权于指定的员工管理。这样,既可以提高企业资源共享的有效性,同时也可提高企业重要资源的保密性,能够更加合理地划分各个部门的权限和职责,避免出现遇到问题互相推卸责任的现象。

5.2.2 电子商务客户满意与忠诚管理

根据"二八"理论,20%的客户创造80%的利润。忠诚客户是企业利润的主要来源,是企业的重要"客户资产"。维护忠诚客户是实施客户关系管理的核心内容。一般认为,客户忠诚是由客户满意驱动的,客户满意是客户价值理论的重要组成部分。企业首先要做好内部质量控制管理,生产出质量优良、使客户满意的产品,然后在市场上不断提高客户满意度,从而达到客户忠诚的目的,形成客户价值。

1. 电子商务客户满意管理

菲利普·科特勒认为,客户满意(customer satisfaction,CS)是指客户将一种产品或服务的可感知效果和其期望值相比较后,所形成的愉悦或失望的感觉状态。当产品或服务的实际感知效果达到消费者的预期时,会使消费者满意,否则就会使消费者不满意。如果客户感知效果大于客户期望值,则客户高度满意,可能会重复购买;如果客户感知效果小于客户期望值,则客户不满意,可能会产生抱怨或投诉;如果客户感知效果近似于客户期望值,则客户基本满意或一般满意,可能会持观望态度。

有研究表明:客户的不满通常与核心产品、服务、支持系统及表现关联度小,而企业与客户的互动及客户的感受通常起决定性作用。

电子商务环境下,客户满意度管理的内容、衡量指标、方法都发生了一定的变化和革新。企业不仅要注重传统的客户满意度管理办法,还需要结合网络环境方便、快捷的优势,合理把握客户期望,提高客户感知效果,以达到维持和提升客户满意度的目标。

2. 电子商务客户忠诚管理

客户忠诚是指客户长期与某企业合作,使用该企业的产品。客户忠诚是需要维护和强化的。电子商务的发展提供了多种与客户沟通的技术,电商企业可以通过和客户进行有效、充分的沟通,及时挖掘他们潜在的需求,使他们不断感到满意,从而对企业产生忠诚感。

5.2.3 电子商务客户服务管理

电子商务环境下的客户服务管理是在传统客户服务管理的基础上,以信息技术和网络技术为平台开展的客户服务管理,是一种新兴的客户服务管理理念与模式。电子商务客户服务管理包括售前客户服务、售中客户服务、售后客户服务和投诉处理等。

1. 售前客户服务策略

售前阶段是商品信息发布和客户进行查询的阶段。在这个阶段,客户服务应主要做好以下工作。

(1)提供商品的搜索和比较服务。每一个网店都有许多商品,为了方便客户选择商品,线上应提供搜索服务。同时,网店还应该提供一些对比功能和有关商品的详细信息,以方便客户比较商品,做出购买决策。

(2)建立客户档案,为老客户提供消费诱导服务。客户在网站注册时会填写自己的基本资料,这时网站应把客户资料保存在档案库中。当客户再次光顾时,也要把其浏览或购买的信息存入档案库。以此为依据,可以有针对性地开发或刺激其潜在需求。

2. 售中客户服务策略

(1) 提供定制产品服务。根据客户的个性化需求,及时生产产品或提供服务。这样不仅可以提高客户的满意度,还可以及时了解客户需求。

(2) 提供订单状态跟踪服务、多种安全付款方式和及时配送服务。为了满足客户的多种需求,企业要提供灵活多样的付款方式,以方便客户选择。客户完成在线购物后,商务活动并未结束,电商企业应该提供订单状态跟踪服务。此时客户最关心的问题是所购商品能否准时到货,企业应提供及时的配送服务。

3. 售后客户服务策略

售后服务是客户服务非常重要的环节,越来越多的企业开始重视售后的延续性服务。因为只有进入售后服务环节,客户才成为企业真正意义上的客户。售后服务开展得好,才能保持、维系客户,培养客户忠诚。

(1) 向客户提供持续的支持服务。企业可以通过在线技术交流、常见问题解答(FAQ)及在线续订等服务,帮助客户在购买后更好地使用产品或服务。

(2) 良好的退货服务。大多数电商企业都提供了良好的退货服务,以增强客户在线购买的信心,如"7天无理由退货""运费险"等服务和多种支付方式。

5.3 客户关系管理技术及应用

客户关系管理的实现可以从两个层面考虑:一是树立管理理念,二是为这种新的管理模式提供信息技术的支持。客户关系管理系统是以最新的信息技术为手段,充分利用数据库和数据挖掘等先进的智能化信息处理技术,将大量客户资料加工成有用的信息,运用先进的管理思想,通过业务流程与组织的深度变革,帮助企业最终实现以客户为中心管理模式的管理系统。

5.3.1 客户关系管理系统

根据客户关系管理系统功能和运行方式的不同,美国的调研机构美塔集团(Meta Group)把客户关系管理系统分为操作型、协作型和分析型三种类型。

(1) 操作型客户关系管理系统。操作型客户关系管理系统主要通过业务流程的定制实施,让企业员工在销售、营销和提供服务时,得以用最佳方法提高效率。如销售自动化(SFA)、营销自动化(MA)、客户服务支持(CSS),以及移动销售(mobile sales)与现场服务(field service)软件工具,都属于操作型客户关系管理系统。操作型客户关系管理系统对于那些第一次使用客户关系管理系统的企业尤为适合。

(2) 协作型客户关系管理系统。协作型客户关系管理系统是一套主要通过提高客户服务请求的响应速度来提升客户满意度的管理系统。客户除了通过传统的信件、电话、传真或直接登门造访等形式与企业接触外,还可通过电子邮件、呼叫中心等新的信息手段来达到与企业进行信息交流和商品交易的目的。

拓展案例

话费随时查询、业务电话受理、个性化套餐选择、客服主动营销等,中国移动协作型客户关系管理系统的建成引起了客户关系管理质的变化：由于实现了各系统客户数据库的共享，无论客户选择何种渠道与中国移动进行互动，中国移动的客服代表或客户经理都能掌握完整的客户信息；通过对数据进行集中分析，然后据此改善促销活动流程和系统功能，可获取更高的收入；口径一致和快速的服务响应不仅提升了客户满意度，还能缩短回应客户询问的时间；改善重要呼入客户服务请求的处理速度和时间，提高了客户满意度和忠诚度；为大客户提供更加具有针对性的销售计划及服务。异地营业厅、网站、短信、大客户经理、10086客服中心都成了用户随时随地办理业务的"柜台"。

思考：中国移动协作型客户关系管理系统是如何实现客户管理的？

（3）分析型客户关系管理系统。分析型客户关系管理系统通过企业资源计划、供应链管理等系统，以及操作型客户关系管理系统、协作型客户关系管理系统等不同渠道收集各种与客户相关的资料，然后通过报表系统地分析找出有关规律，帮助企业全面地了解客户的分类、行为、满意度、需求和购买趋势等，为企业决策提供客观的数据支持。可以说，分析型客户关系管理系统就是根据对客户信息的分析，帮助企业"做正确的事，做该做的事"，其特点是智能化，适合管理者使用。

5.3.2 客户关系管理系统的主要功能

客户关系管理系统具有营销自动化、销售自动化、客户服务自动化、商业智能化四个主要功能。

1. 营销自动化

客户关系管理系统能够帮助企业有效收集来自各个营销渠道的客户信息，包括通过搜索引擎推广、网站、短信、微信、呼叫中心等多种方式获取的潜在客户信息，以及举办市场活动、会展等线下收集的客户信息，都存储在客户关系管理系统中。该系统可自动跟进市场活动，获知活动效果，帮助企业有效规划并改善市场活动流程，优化潜在客户开发过程，提高转化率。

2. 销售自动化

客户关系管理系统可以把企业的所有销售环节有机结合起来，在不同的销售部门之间、销售部门与市场之间、销售部门与服务部门之间建立起以客户为中心的、顺畅的工作流程。销售人员可利用客户关系管理系统，对销售过程中的客户行为、潜在客户发展过程等售前、售后的工作进行全方位自动化管理。客户关系管理系统能缩短销售周期，降低成本，提高销售成功率。

3. 客户服务自动化

客户关系管理系统能够帮助企业实现标准化的服务流程，帮助客服人员更精准地捕捉和跟踪客户问题，提升客户服务的效率与能力，提升客户满意度，服务好老客户，延长客户生命周期，从客户反馈中挖掘潜在的销售机会，让客户为企业贡献更多价值。

4. 商业智能化

商业智能（business intelligence，BI）又称商业智慧，是针对企业业务流程和管理过程中产生的大量数据，如订单、库存、交易账目以及客户资料等，通过数据挖掘将企业中现有的数据转化为有用的信息，企业管理者利用这些数据可加深对业务情况的了解，并支持其在业务管理及发展上及时做出正确判断。为了将数据转化为有用的信息,客户关系管理系统需要用到、联机分析处理(on-line analysis processing,OLAP)工具和数据挖掘等技术,为企业搭建完善的客户资源数据库共享平台。

5.3.3 呼叫中心

呼叫中心是客户关系管理系统的重要组成部分,是现代化的客户服务手段。呼叫中心不仅为外部客户提供服务,而且在内部还可以协调整个企业的管理和服务。

呼叫中心又叫客户服务中心,是一种基于计算机电话集成技术,充分利用通信网和计算机网的多项功能集成,与企业连为一体的综合信息服务系统。呼叫中心利用现有的各种先进通信手段,有效地为客户提供高质量、高效率、全方位的服务。

现代呼叫中心是指基于 Web 技术的呼叫中心,是将传统呼叫中心的功能拓展到互联网上,同时应用数据挖掘、知识管理技术与客户关系管理系统,通过对存储在客户关系管理系统中的客户数据进行分析,迅速识别出客户,为客户提供一对一的个性化服务。现代呼叫中心包括人工话务处理、自动语音处理、计算机同步处理、统计查询、知识库支持、互联网操作、录音、分析统计、定时自动呼叫服务等功能模块。

呼叫中心作为客户与企业沟通的统一平台,向客户提供全方位、全天候的服务,在企业的营销战略中处于越来越重要的地位。其作用主要体现在以下四个方面。

(1)为客户提供优质服务。呼叫中心向客户提供了一个交互式、专业化、集成式的服务窗口,不但能缩短客户请求的响应时间,而且由于信息技术的应用,特别是在后台数据库系统的支持下,大大提高了服务质量。企业可依靠优质的售前、售中和售后服务吸引和留住客户,最终取得竞争优势,而呼叫中心正是企业提升服务水平的有力手段。

(2)收集企业客户资料,了解客户需求。呼叫中心是一个接收客户投诉及意见的窗口,是获取客户信息的重要渠道。它可以将客户的投诉内容、对企业的意见或建议、对企业业务及产品的咨询内容记载下来,企业相关部门及相应业务人员据此可以了解客户的需求和市场的需求。

(3)改善内部管理。呼叫中心不但可以接收客户对企业产品和服务的意见和建议,而且还可以获取他们对企业各部门的看法。根据客户意见,企业可以改善内部管理体制,优化服务结构,提高工作效率。

(4)创造利润。呼叫中心提供的优质服务可以增加企业销量,使企业的客户数量和营业收入不断增加,并形成良性循环,间接地为企业创造丰厚的利润。

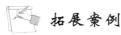
拓展案例

中国南方航空公司的呼叫中心

白女士是中国南方航空公司的老客户,最近要去成都出差,仍计划乘坐中国南方航空公司的航班。她拨通了中国南方航空公司的服务热线95539。"白女士,您好!欢迎您再次惠顾中国南方航空公司!请问这次需要什么服务呢?"话务员热情而亲切的话语让她倍感温馨。白女士向话务员交代了需要的航班后,又听到了对方回话:"这是您本月第三次乘坐南航班机,祝您旅途愉快!"与普通的售票热线相比,人性化、方便、快捷是白女士对中国南方航空公司客户服务中心最深的感受。

思考:中国南方航空公司的客户服务中心与普通的售票热线相比,有哪些不同之处?

5.3.4 客户数据管理和数据挖掘技术

在企业信息化进程中,越来越多的企业将客户数据管理作为重点内容。随着以客户服务为中心的客户关系管理概念的兴起,企业对客户数据的管理要求迅速提高,全面收集和分析客户数据,并将客户数据应用于产品设计、市场规划、销售过程等方面。

1. 客户数据的类型

客户关系管理系统的核心是客户数据管理,根据数据的形式和来源不同,企业关注的客户数据通常可分为客户描述性数据、客户交易性数据和市场促销性数据三类。

(1) 客户描述性数据。

客户描述性数据即通常所说的客户数据,用于描述客户的详细信息。我们通常可以将客户分为个人客户和团体客户两类。个人客户的描述性数据通常包括客户的基本信息(姓名、性别、出生日期、工作类型和收入水平等)、信用信息(忠诚度指数、信用卡号和信贷限额等)及行为信息(客户的消费习惯、对促销活动的反应等)。团体客户的描述性数据通常包括:客户的名称、规模,主要联系人姓名、头衔及联系渠道,企业的基本状况、企业类型、信用情况和购买过程等。客户数据不但包括现有客户信息,还包括潜在客户、合作伙伴和代理商的信息等。

(2) 客户交易性数据。

描述企业和客户相互作用的所有数据都属于客户交易性数据。这类数据和促销活动的数据一样也会随着时间的变化而变化。客户交易性数据包括与客户的所有联系活动、购买商品类数据(历史购买记录、购买频率和数量、购买金额、付款方式等)和商品售后类数据(售后服务内容、使用后对产品的评价、对服务的评价、对企业提出的建议和要求等)。

 拓展案例

亚马逊公司的销售额一直在保持高速增长,这与其利用客户数据信息不断改进服务质量和客户关系是分不开的。为了使消费者能获得愉快而便捷的网购体验,亚马逊利用多种工具和手段收集客户信息。例如,通过"一点就通"的 One Click 设计,客户只要在该网站购买过一次商品,其通信地址和信用卡账号就会被安全地存储下来,下次再购买时,客户只要点击一下商品,网络系统就会自动完成后续的大部分步骤。当客户在亚马逊网站购买图书时,其销售系统就会自动记录书目,生成有关客户偏好的信息。当客户再次进入亚马逊网站时,销售系统就会识别其身份,并依据其爱好来推荐书目,巧妙提醒客户去浏览可能会引发其兴趣的其他图书。客户与网站的接触次数越多,系统了解的客户信息也就越多,服务也就越好。方便、快捷、安全、有效的个性化服务使亚马逊成为网络零售行业的典范。

思考:亚马逊公司是如何进行客户关系管理的?

(3) 市场促销性数据。

市场促销性数据可显示出企业对每个客户进行了哪些促销活动,主要包括销售人员现场推销、展览会产品宣传单发放、报纸杂志的宣传报道、电话直销、服务支持人员在服务过程中所提出的各种建议、分销商对客户的宣传与承诺、用户产品使用情况调查等。这类数据反映了客户对促销活动的响应程度。

2. 数据挖掘技术

企业不但要关注客户的静态数据和动态数据,更要关注对整个市场的统计分析(市场占有率、月销售额、单笔平均购买量、市场需求量、消费群体数量预期等)。数据挖掘技术能够自动化地分析这些数据,做出归纳性的推理,从中挖掘出客户潜在的需求,帮助决策者调整市场策略,做出正确的决策。数据挖掘是客户关系管理系统中的核心技术,正是因为有了数据挖掘技术的支持,才使客户关系管理具有越来越广泛的研究价值和市场价值。

(1) 数据挖掘的定义。

数据挖掘(data mining,DM)是指从大量的、不完全的、有噪声的、模糊的、随机的实际应用数据中,提取隐含在其中的、人们事先不知道的但又是潜在有用的信息和知识的过程。它是通过分析数据,发现数据内部信息和知识的过程,又称数据库中的知识发现。

(2) 数据挖掘的目的。

基于互联网的全球信息系统的发展使我们拥有了前所未有的丰富数据。大量信息在给人们带来方便的同时也带来了问题:一是信息过量让人难以消化;二是信息真假让人难以辨识;三是信息安全难以保证;四是信息形式不一致难以统一处理。数据丰富、知识贫乏已经成为一个典型问题。数据挖掘的目的就是通过各种模型和算法有效地从海量数据中提取出各种有价值或有规律的信息,实现"数据—信息—知识—价值"的转变过程。将数据挖掘技术应用在客户关系管理中,能够把原始的客户资料转变为商机,实现对现有客户的管理和对潜在客户的挖掘。有了数据挖掘技术的支持,客户关系管理的理念才能得以真正运用。

(3) 数据挖掘技术在客户关系管理中的应用。

客户关系管理要求对大量的客户数据进行分析和管理,而数据挖掘技术刚好提供了这样一个分析工具,客户关系管理中的很多方面都会用到数据挖掘技术。因此,数据挖掘技术的正确应用对客户关系管理系统功能的全面实现具有重要意义。

① 数据挖掘技术在客户细分中的应用。对客户进行细分有利于针对不同类型的客户进行客户分析,制定不同的客户服务策略。客户细分就是把客户根据其性别、收入、交易行为特征等属性细分为具有不同需求和交易习惯的群体。

客户细分可以采用分类的方法,也可以采用聚类的方法。采用分类的方法,可以将客户分为高价值和低价值的客户,然后确定不同客户对分类有影响的因素,再将拥有相关属性的客户数据提取出来,选择合适的算法对数据进行处理,得到分类规则。使用聚类的方法,是在之前并不知道客户可以分为几类,在将数据聚类后,再对结果数据进行分析,归纳出这些数据的相似性和共性。

② 数据挖掘技术在客户识别中的应用。识别客户是企业发现潜在客户、获取新客户的过程。企业应采取一些必要的手段(例如做广告宣传的同时进行问卷调查或网上调查)来获取潜在客户的信息;在得到这些相关信息后,企业应该通过试验,观察潜在客户对企业产品或某个营销活动的不同反应,根据客户的反馈结果建立"客户反应"预测模型,利用数据挖掘技术找出对产品最感兴趣的客户群;数据挖掘分析结果会显示潜在客户的名单,企业可根据潜在客户的信息分析出哪种类型的人最有可能成为现实客户。数据挖掘技术中的关联分析、聚类和分类功能可以很好地完成这种分析。

③ 数据挖掘技术在客户忠诚度分析中的应用。数据挖掘技术在客户忠诚度分析中主要是对客户的持久性、牢固性和稳定性进行分析,这三个指标综合起来可以反映客户的忠诚度。客

户持久性反映的是客户在企业连续消费的时间;客户牢固性反映的是客户受各种因素(如价格、广告宣传等)的影响程度,牢固性高的客户受各种因素的影响较小,会始终购买同一企业的商品或服务,而有些顾客只在促销、打折或大规模宣传时才购买该企业的产品或服务;客户稳定性是客户消费周期和频率的表现,每隔一段时间就购买一次该企业产品的客户被认为是稳定的,而那些偶尔购买、购买时间随机的客户被认为是不稳定的。

5.3.5 客户关系管理系统的主要应用

随着人们对客户关系管理认知程度的加深,客户关系管理系统逐渐被越来越多的企业所熟悉和接受。

1. 客户关系管理在零售业中的应用

随着经济的发展,绝大部分零售市场已进入了供过于求的买方市场,而零售业的顾客绝大多数是单个消费者,数量大、分布广、结构复杂,对服务的要求各不相同,需求也日益提高,且易受环境影响,变化不定。因此,对最终消费者消费心理的关注就越发显得重要起来。基于以上情况,毫无疑问,客户关系管理对于零售企业来说,有着非常重要的作用。

 拓展案例

麦德龙的客户关系管理

麦德龙是一家实行会员制的企业,会员入会不需要缴纳会员费,只需填写客户登记卡。客户登记卡填写的主要项目包括客户名称、行业、地址、电话、传真、地段号、邮编、税号、账号和授权购买者的姓名。此卡记载的客户信息会被输入计算机系统并存储起来,当客户有购买行为发生时,系统就会自动记录客户的购买情况。

2001年初,蒙牛牛奶刚进入上海市场时,想进入连锁超市进行销售,但是进入超市体系的"门槛"太高,于是蒙牛公司就找到了麦德龙寻求合作。麦德龙利用其强大的客户数据优势,将蒙牛牛奶的样品免费赠送给经过分析后精心挑选出的5000户家庭进行品尝,随后跟踪这些家庭的反馈信息,同时在网上和直邮单上发布蒙牛牛奶的促销消息,从而促进了蒙牛牛奶在上海的销售,使之从一开始每月只有几万元的销售额一下增加到几十万元。就这样,蒙牛牛奶没有投入大量资金进行广告宣传,也没有花费巨额的超市"入场费",而是仅仅投入了数千盒样品就顺利地打开了上海市场。这一切,如果没有麦德龙庞大的客户数据系统的支持是做不到的。

思考:麦德龙是如何帮助蒙牛牛奶打开上海市场的?

2. 客户关系管理在物流业中的应用

传统的物流企业普遍存在规范化程度低、客户沟通渠道狭窄、信息透明度低、客户智能管理缺乏、客户信息分析能力不足、客户关系数据库维护难等问题。在整个物流过程中,各个环节分散在不同的区域,需要一个信息平台将整个物流环节连接起来,以及时把握客户的订货需求,进行车辆的调度管理、库存管理及票据管理等,力求用最少的库存、最短的运输时间满足客户的需求。

现代物流企业普遍采用了信息化管理技术,如呼叫中心、客户关系管理技术,这些技术的运用有效结合了传统的物流信息化手段,将遍布在各地的物流中心与客户连接起来,形成了效率更高的物流配送网络。物流企业客户关系管理系统可实现客户资料的存储与管理、客户行为的分析与理解及客户价值的最大化等。

3. 客户关系管理在电子商务中的应用

目前,电商行业处于买方市场,商品供大于求,而卖家的营销思路同质化严重,不少卖家通过打价格战来赢得客户,导致卖家利润微薄,甚至亏本。面对这些境况,卖家要做的就是把已有的客户变成自身的忠诚客户,这样卖家就需要做好客户关系管理。电子商务运营者已不再只将客户关系管理软件当作客户关系管理工具,而更多地将其作为管理一切与客户有关的商业信息的统一体系。

客户关系管理不仅可以帮助电商企业更方便、及时、准确地管理客户,还可以进行更为复杂的客户信息分析。随着移动电商的普及,移动客户关系管理系统使客户端到企业端的联系打通成为可能,可以更方便地帮助企业做好人性化客户关系管理。

拓展阅读

客户关系管理离不开软件的帮助,客户关系管理软件的种类很多,优势也各不相同。XTools超兔CRM软件是适用于中小企业的一款网络版软件,无须安装客户端,通过浏览器登录即可使用,在其官网上注册后可免费试用一个月。推荐读者课外通过其演示界面简要了解其操作要点并试用。

本章小结

本章介绍了客户关系管理的内容。首先,介绍了客户关系管理的概念和内涵、客户关系管理解决的主要问题;其次,介绍了电子商务客户关系管理的内容,主要包括电子商务客户信息管理、电子商务客户满意与忠诚管理、电子商务客户服务管理等;最后,分析了客户关系管理的技术及应用。

工作任务

流量红利消退 数据不可忽视

2018年被称为会员消费元年。随着线上流量红利的消退,百度、阿里巴巴、腾讯都在加速推进会员制、阿里巴巴借力"双11"推出88会员,腾讯视频凭借"创造101"节目强势转化会员,网络巨头们都在"跑马圈地"争取更多会员,试图将已有流量资源紧紧攥在手中。

一个残酷的事实是,企业获取用户的成本越来越高,流量越来越贵。几年前一顿外卖补贴就能让用户下载一个App,而如今电商用户获取成本已超过200元每人次。不得不承认,靠粗暴引流驱动用户增长的时代已经结束了。

1. 从争夺流量,到运营存量

当流量陷阱凸显,何不先运营好已有的存量客户。高频消费品购买交易频繁,消费者可选择的产品也多,企业有更多的机会走近消费者。曾经的淘品牌御泥坊(是一个护肤品牌),早年发迹线上时就十分注重用户运营,根据大量的用户数据,积极调整和优化产品战略。如今,御泥坊的流量获取成本远低于同行,存量用户的生命周期在拉长,消费频次还在上升,御泥坊则免于陷入流量陷阱。消费者需求在不断变化,而消费者数据的延伸和预测可以伴随消费者一起成长。

2. 流量越来越少，数据越用越多

如果流量是有限的游戏，那么数据就是未来商业的无限游戏。在无限游戏里，运营者需要钻进茫茫的数据海洋里寻找其背后千丝万缕的联系，客户关系管理用标签树作为用户的数据入口，像剥洋葱一样，拨开一层一层的标签去触达消费者更精准的需求。

用户需求日新月异，传统日化产品策略越来越难留住消费者。上海家化联合股份有限公司（以下简称上海家化）的客户关系管理正在进行"第一方标签树"的设计，上海家化旗下品牌可根据行业品类、产品特征、营销场景、消费者需求定制标签，其标签数据的延伸性，为产品延伸出诸多营销点和品牌策略解决方案。

面对六神品牌老化的问题，上海家化根据后台数据敲定了新的代言人，从消费者画像来看，六神品牌取得了较好的年轻化效果；同时，消费者反馈数据被实时录入家化的标签中，这可以帮助六神品牌挖掘更精准的营销场景。

3. 用好用户数据，做好个性化沟通

用户数据细分是更精准挖掘消费者需求的前提，更是制定更准确产品战略和营销战略的前提。将消费者反馈作为产品研发和营销方案的"试纸"，可用来验证用户沟通的准确性、产品的需求度和沟通方式，深度挖掘消费者的隐性需求。

如今消费品行业的增长点，其实就隐藏在消费者数据中。下一个五年，消费品行业的数字营销机会将围绕品牌年轻化、消费个性化、渠道多样化展开，客户关系管理可精准触达目标人群，实现个性化沟通。

4. 从流量思维到数据思维，是企业战略思维的转换

大数据对于新形势下企业的运营愈发重要。瑞幸咖啡通过用户在App中留存的订单信息等数据为用户精准画像，并据此进行针对性营销、运营管理、智能调度和建立会员体系。受新零售的影响，许多传统品牌已开始积极探索借助数据赋能运营的方法。

资料来源：流量红利消　退数据不可忽视[EB/OL].(2019-01-17)[2021-07-16].https://m.ebrun.com/317357.hotml.

【思考讨论】

1. 为什么说目前电商企业已经从争夺流量转变为运营存量？
2. 为什么说从流量思维到数据思维，是企业战略思维的转换？

实践应用

一、名词解释

客户关系管理　数据库营销　关系营销　客户满意　客户忠诚　呼叫中心

二、判断题

1. 客户关系管理的管理理念是视客户为企业最重要的资产。（　）
2. 客户关系管理不仅是一种软件，而且是信息技术、软硬件系统集成的管理办法和应用方案的总和。（　）
3. 大客户和小客户一样都需要关怀；提供标准化的服务也可以使大客户感到满意，不必实施个性化服务。（　）

4. 操作型客户关系管理就是"做正确的事,做该做的事",适合管理者使用。（ ）
5. 呼叫中心就是热线电话,只是投入,不会创造利润。（ ）

任务拓展

调查分析京东商城、沃尔玛的客户关系管理应用情况,谈谈他们是如何运用客户关系管理的管理理念和技术解决管理问题的。

第6章 网络营销

 知识框架

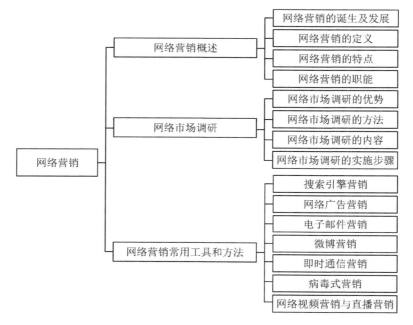

 知识目标与能力目标

知识目标：

1. 掌握网络营销的含义及网络营销的职能
2. 掌握网络市场调研的方法
3. 熟悉网络广告的类型
4. 了解常见的网络营销方法

能力目标：

1. 能够写出网络市场调研报告
2. 学会运用网络营销策略为企业制订网络营销方案
3. 学会运用网络营销方法为企业做产品或网站推广

第6章 网络营销

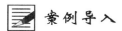
案例导入

《啥是佩奇》刷爆朋友圈,感动背后看懂了什么?

2019年1月17日,一则被频繁转发、点赞的视频播出后迅速形成病毒式传播,仅微博就有5000多万次的播放量及25万次转发。究竟是什么有如此威力呢?原来这是一则由阿里影业和咪咕公司共同制作出品的《小猪佩奇过大年》贺岁电影的先导片,时长5分40秒。

作为2019年第一则爆红网络的广告片,《啥是佩奇》在各大社交平台上掀起了一片热议。在一片叫好声之外,也有小部分人吐槽这是一则对中国乡村存在着刻板印象的宣传短片。但单从文案营销的角度分析,还是非常具有学习借鉴价值的。因为它不仅充分调动了大众的情绪,大部分人表示被这则广告片感动了,纷纷点赞留言转发,还带来了不少购买转化,很多人表示春节期间要带上一家老小去影院购票支持。此外,它还为电影打破了年龄圈层的限制。由于先导片中主人公爷爷的加入,为观众开启了新的视角,让电影从原本只是一部父母陪着孩子去看的卡通片,变成了一部适合全家老小共同观影的家庭贺岁片。

还有一个问题很关键:"面对热点,你的产品或品牌要如何借势?"

(1)造型借势。如果销售的产品外形是佩奇的造型,或是与佩奇相似,则可以采用造型借势。如某淘宝商家在此短片刷屏之后,立刻推出了电影同款佩奇鼓风机。重庆市政府还借势呼吁大家去重庆旅游找佩奇。

(2)谐音借势。"佩奇"的谐音是"配齐",因此也有商家趁机呼吁大家要购买成套产品,如家具、保险、年货礼盒、相机镜头、汽车、通信套餐等。

(3)品种借势。卡通佩奇的原型是一头猪,卖猪肉的商家或餐馆,此时也借势宣传。

(4)场景借势。相关产品或品牌可以结合广告片中的场景进行借势。

资料来源:根据 https://www.jianshu.com/p/8fbe2eae27bc 改编。

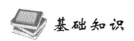
基础知识

6.1 网络营销概述

6.1.1 网络营销的诞生及发展

1. 网络营销的诞生

1994年被认为是网络营销发展重要的一年。因为网络广告诞生的同时,基于互联网的知名度搜索引擎 Yahoo!、Webcrawler、Infoseek、Lycos 等也相继在1994年诞生;另外,由于发生了"第一起利用互联网赚钱"的事件,促使人们开始对电子邮件营销进行深入思考,也直接促成了网络营销概念的形成。从这些历史事件来看,可以认为网络营销诞生于1994年。

2. 我国网络营销发展的阶段

(1)我国网络营销的传奇阶段(1997年之前)。

由于无从考证我国企业最早利用互联网开展营销活动的历史资料,只能从部分文章中看到一些无法考证的细枝末节。例如,作为网络营销经典案例的"山东农民网上卖大蒜",据现在可查到的资料记载,山东陵县西李村支部书记李敬峰上网的时间是1996年5月,所采用的网络营销方法是"注册了自己的域名,把西李村的大蒜、菠菜、胡萝卜等产品的信息一股脑儿地搬上互联网,发布到了世界各地"。对这些"网络营销"所取得成效的记载为:"1998年7月,青岛外贸通过网址主动与李敬峰取得联系,两次出口大蒜870吨,销售额270万元,初战告捷,李敬峰春风得意,信心十足"。

在网络营销的传奇阶段,网络营销的基本特征为:概念和方法不明确、是否产生效果主要取决于偶然因素、多数企业对于上网几乎一无所知。因此,网络营销的价值主要在于其对新技术、新应用的新闻效应,以及对于了解和体验营销手段变革的超前意识。

(2)我国网络营销的萌芽阶段(1997—2000年)。

根据中国互联网络信息中心(China Internet Network Information Center,CNNIC)发布的《第一次中国互联网发展状况调查统计报告》(1997年10月)的结果,1997年10月底,我国上网人数为62万人,WWW站点数约1500个。无论上网人数还是网站数量均微不足道,但发生于1997年前后的部分事件标志着中国网络营销进入萌芽阶段,如网络广告和电子邮件营销在中国诞生、电子商务的促进、网络服务(如域名注册)和搜索引擎的涌现等。到2000年底,多种形式的网络营销被应用,网络营销呈现出快速发展的势头并且逐步走向实用。

(3)我国网络营销的应用和发展阶段(2001—2003年)。

进入2001年之后,网络营销已不再是空洞的概念,而是进入了实质性的应用和发展时期,主要表现在六个方面:网络营销服务市场初步形成、企业网站建设发展迅速、网络广告形式和应用不断发展、电子邮件营销市场环境亟待改善、搜索引擎营销向深层次发展、网上销售环境日趋完善。

(4)我国网络营销服务市场的高速发展阶段(2004—2008年)。

2004年之后,我国网络营销的最主要的特点之一是第三方网络营销服务市场蓬勃兴起,包括网站建设、网站推广、网络营销顾问等付费网络营销服务获得快速发展。这不仅体现在网络营销服务市场规模的扩大,同时也体现在企业网络营销的专业水平提高、企业对网络营销认识程度和需求层次提升,以及更多的网络营销资源和网络营销方法不断出现等方面。

(5)我国网络营销的社会化阶段(2009—2013年)。

网络营销社会化的表现是网络营销从专业知识领域向社会化普及知识发展演变,这是互联网应用环境发展演变的必然结果,这种趋势反映了网络营销主体必须与网络环境相适应的网络营销社会化实质。需要说明的是,网络营销社会化并不简单等同于基于社交网络软件(social network software,SNS)的社会化网络营销,社会化网络营销只是网络营销社会化所反映的一个现象而已。

(6)我国网络营销的多元化与生态化阶段(2014年至今)。

目前的网络营销处于快速发展演变时期。从应用环境来看,新的网络营销平台和资源不断涌现;从网络营销方法来看,传统PC网络营销与移动网络营销方法日益融合,移动网络营销方法渐成主流;从网络营销指导思想来看,流量和粉丝地位同样重要,同时又都具有进一步发展演变的趋势。简单归纳起来,2014年以后几年的网络营销发展趋势主要体现在两个层面:网络营销思维生态化、网络营销环境多元化。

6.1.2 网络营销的定义

关于网络营销的定义,目前还没有统一的概念。本书认为,网络营销(on-line marketing 或 e-marketing)是以国际互联网络为基础,利用数字化的信息和网络媒体的交互性来辅助营销目标实现的一种新型的市场营销方式。简单地说,网络营销是企业整体营销战略的一个组成部分,是为实现企业总体经营目标所进行的,以互联网为基本手段营造网上经营环境的各种活动。

根据我国网络营销方面的研究,对网络营销的理解要注意以下几个方面。

1. 网络营销是手段而不是目的

网络营销具有明确的目的和手段,但网络营销本身并不是目的。网络营销是营造网上经营环境的过程,也就是综合利用各种网络营销方法、工具、条件并协调其间的相互关系,从而更有效地实现企业营销目的的手段。

2. 网络营销不是孤立的

网络营销是企业整体营销战略的一个组成部分,网络营销活动不可能脱离一般营销环境而独立存在,在很多情况下网络营销理论是传统营销理论在互联网环境中的应用和发展,由此也确立了网络营销在企业战略中的地位,无论网络营销处于主导地位还是辅助地位,都是互联网时代市场营销中必不可少的内容。

3. 网络营销不是网上销售

(1)网上销售是网络营销发展到一定阶段产生的结果,网络营销是为实现产品销售目的而进行的一项基本活动,但网络营销本身并不等于网上销售,网络营销的效果表现在多个方面。例如:提升企业品牌价值,加强与客户之间的沟通,拓展对外信息发布的渠道,改善对顾客的服务等。

(2)网站的推广手段通常不仅仅靠网络营销,还要采取许多传统的方式,如在传统媒体上发布广告、召开新闻发布会、印发宣传册等。

(3)网络营销的目的并不仅仅是促进网上销售,在很多情况下,网络营销活动不一定能实现网上直接销售的目的,但是可能会促进线下销售,并且提高顾客的忠诚度。

4. 网络营销不是电子商务

网络营销和电子商务是一对紧密相关又具有明显区别的概念,许多人关于这一点的认识还存在一定的误区。网络营销是企业整体营销战略的一个组成部分。无论是传统企业还是互联网企业,都需要网络营销,但网络营销本身并不是一个完整的商业交易过程,而只是促进商业交易的一种手段。电子商务主要是指交易方式的电子化,可以将电子商务简单地理解为电子交易,电子商务强调的是交易行为和方式。对于初次涉足网络营销领域者对两个概念很容易造成混淆。比如,企业建一个普通网站就认为是开展电子商务,或者将网上销售商品称为网络营销等,这些都是不确切的说法。有些书籍关于网络营销定义的说明中,认为"网络营销不等于电子商务",这主要是基于下列两个方面的考虑。

(1)网络营销与电子商务侧重的范围不同。电子商务的内涵较广,其核心是电子化交易,电子商务强调的是交易方式和交易过程的各个环节;而网络营销注重的是以互联网为主要手段的营销活动。网络营销和电子商务的这种关系也表明,发生在电子交易过程中的网上支付和交易之后的商品配送等问题并不是网络营销所能包含的内容,同样,电子商务体系中所涉及的安全、法律等问题也不适合全部包括在网络营销中。

(2)网络营销与电子商务的关注重点不同。网络营销的重点在交易前阶段的宣传和推广,电子商务的标志之一则是实现了电子化交易。网络营销的定义表明,网络营销是企业整体营销战略的一个组成部分,可见无论传统企业还是基于互联网开展业务的企业,也无论是否具有电子化交易的发生,都需要网络营销;但网络营销本身并不是一个完整的商业交易过程,而是为了促成交易提供支持,因此是电子商务中的一个重要环节,尤其在交易发生之前,网络营销发挥着主要的信息传递作用。从这种意义上说,电子商务可以被看作是网络营销的高级阶段,一个企业在没有完全开展电子商务之前,同样可以开展不同层次的网络营销活动。

所以,可以说网络营销是电子商务的基础,开展电子商务离不开网络营销,但网络营销并不等于电子商务。

5. 网络营销不是"虚拟营销"

网络营销不是独立于现实世界的"虚拟营销",而是传统营销的一种扩展,即传统营销向互联网上的延伸,所有的网络营销活动都是实实在在的。网络营销的手段也不仅仅局限于线上,而是注重线上和线下相结合,线上营销和线下营销并不是相互独立的,而是一个相辅相成、互相促进的营销体系。

6.1.3 网络营销的特点

1. 跨时空

通过互联网络能够超越时间约束和空间限制进行信息交换,因此使得脱离时空限制达成交易成为可能,企业能有更多的时间在更大的空间中进行营销,每周7天、每天24小时随时随地向客户提供全球性的营销服务,尽可能多地占领市场份额。

2. 交互性

企业可以通过互联网向客户展示商品目录,通过链接资料库提供有关商品信息的查询,可以和客户进行双向互动式沟通,可以收集市场情报,可以进行产品测试与消费者满意度调查等,因此互联网是企业进行产品设计、提供商品信息及服务的最佳工具。

3. 个性化

在互联网上进行的促销活动具有一对一、理性、消费者主导、非强迫性和循序渐进式的特点,这是一种低成本、个性化的促销方式,可以避免传统推销活动所表现出的强势推销的干扰。同时企业可以通过信息提供和交互式沟通,与消费者建立起一种长期的、相互信任的良好合作关系。通过进入感兴趣的企业网站或虚拟商店,消费者可获取比产品更多的相关信息,使购物更显个性。商家则可以巧妙地将"我生产什么、你购买什么"的传统推销模式,调整为"你需要什么、我生产什么"的营销模式。

这种个性消费的发展将促使企业重新考虑其营销战略,以消费者的个性需求作为提供产品及服务的出发点。此外,随着计算机辅助设计、人工智能、遥感和遥控技术的进步,现代企业将具备以较低成本进行多品种、小批量生产的能力。但要真正实现个性化营销,还必须解决庞大的促销费用问题。网络则提供了一种聚集有关参与者及其信息的环境,顾客和厂商都可以更容易地找到对方,从而减少了搜索费用。

4. 服务性

服务性特点首先表现为营销服务的全天候——营销服务"7×24"小时运转,没有下班,没有节假日,更能体现随时随地服务的优势;其次表现为营销服务的全方位——对研发、设计、生产、销售、使用各方面提供服务,并可在订购者的网络监控下进行操作;最后表现为营销服务的广泛化——无论是顾客,还是一般的浏览者,都会得到体贴的服务。

5. 技术性

网络营销的信息传递及服务是通过强大的技术支持来完成的,网络营销的成熟与否,在很大程度上取决于其支持技术的使用范围和先进程度。

6. 针对性

网络营销的信息传递是针对搜寻者的主动查询进行的"一对一"式的信息传递,对其他上网者没有信息干扰。同时,它还针对服务对象的个性化要求提供帮助。

7. 超前性

互联网是一种功能强大的营销工具,它同时兼具渠道、促销、电子交易、互动顾客服务、市场信息分析及提供的多种功能。它所具备的一对一营销能力,正好符合定制营销与直复营销的未来趋势。

8. 高效性

计算机可储存大量的信息,可传送的信息数量与精确度远远超过其他媒体,并能应市场需求及时更新产品或调整价格,因此能及时、有效地了解并满足顾客的需求。

9. 经济性

通过互联网进行信息交换,代替以前的实物交换,一方面可以减少印刷与邮递成本,可以无店面销售,免交租金,节约水、电与人工成本;另一方面,可以减少由于多次交换带来的损耗。

10. 整合性

互联网上的营销是一种全程的营销渠道。企业可以借助互联网将不同的传播营销活动进行统一设计规划和协调实施,以统一的传播方式向消费者传达信息,避免不同传播中不一致性产生的消极影响。

 拓展阅读

网络营销是如何提高消费者购物效率的?

在传统的购物方式中,商品的买卖过程大多数是在销售地点完成的,短则几分钟,长则数小时,再加上购买者去购买场所的路途时间、购买后的返回时间及在购买地的逗留时间,无疑大大延长了商品的买卖过程,使消费者为购买商品而必须在时间和精力上做出很大的付出。然而在现代社会,随着生活节奏的加快,人们越来越珍惜闲暇时间,越来越希望在闲暇时间内从事一些有益于身心的活动,并充分地享受生活。在这种情况下,网络购物是一种良好的解决方案。那么,网络营销是怎样简化购买过程的呢?

(1)销售前:向消费者提供丰富生动的产品信息及相关资料(如质量认证、专家品评等),而且界面友好清晰,易于操作执行。消费者可以在比较各种同类产品的性能和价格后,做出购买决定。

（2）销售中：无须驱车到很远的商场去购物，付款时也无须排队，且不用为联系送货而与商场工作人员交涉。

（3）销售后：在使用过程中发生的问题，可以随时与厂家联系，得到来自卖方及时的技术支持和服务。

6.1.4 网络营销的职能

通过对网络营销实践应用的归纳总结，网络营销的基本职能包括：网络品牌、网站推广、信息发布、网上销售、销售促进、顾客服务、顾客关系和网上调研。

1. 网络品牌

网络营销的重要任务之一就是在互联网上建立并推广企业的品牌，使企业品牌在网上得以延伸和拓展。网络营销为企业利用互联网建立品牌形象提供了有利的条件。无论是大型企业还是中小企业都可以用适合自己企业的方式展现品牌形象。网络品牌建设是以企业网站建设为基础，通过一系列的推广措施，达成顾客和公众对企业的认知和认可。网络品牌价值是网络营销效果的表现形式之一，通过网络品牌的价值转化实现持久的顾客忠诚和更多的直接收益。

2. 网站推广

网站推广是网络营销最基本的职能之一。在以前，人们甚至认为网络营销就是网站推广。获得必要的访问量是网络营销取得成效的基础，尤其对于中小企业，由于经营资源的限制，发布新闻、投放广告、开展大规模促销活动等宣传机会比较少，因此通过互联网手段进行网站推广的意义显得更为重要，这也是中小企业对于网络营销更为热衷的主要原因。即使对于大型企业，网站推广也是非常必要的，事实上许多大型企业虽然有较高的知名度，但网站访问量并不高。因此，网站推广是网络营销最基本的职能之一，其基本目的就是为了让更多的用户对企业网站产生兴趣并通过访问企业网站内容、使用网站的服务来达到提升企业品牌形象、促进销售、增进顾客关系、降低顾客服务成本等目的。

3. 信息发布

信息发布是网络营销的主要方法之一，也是网络营销的一种基本职能。无论哪种营销方式，都要将一定的信息传递给目标人群，而网络营销所具有的强大的信息发布功能，是其他营销方式所无法比拟的。

网络营销可以把信息发布到全球任何一个地方，既可以实现信息的广覆盖，又可以形成地毯式的信息发布链；既可以创造信息的轰动效应，又可以发布隐含信息。其信息的扩散范围、停留时间、表现形式、延伸效果、公关能力、穿透能力，都是最佳的。

另外，在网络营销中，网上信息发布以后，发布者可以能动地进行跟踪，获得回复，并进行回复的再交流和再沟通。因此，信息发布的效果明显。

4. 网上销售

网上销售是企业销售渠道在网上的延伸。一个具备网上交易功能的企业网站本身就是一个网上交易场所，网上销售渠道建设并不限于企业网站本身，还包括建立在专业电子商务平台上的网上商店，以及与其他电子商务网站不同形式的合作等。因此，网上销售不只是大型企业

5. **销售促进**

市场营销的基本目的是为最终增加销量提供支持,网络营销也不例外。各种网络营销方法大都直接或间接地促进销售。同时,促销方法并不限于对网上销售进行支持,事实上,网络营销对于促进线下销售同样很有价值,这也就是为什么一些没有开展网上销售业务的企业有必要开展网络营销的原因。

6. **顾客服务**

互联网提供了方便的在线顾客服务手段,从形式简单的常见问题解答(FAQ),到电子邮件、邮件列表,以及在线论坛和各种即时信息服务等。在线顾客服务具有成本低、效率高的优点,在提高顾客服务水平、降低顾客服务费用方面具有显著的效果,同时也直接影响网络营销的效果,因此,在线顾客服务成为网络营销的基本组成内容。

7. **顾客关系**

良好的顾客关系是网络营销取得成效的必要条件。顾客关系是与顾客服务相伴而产生的结果,良好的顾客服务才能带来稳固的顾客关系。顾客关系对于开发顾客的长期价值具有至关重要的作用,以顾客关系为核心的营销方式成为企业创造和保持竞争优势的重要策略。网络营销为建立顾客关系、提高顾客满意度和顾客忠诚度等方面提供了有效的手段。

8. **网上调研**

在激烈的市场竞争条件下,主动了解商情、研究趋势、分析顾客心理、掌握竞争对手动态是确定竞争战略的基础和前提。采用在线调查或者电子问卷调查表等方式,不仅可以省去大量人力、物力,而且可以在线生成网上市场调研的分析报告、趋势分析图表和综合调报告。其效率之高、成本之低、节奏之快、范围之大,都是以往其他任何调查形式做不到的。这就为企业的科学决策奠定了坚实的基础。

6.2 网络市场调研

企业通过网络市场调研,可以将有限的企业资源集中于最有利的目标市场,以便取得最大的效益。通过网络调研,企业可以较容易地掌握市场消费者的需求变化,从而可以灵活地调整整个营销战略。互联网为高效开展市场调研提供了良好的基础条件,因此,开展网络市场调研成为网络营销的基本内容。由于网络市场调研具有成本低、回收率高、调查周期短等方面的优势,合理利用网络市场调研手段对于市场营销策略具有重要的价值。

本书把基于互联网而系统地进行营销信息收集、整理、分析和研究的过程称为网络市场调研,即利用各种网站、搜索引擎寻找竞争环境信息、客户信息、供求信息的行为,包括网站用户注册和填写免费服务申请表。

6.2.1 网络市场调研的优势

与传统市场调研方法相比,利用互联网进行市场调研具有以下优势。

1. **调研信息的及时性和共享性**

由于网络的传输速度非常快,网络信息能够快速地被传送到任何网络用户,而且网上投票信息经过统计分析软件初步处理后可以看到阶段性结果,而传统的市场调研得出结论需经过很长的一段时间。同时,网上调研是开放的,任何网络用户都可以参加投票和查看结果,这也可以保证网络调研的共享性。

2. 调研方式的便捷性和经济性

在网络上进行市场调研,无论是调研者还是被调研者,只需拥有一台能上网的计算机或手机就可以进行网络沟通交流。调研者在企业站点上发出电子调查问卷,提供相关的信息,或者及时修改、充实相关信息,被调研者只需在电脑或手机上按照自己的意愿填写问卷,之后调研者对被调研者反馈回来的信息进行整理和分析即可,这种调研方式十分便捷。

网络市场调研的经济性在于,它可以节约传统调查中大量的人力、物力、财力和时间的耗费,省去了印刷调研问卷、派调查员进行访问、电话访问、留置问卷等工作;网络调研也不会受到天气、交通、工作时间等的影响;调查过程中最繁重、最关键的信息收集和录入工作也将分布到众多网络用户的终端上完成;信息检验和信息处理工作均由计算机自动完成。所以网络市场调研能够以经济、便捷的手段完成。

3. 调研结果的可靠性和客观性

相比传统的市场调研,网络市场调研的结果比较可靠和客观。首先,企业站点的访问者一般都对企业产品有一定的兴趣,被调查者是在完全自愿的原则下参与调查,调查的针对性强。而传统的市场调研中的拦截询问法,实质上是带有一定的"强制性"的。其次,网络市场调研的被调查者一般主动填写调研问卷,这证明填写者对调查内容有一定的兴趣,回答问题就会相对认真,所以问卷填写可靠性高。此外,网络市场调研可以避免传统市场调研中人为因素干扰所导致的调查结论的偏差,因为被调查者是在完全独立思考的环境中接受调查的,能最大限度地保证调研结果的客观性。

4. 调研场所无时空和地域的限制性

传统的市场调研往往会受到区域与时间的限制,而网络市场调研可以 24 小时全天候进行,同时也不会受到区域的限制。

5. 调研信息的可检验性和可控制性

利用 Internet 进行网络调研收集信息,可以有效地对采集信息的质量实施系统的检验和控制。首先,网络市场调研问卷可以附加全面规范的指标解释,有利于消除被调研者因对指标理解不清或调研员解释口径不一而造成的调研偏差。其次,问卷的复核检验由计算机依据设定的检验条件和控制措施自动实施,可以有效地保证对调研问卷 100% 的复核检验,保证检验与控制的客观公正性。最后,通过对被调研者的身份验证技术可以有效地防止信息采集过程中的舞弊行为。

6.2.2 网络市场调研的方法

网络市场调研的方法一般有直接调研和间接调研。直接调研也叫一手资料的收集,间接调研也叫二手资料的收集。对于传统市场调研而言,获取一手资料的方法主要有访谈法、观察法、试验法等,如电话访谈法、邮寄询问法等。同样,网络市场调研的方法也可以根据不同的调查方式细分,如搜索法、网站法、在线调查法、电子邮件调查法、随机抽调法等。二手资料的收集相对比较容易,花费小,来源广。利用互联网收集资料更加方便,速度也比传统方法快很多,而且通常可以直接从网上复制结果数据及信息,因此,大大缩短了资料收集、录入及处理的时间。

1. 网络市场直接调研

网络市场直接调研是指为达到特定的目的在互联网上收集一手资料或原始信息的过程。直接调研的方法有四种:网上观察法、专题讨论法、在线问卷法和网上实验法。使用较多的是专题讨论法和在线问卷法。

(1)网上观察法。

网上观察法的实施主要是利用相关软件和人员记录登录网络浏览者的活动。相关软件能够记录:登录网络浏览者浏览企业网页时所点击的内容、浏览的时间;在网上喜欢看什么商品网页;看商品时,先点击的是商品的价格、服务、外形,还是其他人对商品的评价;是否有就相关商品与企业进行沟通的愿望等。

(2)专题讨论法。

专题讨论法可通过新闻组、电子公告牌或邮件列表讨论组进行调研。其步骤如下:确定要调查的目标市场;识别目标市场中要加以调查的讨论组;确定可以讨论或准备讨论的具体话题;登录相应的讨论组,通过过滤系统发现有用的信息或创建新话题进行讨论,从而获得有用的信息。

(3)在线问卷法。

在线问卷法即针对浏览其网站的每个人进行的各种调查。在线问卷法可以自己设计调查,也可以委托专业公司负责。

①调查问卷的基本结构。调查问卷的基本结构一般包括三个部分,即标题及标题说明、调查内容(问题)和结束语。

标题及标题说明是调查者对调查简要介绍,主要说明调查的目的、意义、选择方法以及填答说明等,一般在问卷的开头。

问卷的调查内容主要包括各类问题、问题的回答方式及其指导语,这是调查问卷的主体,也是问卷设计的主要内容。问卷中的问答题,从形式上看,可分为开放式、封闭式和混合型三大类。封闭式问答题既有提问的题干,又给出若干答案,被调查者只需选中答案即可。开放式问答题只提问,不给出具体答案,被调查者根据自己的实际情况自由作答。混合型问答题,又称半封闭型问答题,是在采用封闭型问答题的同时,最后再附上一项开放式问题。

结束语一般放在问卷的最后,可以表示对被调查者的感谢,也可以征询被调查者对问卷设计和问卷调查本身的看法和感受,态度要诚恳亲切。

②在线问卷的发布途径。在线问卷发布的主要途径有三种:第一种是将问卷放置在企业自己的网站上,等待访问者访问时填写问卷;第二种是通过电子邮件方式将问卷发送给被调查者,被调查者完成后将结果再通过电子邮件将问卷返回;第三种是在相应的讨论组中发布问卷信息或者调查题目。

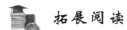

问卷星相关模块介绍

(1)在线设计问卷:问卷星提供了所见即所得的设计问卷界面,支持49种题型以及信息栏和分页栏,并可以为选项设置分数(可用于考试、测评问卷),可以设置关联逻辑、引用逻辑、跳转逻辑,同时还提供了千万份专业问卷模板。

(2)发布问卷并设置属性:问卷设计好后可以直接发布并设置相关属性,例如问卷分类、说明、公开级别、访问密码等。

(3)发送问卷:通过微信、短信、QQ、微博、邮件等方式或者通过发送邀请邮件、嵌入到企业网站将问卷链接发给填写者填写,还可与企业微信、钉钉、飞书等软件高度集成。

(4)查看调查结果:可以通过柱状图、饼状图、圆环图、条形图等查看统计图表,卡片式查看答卷详情,分析答卷来源的时间段、地区及网站。

(5)创建自定义报表:自定义报表中可以设置一系列筛选条件,不仅可以根据答案进行交叉分析和分类统计,还可以根据填写问卷所用时间、来源地区和网站等筛选出符合条件的答卷集合。

(6)下载调查数据:调查完成后,可以将统计图表保存为 Word 文件进行打印和在线 SPSS 数据分析,或者下载原始数据从 Excel 导入 SPSS 等调查分析软件做进一步的分析。

(4)网上实验法。
网上实验法可以通过对线上所投放的广告内容或形式进行消费者接受度实验。

2. 网络市场间接调研

网络市场间接调研是指对网络中二手资料的收集。二手资料的来源很多,如公共图书馆、大学图书馆、贸易协会、市场调查公司、广告代理公司、企业情报室等网站资源;再加上众多综合型互联网内容提供商、专业型互联网内容提供商,以及众多的搜索引擎网站,使得互联网上二手资料的收集非常方便。

互联网上虽有海量的二手资料,但要找到自己需要的信息,首先必须熟悉搜索引擎的使用,其次要掌握专题型网络信息资源的分布。网上查找资料主要通过三种方法:利用搜索引擎;访问相关的网站(如各种专题性或综合性网站);利用相关的网上数据库。

(1)利用搜索引擎查找资料。搜索引擎平台为搜索者提供了搜索入口,根据搜索者提供的关键词,反馈给出与关键词相关的各类信息,比如供求信息、产品信息、企业信息以及行业动态信息,并且给予搜索者一定的信息分拣引导,以最终达到满足搜索者的实际需求。

(2)访问相关网站收集资料。如果知道某一专题的信息主要集中在某些网站,可直接访问这些网站获取所需的资料。

(3)利用网上数据库查找资料。网上数据库有付费和免费两种。市场调查用的数据库一般都是付费的。

6.2.3 网络市场调研的内容

(1)市场需求情况调查及分析研究:主要目的在于掌握市场需求量、市场规模、市场占有率以及有效的经营策略和手段。

(2)用户及消费者购买行为的研究:主要包括地域性、时间特性、民族特性、习惯特性、文化特性等内容,其目的在于理解消费者的购买动机、感情动机、偏爱动机,研究用户对特定品牌或特定企业产生偏爱的原因,了解消费者喜欢何时、何地购买,购买的习惯和方式及其反应和要求等。

(3)营销因素研究:主要包括广告投放研究、产品研究、价格研究、分销渠道研究、促销策研究等。

（4）社会环境研究：主要包括人口、地理、经济、科学技术等因素研究。一切营销组织都处于这些社会环境因素之中，不可避免地要受其影响和制约。

（5）竞争对手研究：现代社会是一个竞争激烈的社会，企业想要在竞争中取胜就要知己知彼，了解竞争对手的优点和缺点。

6.2.4 网络市场调研的实施步骤

网络市场调研与传统市场调研一样，需要遵循一定的方法步骤，以保证调研的质量。网络市场调研一般包括以下几个步骤。

1. 明确问题与确定调研目标

明确问题和确定调研目标对网络市场调研至关重要，在开始调研前，要有一个清晰的目标，一般可以通过回答以下问题设定目标：谁有可能在网上使用你的产品或服务？谁最有可能购买你提供的产品或服务？在你所处的这个行业中，谁上网？他们在干什么？你的客户对你的竞争者的印象如何？在企业的日常运作中，可能要受哪些法律、法规的约束？

2. 制订调研计划

网络市场调研的第二个步骤是制订有效的信息调研计划。具体来说，就是要确定资料来源的调研方法及手段、抽样方案和联系方法。

（1）确定资料来源。首先确定收集的是二手资料还是一手资料。一手资料是调研人员通过现场实地调查，直接向有关调研对象收集的资料；二手资料则是经过他人收集、记录、整理所积累的各种数据资料。

（2）确定调查方法及手段。网络市场调研的方法可以参考前文介绍确定。

（3）确定抽样方案。开始调研前要确定抽样单位、样本规模和抽样程序。

（4）联系方法。开始调研前，要为被调研者提供出现问题的联系方法。若采取网上交流的形式，则可通过电子邮件、网上论坛等进行交流、联系。

3. 收集信息

网络通信技术的突飞猛进使得资料收集方法迅速发展，互联网没有时空和地域的限制，因此，网络市场调研可以在全国甚至全球进行。同时，收集信息的方法也很简单，直接在网上递交或下载即可，这与传统市场调研收集资料的方式有较大区别。

需要注意，在问卷回答中被调研者经常会有意无意地漏掉一些信息，这可以通过在页面中嵌入脚本或通过公共网关接口程序进行实时监控。如果被调研者遗漏了一些内容，则程序会拒绝提交调查表或者验证后重新返给被调研者要求其补填，直至最后被调研者收到问卷已完成的公告。

4. 分析信息

收集完信息后要做信息分析，这一步非常关键。调研人员如何从数据中提炼出与调查目标相关的信息，直接影响到最终分析结果。可以使用一些数据分析技术，如交叉列表分析技术、概括技术、综合指标分析技术和动态分析技术等。目前国际上较为通用的分析软件有SPSS、SAS等。通过分析信息，调研人员可以在动态的变化中捕捉到商机。

5.提交报告

调研报告的撰写是整个调研活动的最后一个阶段。调研报告不是数据和资料的简单堆砌,这样就失去了调研的价值。正确的做法是把市场营销关键决策有关的主要调研结果梳理出来,并以调研报告所应具备的正式结构写作呈现出来。作为对被调研者的一种激励,网络调研后应尽可能地把调研报告的结果反馈给被调研者。

6.3 网络营销常用工具和方法

6.3.1 搜索引擎营销

1.搜索引擎营销的概念

搜索引擎营销,英文为search engine marketing,通常简称为"SEM",就是根据用户使用搜索引擎的方式利用用户检索信息的机会尽可能将营销信息传递给目标用户。简单来说,搜索引擎营销就是基于搜索引擎平台,利用人们对搜索引擎的依赖和使用习惯,在人们检索信息的时候将信息传递给目标用户。搜索引擎营销的基本思想是让用户发现信息,并通过点击进入网页,进一步了解所需要的信息。企业通过搜索引擎付费推广,使用户有机会了解企业产品,或者直接与企业客服人员进行交流、了解,最终实现交易。

2.搜索引擎营销的特点

搜索引擎营销的实质就是通过搜索引擎工具,向用户传递其所关注对象的营销信息。相较于其他网络营销方法,搜索引擎营销具有以下特点。

(1)用户主动创造了"被营销"的机会。搜索引擎营销和其他网络营销方法最主要的不同点在于,这种方法是用户主动创造了"被营销"的机会。为什么这样讲?以关键字广告为例,它平时在搜索引擎工具上并不存在,只有当用户输入了关键字,在关键字搜索结果旁边出现广告,虽然广告内容已定,不是用户所决定的,但给人的感觉就是用户自己创造了被营销机会,用户主动地进入了这一过程,这也是为什么搜索引擎营销比其他网络营销方法效果更好的原因。

(2)搜索引擎方法操作简单、方便。

搜索引擎操作简单、方便,具体表现在以下几个方面。

第一,登录简单。如果搜索引擎是分类目录,企业想在此搜索引擎登录,那么只需一般工作人员按照相应说明填写即可,无须由专业技术人员或营销策划人员负责;纯技术的全文检索则不存在登录的问题。

第二,计费简单。以关键字广告为例,其采用的计费方式区别于传统广告形式,可以具体根据点击次数收费,并可以设定最高消费(防止恶意点击)。

第三,分析统计简单。企业通过搜索引擎可以方便地知道自己的产品链接每天的点击量、点击率,这样有利于企业分析营销效果、优化营销方式。

6.3.2 网络广告营销

1.网络广告营销的定义

网络广告营销,是指广告主利用一些受众密集或具有鲜明特征的网站传播商业信息,并将其链接到某目的网页的过程。网络广告既不同于平面媒体广告,也不是电子媒体广告的另一种形式,其基本特征为:一是利用多媒体和数字技术制作和表示;二是具有可链接性,只要链接的主页被网络使用者点击,即可看到广告。

《2020中国互联网广告数据报告》显示,2020年中国互联网克服全球新冠肺炎疫情的严重影响,互联网广告全年收入4971.61亿元(不包含港澳台地区),比2019年度增长13.85%,增幅较上年减缓4.35个百分点,仍维持增长态势。小微、新锐广告主进入市场不仅填补了大品牌投入放缓的市场份额,还支撑起了互联网广告市场的二位数增长,为实体经济复苏开启了本土时代新路径。

2020广告市场份额前10名企业排行榜中,阿里巴巴与字节跳动仍保持前两位,京东、小米仍处于第五位与第八位。快手挤进前十,位居第六。58同城跌出前十。百度、美团点评、新浪、奇虎360虽仍居前十,但位次均有不同程度的下降。2020年网络广告延伸至营销服务的倾向更加明显,中国互联网营销市场总规模突破万亿大关,达到10457亿元。其中非广告营销服务收入达到5494亿元,已超过互联网广告总收入。随着互联网营销模式的不断创新,互联网营销服务呈现出多元化增长,为拉动实体经济增长走出了一条中国路径。

2. 网络广告的特点

(1)时空广泛开放。

网络广告的传播不受时间、空间限制,只要具备浏览互联网的条件,任何人在任何地点、任何时间都可以阅读到网络广告信息。这是传统媒介无法比拟的。

(2)实时性与持久性。

广告主可以根据需要随时改动网络媒体上的广告信息,及时将最新的产品信息传播给消费者。网络媒体还可以长久保存广告信息,等待消费者随时检索、查询。

(3)交互性。

可以说,交互性是网络广告区别于传统广告的最大特点。不同于传统媒体信息的单向传播,网络广告可以实现信息的双向互动传播。受众可以查询、获取自己认为有用的广告信息,而商家也可以及时获得受众的反馈信息。

(4)多媒体性。

网络广告可以采用文字、图片、声音、影像等多媒体形式,创造出丰富多彩的广告形式,更能为受众所接受。

(5)信息容量大,发布站点多,发布成本低。

通过网页的超链接,网络广告能容纳无限量的广告信息,而且发布成本低,这是传统媒体无法比拟的。

(6)效果的可测量性。

在互联网上通过权威公正的访问统计系统,可以精确统计出每一条广告信息的曝光次数、点击次数,还可以了解受众者接触广告的时间和地区分布,从而为广告主科学评估广告效果、制定广告策略、确定广告计费标准提供依据。

3. 网络广告的类型

网络广告的形式一般分为文字广告和图形广告两种,图形广告又可分为图标广告、旗帜广告。

(1)文字广告。

文字广告大多是以文字的形式呈现,以达到扩大企业品牌或产品知名度的目的。文字广告的一种形式,是将文字广告放在 Web 页上,整个网页都是广告内容,如图 6-1 所示。另外一种文字广告形式,呈现的是一些企业的名称,当用户单击该名称后,系统将链接到广告主的网站上。这种文字链接形式的广告通常出现在分类栏目中,如图 6-2 所示,单击图中的名称,即可跳转到该企业的电子主页中,访问者可以进一步了解该企业的详细情况。

图 6-1 文字广告(1)

图 6-2 文字广告(2)

文字广告还可以通过电子邮件的形式定期传送给客户,也可以在新闻主页或电子公告板上发布。总之,文字广告都是以文字为主要内容宣传企业产品的,从而达到广而告之的目的。

(2)图标广告。

图标广告是出现在 Web 页面上的一种图标,这种图标可以是企业的标志,也可以是象形图标,有的就是一个按钮的形状,故也称为按钮广告。它们都采取与有关信息实现超链接的互动方式,用鼠标单击时,可链接到广告主的站点或相关信息页面上。

(3)旗帜广告。

旗帜广告也称标志广告,通常是一些色彩艳丽的矩形图片,置于页面的顶部、底部或醒目处。这些广告设计和制作都很精致,含有经过浓缩的广告词句和精美画面,具有较强的视觉吸引力。旗帜广告一般都具有超文本链接功能。建有自己网站的企业,通常都采用这种互动式的旗帜广告,直接与企业站点的有关信息实现超链接,实现无缝跳转和即时互动。对于还没有建立自己网站的企业,则可采用非互动式的旗帜广告,这种广告与传统的印刷媒体广告十分相似,广告中一般包含企业的产品、地址、电话、传真、联系方法等信息。旗帜广告根据形式不同,又可分为以下几种。

①横幅广告。横幅广告又称为网幅广告、条幅广告等,是互联网广告中最基本的广告形式。它通常由多媒体技术创建的图像或动画来表现广告内容,内容可以是静态图像,也可以是

动态图像,如图 6-3 所示。

图 6-3 横幅广告

②漂浮广告。漂浮广告可以根据广告主的要求并结合网页本身特点设计"飞行"轨迹,增强广告的曝光率。根据尺寸大小,横幅广告可分为四种不同的类型:全幅广告、半幅广告、直幅广告、垂直导航全幅广告。

漂浮广告在访问者浏览网页的时候,会一直沿着设计好的路线漂移。设计路线不佳的漂浮广告会分散者访问者的注意力,更有甚者把广告置于账号登录的入口,必须点击广告才可以进行登录,严重影响访问者的正常浏览。

4. 网络广告的定价

(1) 按展示计费。

按展示计费指的是广告投放过程中,听到或者看到该广告的每个人平均分担广告成本。传统媒介多采用这种计价方式。按展示计费方式取决于"印象尺度",通常理解为一个人的眼睛在一段固定的时间内注视一个广告的次数。比如说一个广告横幅的单价是 1 元/1000 人次的话,意味着每一千个人次看到这则广告的话就收 1 元,如此类推,10000 人次访问主页就收 10 元。至于每次的收费究竟是多少,要根据主页的热门程度(即浏览人数)划分价格等级,采取固定费率。

(2) 按销售计费。

按销售计费有两种方式,一种是根据每个订单/每次交易来收费的方式;另一种是按销售额收费。

每种计费模式所针对的产品投放渠道不同,运营者需要足够了解自己产品的受众人群,选择有效的投放模式进行推广,从而达到最大化效益。

6.3.3 电子邮件营销

基于用户许可的电子邮件营销比传统的推广方式,或未经许可的电子邮件营销具有明显的优势,比如可以增加潜在客户定位的准确度、增强与客户的关系、提高品牌忠诚度等。开展电子邮件营销的前提是拥有潜在用户的电子件地址,这些地址可以是企业从用户或潜在用户资料中收集整理的,也可以利用第三方的潜在用户资源进行收集。最早的电子邮件营销来源于垃圾邮件,而将电子邮件营销进一步推向成熟的是"许可营销"理论的诞生。许可营销的主要方法是通过邮件列表、新闻邮件、电子刊物等形式,在向用户提供有价值信息的同时附带一定数量的商业广告。例如,一些企业在要求用户注册为会员或者填写在线表单时,会询问"是否希望收到本公司不定期发送的最新产品信息",或者给出一个列表让用户选择自己希望收到的信息。

由此,可以得出:电子邮件营销是在用户事先许可的前提下,通过电子邮件的方式向目标用户传递有价值信息的一种网络营销手段(见图6-4)。从概念中可以看出,电子邮件营销具有三个必不可少的要素:必须是基于用户许可;必须是通过电子邮件来传递信息;通过电子邮件传递的信息对用户一定是有价值的。

图6-4 电子邮件营销

6.3.4 微博营销

1. 微博营销的定义

微博营销以微博作为营销平台,每一个粉丝都是潜在营销对象,每个企业都可以在新浪、网易等网站平台注册微博,通过更新自己的微博向粉丝传播有关企业、产品的信息。

2. 微博营销的分类

(1)个人微博营销。个人微博营销是由个人本身的知名度得到别人的关注和了解的,以明星、成功商人或者是社会中比较成功的人士为例,他们运用微博往往是通过这样一种媒介来让自己的粉丝进一步地了解自己和喜欢自己,他们的微博功利性并不明显,一般是由粉丝跟踪转帖来达到营销效果的。

(2)企业微博营销。企业一般是以营利为目的,他们运用微博往往是想通过微博来提升自己的知名度,最后达到将自己的产品卖出去的目的。但是,企业微博内容较短,不能使消费者直观理解商品。微博更新速度快,信息量大,企业在微博营销时,应当建立起自己固定的消费群体,与粉丝多交流、互动。

(3)行业资讯微博营销。以发布行业资讯为主要内容的微博,往往可以吸引众多用户关注,类似于通过电子邮件订阅的电子刊物或者RSS订阅等,微博内容成为营销的载体。订阅用户数量决定了行业资讯微博的网络营销价值。因此,运营行业资讯微博与运营一个行业资讯网站在很多方面是类似的,需要在内容策划及传播方面下功夫。

3. 微博营销技巧

(1) 注重价值的传递。企业微博经营者首先要改变观念,懂得企业微博的"索取"与"给予"之分,企业微博是一个"给予"平台,只有那些能对浏览者创造价值的微博自身才有价值,这样企业微博才可能达到期望的商业目的。企业只有认清了这个因果关系,才可能从企业微博中受益。

(2) 注重微博个性化。微博的特点是"关系"和"互动",因此,虽然是企业微博,但也切忌将其仅作为一个官方发布消息的窗口,而要给人感觉发布的内容有感情、有思考、有回应、有自己的特点与个性,这样的微博才具有较高的黏性,才可以持续积累粉丝与专注。

(3) 注重发布的连续性。微博要注重定时、定量、定向发布内容,让粉丝登录微博后,能够想着关注你的微博有什么新动态。

(4) 注重互动性加强。微博的魅力在于互动,互动性是微博持续发展的关键。因此,企业应该注意,企业宣传信息不能超过微博信息的10%,最佳比例是3%~5%,更多的信息应该融入粉丝感兴趣的内容之中。"活动内容+奖品+关注(转发/评论)"的活动形式一直是微博互动的主要方式,有时奖品比企业所想宣传的内容更吸引粉丝的眼球。

(5) 注重系统性布局。任何一个营销活动,想要取得持续而巨大的成功,都不能脱离系统性,单纯当作一个想法来运作,很难持续取得成功。企业想要微博发挥更大的效应就要将其纳入整体营销规划之中。

(6) 注重准确的定位。对于企业微博来说,粉丝"质量"比数量更重要。很多企业抱怨,微博人数都过万了,可转载、留言的人很少,宣传效果不明显。这其中一个重要的原因就是定位不准确。在起步阶段很多企业的微博陷入误区,完全以吸引大量粉丝为目的,却忽视了粉丝是否是真正的目标消费群体这个重要问题。

(7) 注重微博的专业性。专业性是企业微博重要的竞争力指标。微博不是企业的装饰品,如果不能做到专业,只是流于平庸,倒不如不建设企业微博。作为一个"零距离"接触的交流平台,企业微博上的负面的信息与不良的用户体验很容易迅速传播开,并为企业带来不利的影响。

(8) 注重控制的有效性。微博的传播速度快得惊人,当极快的传播速度结合超大的传递规模创造出的惊人力量有可能是正面的,也可能是负面的,因此必须有效管控企业微博这把双刃剑。

6.3.5 即时通信营销

1. 即时通信营销的定义

即时通信营销又称为即时聊天工具营销,是企业通过即时通信工具,如 QQ、微信、阿里旺旺等,是推广产品或服务的一种方法。常用的形式主要有两种:一种是网络在线交流。企业建立网店或网站时可以设立即时通信工具,这样潜在客户如果对产品或服务感兴趣自然会主动和在线的商家联系;同时,企业也可以通过即时通信工具对浏览企业网站的潜在客户主动问好,并在线解答客户问题,拉近与客户的距离。另一种是广告宣传。企业可以通过即时通信工具,发布一些产品信息、促销信息,或者发布一些网友喜闻乐见的图片或视频,同时加上企业要宣传的内容。这种网络营销方法一般为群发消息,利用弹出窗口承载信息,或者采用软件内嵌广告的形式。

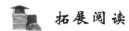 **拓展阅读**

新冠肺炎疫情下的即时通信发展

即时通信在新冠肺炎疫情期间继续保持互联网应用渗透率第一,并持续推进服务商业化和产品专业化。

在服务商业化方面,即时通信企业通过多种途径进一步强化产品的变现能力。第一种是"视频号"为即时通信平台拓宽了内容变现形式。长期以来,文字、图片和音频作为即时通信内容的主要呈现形式,面临着传播成本较高、内容丰富程度不足等问题。短视频作为内容传播的新形式,为上述问题提供了良好解决方案,吸引即时通信平台推出"视频号"功能。微信该功能上线半年后日活跃用户即突破两亿。第二种是"小商店"为即时通信平台拓展了线上零售能力。微信在2020年下半年推出"小商店"功能,为企业和个人提供无须开发、零成本的网上店铺。在新冠肺炎疫情背景下,这种线上"地摊经济"成为传统电商平台的有力补充。第三种是搜索广告有望成为即时通信平台新的收入来源。随着即时通信平台内容数量的持续提升,单纯依靠订阅与推送机制越来越难以满足用户对于海量信息的获取需求。在这种情况下,微信在2020年9月将"搜一搜"功能内置于对话框中,让用户更加便捷地搜索平台内的内容与服务。未来,随着即时通信广告业务的持续发展,搜索广告也有望被纳入其业务生态。

在产品专业化方面,即时通信企业进一步针对垂直群体拓展功能并提升体验。

(1)企业领域:即时通信产品与云服务开始融合。受新冠肺炎疫情影响,多家大型科技公司推出企业即时通信产品,推动该领域在2020年上半年实现爆发式增长。然而,即时通信产品主要在企业信息交流方面发挥作用,难以满足企业在设备、技术等其他方面的需求,因此无法帮助企业完成全面、深度的数字化改造。在这种情况下,一些大型科技公司将企业即时通信与云服务进行融合,使其成为连接企业需求和云端能力的中间节点,从而为企业提供更加完备的数字化支撑。

(2)教育领域:即时通信产品的定制开发崭露头角。现有即时通信产品的内容和娱乐功能可能对未成年人学习造成不利影响。针对这一用户痛点,钉钉、微信等即时通信产品开始面向学生和儿童群体开发定制版。

2. 即时通信营销——微信营销

微信营销是网络经济时代企业或个人营销模式的一种,是伴随着微信的火热发展而兴起的一种网络营销方式。微信不存在距离的限制,用户注册微信后,可与周围同样注册的"朋友"建立一种联系,用户订阅自己所需的信息,商家通过提供用户需要的信息推广自己的产品,从而实现点对点的营销。

微信营销主要体现在以安卓系统、苹果系统的手机或者平板电脑中的移动客户端进行的区域定位营销。商家通过微信公众平台,结合微信会员管理系统展示商家微官网、微会员、微推送、微支付、微活动,已经形成一种主流的线上线下微信互动营销方式。微信营销具有以下特点。

(1)点对点精准营销。微信拥有庞大的用户群,借助移动终端、社交圈和位置定位等优势,能够让每个个体都有机会接收到信息,继而帮助商家实现点对点精准化营销。

(2)展现形式丰富。

①"漂流瓶":利用该功能用户可以发布语音或者文字信息然后投入"大海"中,如果有其他用户"捞"到则可以展开对话。

②位置签名:商家可以利用"用户签名档"这个免费的广告位为自己做宣传,附近的微信用户就能看到商家的信息。

③二维码:用户可以通过扫描识别二维码身份来添加朋友、关注企业账号;企业则可以设定自己品牌的二维码,用折扣和优惠来吸引用户关注,开拓O2O的营销模式。

④开放平台:通过微信开放平台,应用开发者可以接入第三方应用,还可以将应用的Logo放入微信附件栏,使用户可以方便地在会话中调用第三方应用进行内容选择与分享。

⑤公众平台:在微信公众平台上,每个人都可以打造自己的微信公众号,并和特定群体实现文字、图片、语音的全方位沟通和互动。

6.3.6 病毒式营销

1. 病毒式营销的概念

病毒式营销,又称病毒营销、病毒性营销、基因营销或核爆式营销,是利用公众的积极性和人际网络的广泛性,让营销信息像病毒一样传播和扩散。营销信息被快速复制传向数以万计、数以百万计的消费者,它能够像病毒一样深入人脑,快速复制,迅速传播,将信息短时间内传向众多的受众。病毒式营销是一种常见的网络营销方法,常用于进行网站推广、品牌推广等。病毒式营销是口碑营销的一种,它是利用群体之间的传播,从而让人们建立起对某种服务或产品的了解,达到宣传的目的。由于这种传播是用户之间自发进行的,因此是几乎不需要费用的网络营销手段。病毒式营销不等于传播病毒。病毒式营销是通过提供有价值的产品或服务,"让大家告诉大家",实现"营销杠杆"的作用。病毒式营销已经成为网络营销最为独特的手段,被越来越多的商家和网站成功利用。

2. 病毒式营销的特点

(1)传播速度快。

病毒式营销是自发的、扩张性的信息推广,它并非均衡地、同时地、无分别地传给社会上每一个人,而是通过类似于人际传播和群体传播的渠道,产品和品牌信息被消费者传递给那些与他们有着某种联系的个体。

(2)高效率接收。

大众媒体投放广告有一些难以克服的缺陷,如信息干扰强烈、接收环境复杂、受众戒备抵触心理严重。而对于那些"病毒",是受众从熟悉的人那里获得或是主动搜索而来的,在接受过程中自然会有积极的心态。所以从朋友圈、微信群进行传播,能使病毒式营销尽可能地克服信息传播中的其他影响,增强传播的效果。

(3)更新速度快。

网络产品有自己独特的生命周期,一般都是来得快去得也快,病毒式营销的传播过程通常是呈S形曲线的,即在开始时很慢,当其扩大至受众的一半时速度加快,而接近最大饱和点时又慢下来。针对病毒式营销传播力的衰减,一定要在受众对信息产生免疫力之前,将传播力转化为购买力,方可达到最佳的销售效果。

(4)吸引力大。

具有较大吸引力的产品和品牌信息是披在广告信息外面的"漂亮外衣",突破了消费者戒备心理的"防火墙",促使其完成从纯粹受众到积极传播者的变化。

6.3.7 网络视频营销与直播营销

1. 网络视频营销

(1)网络视频营销的定义。

网络视频营销指的是企业将各种视频短片以各种形式上传到互联网上,达到一定宣传目的的营销手段。网络视频广告将视频与互联网相结合,使这种创新营销形式具备了两者的优点:既具有电视短片的特征,例如感染力强、形式内容多样、创意大胆等;又具有互联网营销的优势,例如互动性、主动传播性、传播速度快、成本低廉等。

(2)网络视频营销的特点。

①成本低廉。相比传统广告,动辄投入几百万、上千万的广告费用而言,网络视频营销则只需要几千元就可以完成,只需要一个好的创意、几个员工,就可以制作一个好的短片,免费放到视频网站上进行传播。

②目标精准。网络营销与传统营销方式相比,最大的不同就是能比较精准地找到企业想要找的潜在消费者,作为网络营销新兴的方式之一,网络视频营销更精准地发挥了这一特性。视频更有利于搜索引擎的优化,只要设置好关键词,视频往往会在搜索引擎结果中获得较好的排名,由于访客是有需求从而主动搜索的,因此这些都是精准流量,相比传统营销的"广撒网",精准程度要高很多。

③效果更好。文字、图片、音频、视频这四种形式中,很显然,视频可以涵盖前三种形式。可以将文字、图片、音频立体展现出来形成形式丰富多样的视频,这种立体变现形式效果对人的视觉和感官冲击力是图文广告所不能比拟的。所以一个内容价值高、观赏性强的视频,在让顾客全方位了解产品的同时,也会留住顾客的心,与图片、文字、音频相比,视频更能造成人的情绪化反应,更能引起用户的情感共鸣。

④"互动+主动"。网络营销具有互动性,这一点也被网络视频营销所继承。视频作者在发布视频时选好标题名很关键,这可以引发用户对其感兴趣并进行评论转发,增加互动性,甚至网络用户还可以把他们认为有特点或者认可的视频转发到自己的社交平台,使视频实现主动性的病毒式传播,这一优势是电视广告所不具备的。

⑤传播快、复制难。在视频里打上网站信息和企业 Logo,并在操作编辑时不间断地插入自己的联系方式、网站等,这样别人就很难复制。同时,视频转发非常方便,我们只要将视频的网址进行复制粘贴,通过其他网络渠道转发就可以进行快速传播。

(3)网络视频营销的技巧。

①内容为本,最大化视频传播卖点。视频营销的关键在于"内容",视频的内容决定了其传播的广度。好的视频能够不依赖传统媒介渠道,通过自身魅力使无数网络用户成为传播的中转站。

网络用户看到一些经典、有趣、惊奇的视频总是愿意主动去传播,自发地帮助企业推广品牌信息,使其在互联网病毒式地扩散。因此,如何找到合适的品牌诉求,并且和视频结合是企业需要重点思考的问题。

②发布力争上频道首页。在视频类网站,比如优酷、土豆等都划分了多个频道,企业视频可以根据自己的内容选择频道发布,力争被推到频道首页,能让更多网络用户看到。在推广时也要注意标签、关键词的运用,这样更有利于被检索。

③增强视频互动性,提升参与度。网络用户的创造性是无穷的,与其等待网络用户被动接收视频信息,不如让网络用户主动参与到传播的过程中。

2. 直播营销

(1)直播营销的定义。

直播营销是指在现场随着事件的发生、发展进程同时制作和播出节目的播出方式。该营销活动以直播平台为载体,以提升品牌影响或销量增长为目的。直播的核心价值所在,就在于其聚集注意力的能力。

2016年以后,随着4G及移动端的普及,直播加速向娱乐、营销等多元场景渗透。各大电商平台相继开启直播营销入口,探索拉新、转化新路径,拉开"直播+电商"序幕,如图6-5所示。

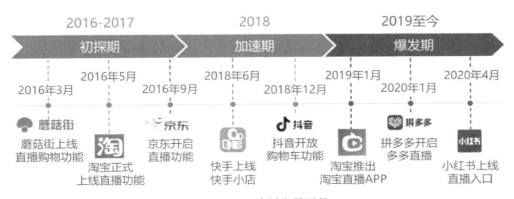

图6-5 直播发展历程

资料来源:各公司官网,36氪研究院

网络购物与直播观看习惯的培养,也为直播电商的蓬勃发展奠定了坚实的用户基础。中国互联网络信息中心数据显示,近年来,网购与直播观看人数均实现稳步增长。截至2020年6月,直播观看电商人数与网购人数分别达到5.62亿与7.49亿,在网民群体中的渗透率分别为59.79%与79.68%。作为直播与电商融合的产物,直播电商更易被网民所接受,如图6-6所示。

(2)直播营销优势。

直播营销是一种营销形式上的重要创新,也是能体现互联网视频特色的板块。对于广告主而言,直播营销具有以下优势。

①某种意义上,直播营销就是一场事件营销。除了本身的广告效应,直播内容的新闻效应往往更明显,引爆性也更强。一个事件或者一个话题,相对而言可以更轻松地进行传播和引起关注。

②能体现出用户群的精准性。在观看直播视频时,用户需要在一个特定的时间共同进入播放页面,但这其实是与互联网视频所倡导的"随时随地性"是背道而驰的。但是,这种播出时

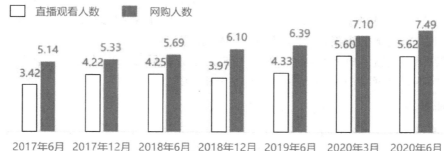

图 6-6 直播观看人数与网购人数变化情况（单位：亿人）

间上的限制，也能够真正识别出并抓住这批具有忠诚度的精准目标人群。

③能够实现与用户的实时互动。相较传统电视节目，互联网视频的一大优势就是能够满足用户更为多元的需求，不仅仅是单向的观看，还能一起发弹幕吐槽，喜欢谁就直接献花打赏，甚至还能动用民意的力量改变节目进程。这种互动的真实性和立体性，也只有在直播时才能够完全展现。

④深入沟通，情感共鸣。在这个碎片化的时代，人们在日常生活中的交集越来越少，尤其是情感层面的交流越来越浅。直播，这种带有仪式感的内容播出形式，能让一批具有相同志趣的人聚集在一起，聚焦共同的爱好，情绪相互感染。如果品牌能在这种氛围下恰到好处地"推波助澜"，其营销效果将更好。

（3）直播营销的流程。

①精确的市场调研。直播是向大众推销产品或者个人，推销的前提是通过市场调研深刻了解客户需要什么，自己能够提供什么，避免同质化的竞争。

②项目自身优缺点分析。在直播时，要精确地分析自身优缺点，例如，类似于格力、小米等品牌，做直播营销经费充足，人脉资源丰富，但是对于大多数的企业，没有充足的资金和人脉储备，这时就需要充分发挥自己的优点来弥补。

③市场受众定位。营销过程能够产生结果才是有价值的营销，受众是谁，他们能够接受什么，等等，都需要做恰当的市场调研，只有找到合适的受众才是做好营销的关键。

④直播平台的选择。现在的直播平台繁多，根据属性不同可划分为几个领域。假如想卖电子类的辅助产品，虎牙App将是首选；直播推销衣服、化妆品，淘宝App将会带来意想不到的流量。

⑤良好的直播方案设计。做完上述的工作之后，成功的关键就在于最后呈现给受众的方案。在整个方案设计之中需要销售策划及广告策划的共同参与，在设计过程中应把握好视觉效果和营销方式之间关系。

⑥后期的有效反馈。营销最终是要落实在转化率上，实时地在后期反馈，同时结合数据反馈可以不断修整方案，将营销方案的可实施性不断提高。

拓展阅读

交换链接

交换链接也称为友情链接、互惠链接、互换链接等，是具有一定互补优势的网站之间的简单合作形式,即分别在自己的网站上放置对方网站的 Logo 或网站名称,并设置对方网站的超级链接,使用户可以从合作网站中发现自己的网站,达到互相推广的目的。友情链接是网站流量来源的重要求方式。

本章小结

本章主要介绍了网络营销的含义、特点及职能;介绍了网络市场调研的优势、方法、内容及实施步骤;分析了常见的网络营销工具及实施办法。

工作任务

借助 i 博导平台(https://www.ibodao.com/),自学网络营销相关课程。

实践应用

完成一次网络营销调研活动。

任务拓展

试将一款新商品通过网络营销的常用工具在自己所在学校内部进行推广。

第7章 电子商务技术支持

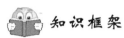

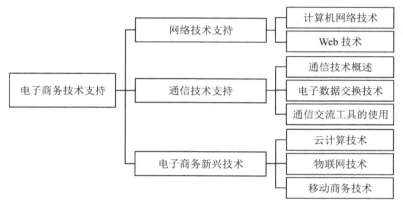

 知识目标与能力目标

知识目标：

1. 了解计算机网络技术的基础知识
2. 了解 Web 技术及其基本架构
3. 掌握通信交流工具的使用
4. 了解电子商务的新兴技术

能力目标：

1. 具备设计小微企业内部网络拓扑结构的能力
2. 具备利用 Web2.0 技术提高销售额的能力

电子商务催生新兴业态　零售这样"活"起来

随着我国电子商务模式不断创新，线上线下的融合日益紧密，消费者的需求也越来越多元化。对此，零售企业以云计算、大数据等信息技术为核心，重新整合线上线下、全产业链条上的资源，充分挖掘消费活力。

近两年，在大数据、人工智能、虚拟现实等新一代信息技术的带动下，我国电子商务业态模式创新层出不穷，质量和服务水平不断提高，尤其是线上线下的融合日益紧密成为显著特点。电商企业也纷纷以客户需求为中心，发力零售业创新。零售业如何焕发新光彩？未来又有哪些发展新趋势？

"中国的电子商务已经成为世界规模最大、创新最前沿、发展最快的电子商务市场,2017年电子商务交易总额已经达到29.16万亿元,其中网上零售已经达到7.18万亿元,电子商务相关就业人数已达4250万,同比增长13%。"商务部电子商务及信息化司有关负责人说。我国电子商务发展速度非常快,为网络零售创新提供了良好的基础。与此同时,庞大、多元化的消费市场也在要求零售企业不断创新。

作为国内电商的代表,京东集团近年来不断尝试重新构造人货场这些基本要素的关系,实现线上线下的协同创新。比如,在京东7FRESH生鲜超市,消费者可以直接买到海外直采的龙虾、牛肉等优质生鲜,还可以自己扫码结账,购物完了可以继续逛商场,买衣服、看电影,半个小时之内商超的物流系统会把商品配送到家,从而真正把购物变成了娱乐,变成了一种体验,告别过去排长队结账、拿着大包小包回家的痛点。

这正是京东无界零售的一个缩影。所谓无界零售,是指人企无间、货物无边、场景无界。京东有关负责人表示,"京东不仅是一个零售商,京东的角色是要做零售基础设施提供者,用一种开放赋能共创方式把已有的商城、金融、物流、技术方面的能力模块化、积木化,并且向社会各界开放,从而大幅度降低社会的这种流通成本,提升效率、改善体验"。

其实,不仅是京东的无界零售,包括阿里的新零售、苏宁的智慧零售等提法在内,这些电商巨头的新战略都折射出网络零售"下半场"对打法提出的新要求,那就是要改变过去零售业备货等人的守株待兔模式,将焦点定位到人身上,以新技术为核心,从消费者的消费习惯和需求出发重新整合线上线下、全产业链条上的资源,让零售"活"起来。

在亿邦动力网有关负责人看来,这些电商新动向反映出当前的零售业出现了新的结构性特点。一是门店的数字化。当前不少电商加速向线下渗透,但更多是把线下实体店作为一个重要的体验场景,重点仍在线上平台,因为越来越多的购物频次实际上仍是在线上发生的。通过线上线下融合,逐步用线上部分来提高整体零售的频效和人效。二是智能场景提高了电商的销售效率。2018年上半年电商平台自身流量增长有限,但业绩实现了不错的增长,一个非常重要的原因就是通过用户分析和大数据方式提高了转化率。同等流量情况下,在大数据、人工智能等新技术辅助下,转化率比原来更高了。三是社交电商这一新形态也在不断壮大。无论是人人都可开店的微商、以网红经营为代表的内容电商,还是精准到一类群体的社群电商,都在引导产生覆盖面更广、营销更精准的消费产生。

门店的数字化、智能场景以及社交电商这三股力量支持着中国网络零售额保持持续的高速增长。更重要的是,这一轮增长不仅是那些知识密集型、资金密集型和技术密集型的大平台有机会,传统零售企业甚至夫妻店都有机会参与其中。

由此可见,能否推动云计算、大数据、互联网、人工智能等信息技术与实体经济进行深度融合,充分挖掘释放消费活力,已经成为各地抢占电子商务发展先机的关键所在。

资料来源:徐胥.电子商务催生新兴业态 零售这样"活"起来[EB/OL].(2018-07-24)[2021-07-30].http://www.xinhuanet.com/tech/2018-07/24/c_1123166776.htm.

7.1 网络技术支持

计算机和互联网是进行电子商务活动的基础,也是保障电子商务活动顺利完成的前提条件,下面将介绍有关于计算机网络的基础知识和术语,以帮助读者后续更好地学习电子商务的专业知识。

7.1.1 计算机网络技术

1. 计算机网络的定义

计算机网络是利用通信线路和网络连接设备将地理位置分散的、具有独立工作能力的若干台计算机系统连接起来,按照网络协议进行数据通信,实现资源共享,为用户提供各种应用服务的信息系统。从以上定义可以看出,计算机网涉及以下几个方面的问题:

(1)至少有两台计算机互连。这些计算机系统在地理上是分散的,可能在一个房间、在一个单位的楼群里,也可能在一个或几个城市里,甚至在全国乃至全球范围。

(2)计算机系统是自治的,即每台计算机既能单独进行信息加工处理,又能在网络协议控制下协同工作。

(3)资源共享是计算机网络的主要目的。

(4)计算机之间的互联通过网络连接设备及通信线路来实现。

(5)联网计算机之间的信息交换必须遵循统一的网络协议。

2. 计算机网络的功能

随着计算机网络技术的迅速发展,世界各地的计算机通过互联网连接在一起,形成跨国计算机网络,从而使计算机之间的通信在商务活动中发挥了重要作用。作为电子商务应用技术基础,计算机网络具有以下功能。

(1)数据通信。

数据通信是计算机网络的基本功能之一,用以实现服务器与终端或计算机与计算机之间的各种信息传送。计算机网络中的用户可以通过网络上的服务器交换信息、收发电子邮件、开展协同工作等,这不仅提高了计算机系统的整体性能,也对实现办公自动化、提高工作效率有着重要的意义。

(2)资源共享。

计算机网络最重要的功能就是资源共享。进入计算机网络的用户可以共享网络中各种硬件资源和软件资源,共享各种信息和数据,使网络中各节点上的资源互通有无、分工协作,从而提高系统资源的利用率。

(3)提高系统的可靠性。

在单机使用的情况下,任何系统都有可能发生故障,给用户带来不便。而当计算机联入网络后,各计算机可以通过网络互为后备,一旦某台计算机发生故障,可由别处的计算机代为处理,也可以在网络上配置一定的备用设备。这样计算机网络就能起到提高系统可靠性的作用。更重要的是,将数据和信息源存放于不同的计算机中,可避免因故障而无法访问数据或由于灾害造成数据损坏的风险。

(4)负载均衡、分布处理。

对于大型复杂的任务,如果都集中在一台计算机上处理,会造成单台机器负荷太重,效率降低,这时可以将任务分散到不同的计算机上分别完成,将串行任务转化为并行任务,使网内各计算机负载均衡,避免计算机忙闲不均的现象。分布式数据处理和分布式数据库就是利用网络技术将许多小型计算机或微型计算机连接成具有高性能的分布式计算机系统,实现相互协作、有效调度,从而大大提高工作效率。

3.计算机网络的分类

(1)按照地域覆盖范围划分。

按照计算机网络的地域覆盖范围,可将计算机网络分为局域网(local area network, LAN)、城域网(metropolitan area network,MAN)和广域网(wide area network,WAN)三种基本类型。

(2)按照业务覆盖范围划分。

按照计算机网络的业务覆盖范围,可将计算机网络分为内联网(Intranet)和外联网(Extranet)两种基本类型。

内联网是采用互联网技术建立的可支持企事业单位内部业务处理和信息交流的综合网络信息系统,通常采用一定的安全措施与企事业单位外部的互联网用户相隔离,对内部用户在信息使用的权限上也有严格的规定。

外联网是使用 Internet 技术使企业与其客户和其他企业相连来完成共同目标的合作网络。外联网将企业内联网及其他商业伙伴(如供应商、金融服务机构、客户等)的内联网连接在一起,搭建企业间的信息网络,可以实现信息资源共享、业务处理,以及形成虚拟的联合企业共同开发新业务。

(3)按照网络拓扑结构划分。

网络拓扑结构是指各节点在网络上的连接形式。从目前的使用情况来看,计算机网终的拓扑结构有星形、树形、总线形、环形和网状结构五种常见的基本类型。

①星形结构。星形结构是一种以中央节点为中心,把若干外围节点连接起来的辐射式互连结构,各节点与中央节点通过点对点方式连接,中心节点执行集中式通信控制策略。因此,中央节点相当复杂,负担较重。由于这种拓扑结构的中心点与多台工作站相连,线路较多,为便于集中连线,目前多采用集线器(Hub)和交换机(Switch),如图 7-1 所示。这种结构一般适用于局域网的连接。

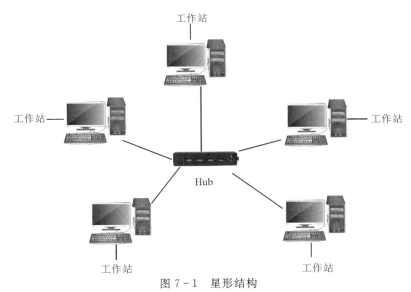

图 7-1 星形结构

星形结构的优点是便于集中控制、网络延迟时间较短、传输误差较低。但是,这种结构要求中心节点具有极高的可靠性,因为中间节点一旦损坏,整个系统便趋于瘫痪。并且由于每个结点都与中心结点直接连接,需要耗费大量电缆。

②树形结构。树形结构是分级的集中控制网络,形状像一棵倒置的树,顶端是树根,树根以下有分支,每个分支还可再有子分支。它是一种层次结构,节点按层次连接,信息交换主要在上下节点之间进行,相邻节点或同层节点之间一般不进行数据交换,如图7-2所示。这种结构中的结点联系固定、专用性强,一般用于军事单位、政府部门等上下界限相当严格和层次分明的组织。

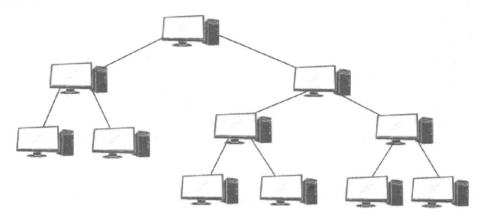

图 7-2 树形结构

树形结构的优点是节点易于扩展、故障容易诊断。但是,各个节点对根节点的依赖性太大,如果根节点发生故障,则全网不能正常工作。

③总线形结构。总线形结构将网络中的所有设备通过相应的硬件接口直接连接到一条所有站点都可访问的主干电缆上,即总线,如图7-3所示。总线形结构是一种共享通路的物理结构,总线具有信息的双向传输功能,任何一个节点发送的信号所有节点都可收听,所以也叫广播式网络。

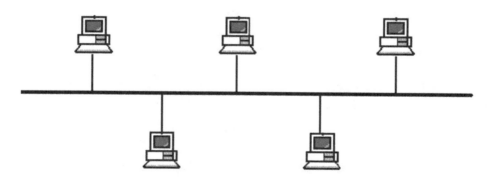

图 7-3 总线形结构

总线形结构的优点如下:结构简单、灵活,便于扩充;可靠性高,网络适应速度快;设备量少,价格低,安装使用方便;共享资源能力强,便于广播式工作。但是,由于信道共享,该结构连接的节点不宜过多。

④环形结构。环形结构也是一种常见的网络类型,如图7-4所示。网络中各结点计算机通过一条通信线路连接起来,信息按一定方向从一个结点传输到下一个结点,形成一个闭合环路。所有结点共享同一个环形信道,环上传输的任何数据都必须经过所有结点,因此,断开环中的一个结点,就意味着整个网络通信的终止。

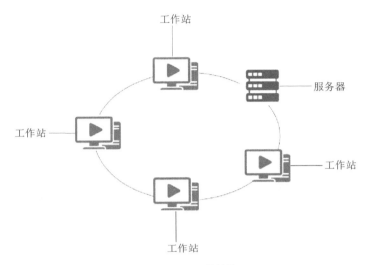

图7-4 环形结构

⑤网状结构。网状结构也叫分布式网络,又可分为全网型和部分网络型结构,是由分布在不同地点的计算机系统相互连接而成的,如图7-5所示。该结构中,网中无中心结点,一般网上的每个结点计算机都有多条线路和其他结点机相连,从而增加迂回通路。

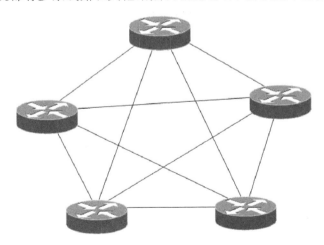

图7-5 网状结构

网状网络具有可靠性高、结点共享资源容易、可改善线路的信息流量分配以及负载均衡、可选择最佳路径、传输延时小等优点,但是也存在着控制和管理复杂、软件复杂、布线工程量大、建设成本高等缺点。

7.1.2 Web 技术

1. Web 技术框架

Web 是 Internet 上一项重要的服务,它把互联网上现有资源全部连接起来,主要采用图形化的界面,将网络技术、超文本技术融为一体的信息服务系统,其目的是提供一个简便且相容的接口分享互联网上的资源。

Web 技术框架的工作原理为:由 Web 浏览器向 Web 服务器发出超文本传输协议(hyper text transfer protocol, HTTP)请求后,进行解释并做出相应的处理,并将处理结果以超文本标记语言(hyper text markup language, HTML)的形式返回 Web 浏览器,Web 浏览器对其进行解析并显示给用户。Web 服务器与数据库和应用软件的交互,必须通过中间件才能实现。完成整个通信过程涉及的组件和技术如下。

(1) Web 浏览器。

Web 浏览器是在客户机上显示 Internet 信息的软件。Web 浏览器为存取和显示提供一个图形化的使用界面,能够解释多种协议,如 HTTP、安全的超文本传输协议(HTTPS),也能解释多种文档格式,如 HTML、可扩展标记语言(eXtensible markup language, XML)等,还可以根据对象类型调用外部应用。常用浏览器包括 Microsoft Internet Explorer(IE)、360 安全浏览器等。

(2) Web 服务器。

Web 服务器用来提供 HTTP 服务,是存储文件或其他内容的硬件和软件的结合。服务器不仅能提供静态内容,即在统一资源定位系统(uniform resource locator, URL)里指定的文件内容,而且可采用 CGI(common gateway interface)技术或 Java 技术从一个运行的程序里得出动态内容。现在的服务器通常还具备链接数据库、文件传输协议(file transfer protocol, FTP)服务等,甚至还可作为代理服务器。

(3) HTTP。

HTTP 提供了一种能够让浏览器和服务器之间沟通的语言,它是建立在 TCP/IP 之上的应用协议,但并不面向链接,而是一种请求/应答式协议。它传输的资料可以是纯文本、超文本、影像及其他形式。Web 浏览器通过 HTTP 向 Web 服务器发送一个 HTTP 请求,Web 服务器接收到 HTTP 请求之后,执行客户所请求的服务,生成一个 HTTP 应答返给客户。

(4) URL。

URL 被称为资源定位器,用来唯一标识 Web 上的资源,包括 Web 页面、图像文件、音频文件、视频文件等。URL 的格式为"协议://主机名:端口号标识符"。其中,协议可以是 HTTP、HTTPS、FTP;主机名用来标识被请求的服务器;端口号通常为不同的协议保留标识。

(5) HTML。

HTML 是一种包含文字、窗体及图形信息的超文本文件的标记语言,它提供了一种将数据内容与显示分离开来的数据表示方法,旨在使 Web 页面能在任何支持 HTML 的浏览器中显示,而与联网的机器平台和处理程序无关。

(6) 中间件。

中间件可为 Web 服务器与服务器中的数据库和其他应用程序建立桥梁,它可以调用 Web 服务器中的数据库数据和其他应用程序,常用的中间件有 CGI、开放数据库连接(open data base connectivity, ODBC)、Java 数据库连接（java data base connectivity, JDBC)、Web 应用程序接口（Web application programming interface, WebAPI)等。

2. Web 技术开发语言

在电子商务系统开发中，Web 开发语言主要分为两大类，一类是静态网页的制作，包括 CSS、HTML、JSP；动态网页的制作，包括 ASP、PHP 等技术。

(1) CSS 样式表（cascading style sheets, CSS），即层叠样式表单，是一种设计网站主页样式的工具。借助 CSS 的强大功能，网站主页将在丰富想象力的作用下千变万化。

(2) JavaScript 语言的前身是 LivesScript，自从太阳计算机系统有限公司推出著名的 Java 语言之后，网景公司引入了太阳计算机系统有限公司有关 Java 的程序概念，对原有的 LiveScript 进行重新设计，改名为 JavaScript。

(3) 动态服务器网站主页（active server pages, ASP）是微软公司开发的在服务端运行的脚本平台，被 Windows 中的 Internet Information Services（IIS）程序管理，内含于 IIS 之中。ASP 可以结合 HTML 网站主页、ASP 指令、ActiveX 插件和后台数据库建立动态、交互且高效的 Web 应用程序。

(4) 超文本预处理器（Hypertext preprocessor, PHP）是一种通用开源脚本语言，这种服务器端嵌入式脚本语言于 20 世纪 90 年代中期被提出。1998 年以后，随着开放源代码技术在全世界范围内的广受追捧，PHP 也迎来了发展的黄金期。除了核心开发小组的不懈努力，全世界的程序开发人员和用户都对 PHP 的发展和推广给予了技术支持。另外，作为嵌入式脚本语言，PHP 与 ASP 同样可以将程序代码与单纯的 HTML 分开，PHP 可以在任何一种主流的操作系统上运行。

7.2 通信技术支持

7.2.1 通信技术概述

数据通信是一门独立的学科，它涉及的范围很广。数据通信的任务是利用通信媒体传输信息。数据是信息的载体，是信息的表示形式，而信息是数据的具体含义。数据通信就是要研究用什么媒体、什么技术来使信息数据化以及如何传输它。

1. 数据和信号

通信的目的是交换信息。信息的载体可以是多媒体，包含语音、音乐、图像、文字和数据等。计算机的终端产生的信息一般是字母、数字和符号的组合。为了传输这些信息，首先要将每一个字母、数字或符号用二进制代码表示。美国信息交换标准代码（ASCII）是国际通用的信息交换用标准代码。ASCII 码用 8 位二进制数来表示一个字母、数字或符号。例如，字母 A 的 ASCII 码是 01000001。任何文字都可以用一串二进制 ASCII 码表示。对于数据通信过程，只需要保证被传输的二进制码在传输过程中不出现错误，而不需要理解被传输的二进制代码所表示的信息内容。被传输的二进制代码称为数据（Data）。数据是传输信息的载体。数据与信息的主要区别在于：数据涉及的是事物的表示形式，信息涉及的是这些数据的内容和解释。

信号是数据的具体物理表现，具有确定的物理描述，如电压、磁场强度等。在计算机中，信息是用数据表示的并转换成信号进行传送。信号也有模拟信号和数字信号两种形式。模拟信号是指时间上和空间上连续变化的信号;数字信号是指一系列在时间上离散的信号。

2. 数据通信系统模型

在一次通信中,产生和发送信息的一端叫作信源,接收信息的一端叫作信宿。信源和信宿之间要有通信线路才能相互通信。用通信的术语来说,通信线路称为信道,所以信源和信宿之间的信息交换是通过信道进行的,如图7-6所示。不同物理性质的信道对通信的速率和传输质量的影响也不相同。另外,信息在传输过程中可能会受到外界的干扰,通常把这种干扰叫作噪声。噪声对不同的物理信道的干扰程度不同,例如,如果信道上传输的是电信号,就会受到外界电磁场的干扰,而采用光纤信道则能避免这种电磁干扰。

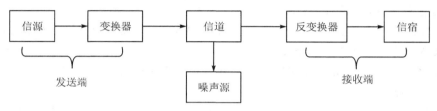

图 7-6 数据通信系统模型

数据通信中传输的对象是数据,而信号则是数据的电磁或电子编码,信号可以分为模拟信号和数字信号,不论什么信号总是沿着通信介质发送从而实现数据的传输。不同的信道对传输信号的要求不同,为了使数据能够适应信道的传输特性,在收发两端一般用信号变换器实现变换功能。发送端的信号变换器可以是编码器或调制器,接收端的信号变换器所对应的就是译码器或解调器。

7.2.2 电子数据交换技术

随着各行各业逐渐使用计算机管理账目、制作报表、生成管理报告和安排生产等,计算机的商业应用迅速铺开。EDI作为企业间商务往来的重要工具,最早应用于制造业、运输业等大型企业中,20世纪80年代得到了真正发展。随着电子商务的迅速发展,EDI也引起了中小企业的关注。

1. EDI 的定义

电子数据交换(electronic data interchange,EDI),是一种在企业之间传输订单、发票等商业文件的工具。它可通过计算机通信网络将贸易、运输、保险、银行和海关等行业信息,用一种国际公认的标准格式进行数据交换与处理,并完成以贸易为中心的全部过程。它是计算机、通信和现代管理技术相结合的产物。

2. 电子数据交换系统组成

EDI 系统主要由 EDI 硬件和软件、EDI 标准和通信网络三大要素构成。

(1)EDI 硬件和软件。

企业要实现 EDI,必须有一个计算机数据处理系统,包括硬件和软件。EDI 所需的硬件设备大致有计算机、调制解调器及电话线(或专线);EDI 软件将用户数据库系统中的信息转换成电子数据交换的标准格式,并实现自动传输与交换。一般来说,每个企业的信息系统都有自己规定的信息格式。因此,当需要发送电子数据交换报文时,必须有相应的软件从企业的专有数据库中提取信息,并把这些信息翻译成电子数据交换标准格式后再进行传输,这就需要电子数据交换相关软件的支持。电子数据交换软件主要涉及转换软件、翻译软件和通信软件。

(2) EDI 标准。

EDI 用于商业文件、单证的互通和自动处理,这不同于人机对话方式的交互式处理,而是计算机系统之间的自动应答和自动处理。因此,文件结构、格式、语法规则等方面的标准化是实现 EDI 的关键。随着全球经济的发展,国际标准的制定为国际贸易实务操作中各类单证数据交换搭建起了电子数据通信的桥梁。

目前,国际上存在两大标准体系:①由美国国家标准局主持制定的 X.12 数据通信标准,主要流行于北美;②由联合国欧洲经济委员会制定的 UN/EDIFACT 标准,主要流行于欧洲和亚洲。1992 年,美国 ANSIX.12 鉴定委员会投票决定,1997 年美国将用 UN/EDIFACT 标准代替现有的 X.12 标准,这使得以国际通用标准进行电子数据交换成为现实。

3. 电子数据交换技术工作流程

当今世界通用的 EDI 通信网络是建立在 MHS 数据通信平台上的信箱系统,其通信机制是信箱间信息的存储与转发。具体实现方法是在数据通信网上增加大容量信息处理计算机,在计算机上建立信箱系统,通信双方需申请自己的信箱。其通信过程就是把文件传到对方的信箱中,文件交换由计算机自动完成。在发送文件时,用户只需进入自己的信箱系统,如图 7-7 所示。

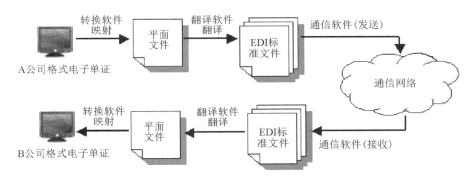

图 7-7 电子数据交换技术工作流程

(1) 映射—生成 EDI 平面文件。

EDI 系统将用户的应用文件(如单证、票据等原始单据)或数据库中的数据取出,用格式转换软件转换成一种标准的平面文件,这一过程被称为映射或格式转换。平面文件是用户通过应用系统直接编辑、修改和操作的单证和票据文件,它可以直接阅读、显示和打印输出。

(2) 翻译—生成 EDI 标准报文。

EDI 系统将平面文件通过翻译软件生成 EDI 标准报文。EDI 标准报文是按照 EDI 标准,将平面文件中的目录项,加上特定的分隔符、控制符和其他信息生成的一种包括控制代码和单证信息在内的 ASCI 码文件。这种文件只有计算机才能阅读,是 EDI 用户之间进行交易和业务往来的依据。

(3) 通信—发送 EDI 标准报文。

用户通过通信网络接入 EDI 信箱系统,将 EDI 标准报文投递到对方的信箱中。EDI 信箱系统通过通信软件自动完成投递和转接,并按照通信协议的要求,为电子单证加上信封、信头、信尾、投送地址、安全要求及其他辅助信息。

(4)EDI 标准报文的接收和处理。

接收和处理过程是发送过程的逆过程。首先需要用户通过通信网络接入 EDI 信箱系统,打开自己的信箱,将文件接收到各自的计算机中,使其经格式校验、翻译、映射还原成原始应用文件;然后对应用文件进行编辑、处理和回复。

7.2.3　通信交流工具的使用

电子商务产生的所有交易都通过网络完成,而交易的双方可能并不互相认识。为了方便快捷地了解商品、达成交易,可以通过一些工具在网上进行交流,如微信、QQ、阿里旺旺都是常用的通信交流工具。其中,QQ 在日常的工作和生活中使用较多;阿里旺旺更多的是在淘宝、天猫等阿里巴巴旗下平台买卖双方进行交流时使用;而微信的应用范围非常广泛,既可用于工作和生活的日常交流,也可用作电子商务活动的通信或营销工具。虽然其用途有所差异,但使用方法都类似,下面将进行简单介绍。

1. 微信

微信融入了互联网的移动通信技术和短距离通信技术,支持跨通信运营商、跨操作系统平台,通过网络快速发送语音短信、视频、图片和文字,支持单人、多人参与,使人们可以在任何时间、任何地点与微信好友进行联系。

微信自上线以来发展迅速,目前已成为最受欢迎的移动即时通信工具。微信不仅实现了用户规模的迅速拓展,而且实现了多元功能开发,全面渗透到人们社会生活的方方面面,从即时通信工具转变到综合信息服务平台,实现了随时随地、线上线下的购物与交易以及在线电子支付。微信软件本身完全免费,运用微信时产生的各种交易活动、商务活动、金融活动和相关的综合服务活动等的网络流量费由网络运营商收取。根据腾讯发布的 2020 全年财报数据显示,微信的月活跃用户数已经超过 12 亿,达 12.25 亿,已成为我国互联网史上用户数量最多的软件应用。"健康码""行程卡"等政务民生类小程序的出现,让小程序成为众多行业的服务承载"基建"。2020 年,小程序的日活跃用户数已经突破 4 亿。在商业化领域,小程序也发展迅猛,不仅有交易的小程序年度同比增长 68%,小程序实物商品的年度网站成交金额(gross merchandise volume,GMV)也同比增长了 154%,商家自营 GMV 年增长率更是高达 255%。其中,出行与交通、商场百货类小程序的增长最为明显。

2. 阿里旺旺

阿里旺旺作为阿里巴巴旗下的一款专用交流工具,其目的主要有两个:一是帮助交易双方更好地达成交易;二是如果交易出现问题,其交流内容可作为维权的凭证。

阿里旺旺的使用方法与 QQ 有一定相似之处,安装好阿里旺旺后,用账户进行登录(如淘宝账户),即可打开阿里旺旺的界面。如果作为买家,在淘宝或天猫商城中需要与卖家交流时,可以单击其店铺中的进入按钮,将自动弹出阿里旺旺的聊天窗口,然后像在 QQ 中一样与对方进行交流。

3. 电子邮件

电子邮件(E-mail)是一种用电子手段提供信息交换的通信方式,通过网络的电子邮件系统,用户可以快速地与世界各地的网络用户联系,或接收大量新闻资讯、专题邮件等。虽然QQ等即时通信工具的兴起使人们的交流更加便捷,但由于电子邮件的信息和文件存储时间长、方便用户随时提取等原因,电子邮件的使用频率仍然很高。

要使用电子邮件必须先要有一个电子邮箱,各大综合网站都可申请电子邮箱,如新浪、网易等,随着QQ的发展,QQ也拥有邮箱功能。对于工作中经常使用QQ的用户来说,使用QQ邮箱是非常便捷的,也是很多用户的首选。不管什么邮箱其使用方法类似。下面以使用QQ邮箱为例介绍一下电子邮件的基本操作。

(1)接收文件。如果他人向自己的邮箱中发送了邮件,可进入邮箱接收邮件并查看内容。

①启动IE浏览器,在地址栏中输入"mail.qq.com",按Enter键打开QQ邮箱登录界面,输入邮箱的用户名和密码后单击"登录"按钮。如果用户已登录QQ,在QQ工作界面上方单击进入图标,可直接进入自己的QQ邮箱,免去登录过程。

②打开邮箱主页,其中显示了邮箱的基本情况,如未读邮件数量、收件箱的邮件数量等,在左侧的列表框中选择"收件箱"选项。

③打开收件箱,其中显示了所有收到的邮件列表,选择一个邮件,在打开的窗口中将显示该邮件的内容。

④如果该邮件还附有文件,将在邮件下方显示附件的情况,此时可根据提示选择下载方式查看。

(2)发送文件。向他人发送邮件一般分为两种情况:一是自己主动联系对方向其发送邮件,二是他人给自己发送邮件后回复邮件。如果是新写邮件,在邮箱主页中选择"写信",即可打开写邮件的界面。如果是回复邮件,在查看邮件的界面中单击回复按钮,也可打开写邮件的界面,只是该界面中已填写了对方的邮箱地址,用户不用再次填写。写邮件时收件人、邮件主题是必须填写的部分,"收件人"一栏填写对方的电子邮箱地址即可。

7.3 电子商务新兴技术

7.3.1 云计算技术

1. 云计算的定义

云计算是一个目前热度较高的新名词。它是多种技术混合演进的结果,其成熟度较高,又有大企业推动,发展极为迅速。亚马逊、谷歌、IBM、微软和雅虎等大公司是云计算的先行者。在云计算最早被提出来时,曾经有一种流行的用来解释"云计算"名称由来的说法:在互联网技术刚刚兴起的时候,人们画图时喜欢用一朵云来表示互联网,因此在选择一个名词来表示这种基于互联网的新一代计算方式时,就选择了"云计算"。虽然这种解释十分有趣和浪漫,但是非常抽象,让人不太容易理解。

国际标准化组织(ISO)对云计算的定义:是指能通过网络访问可扩展的、灵活的、可共享的物理或虚拟资源池,并按需自助获取和管理这些资源的模式。这些资源包括服务器、操作系统、网络、软件、应用和存储设备等。

2. 云计算的特性

云计算主要包括六大特性,即多租用、资源池化、按需自助、快速弹性和可扩展性、可测量服务、广泛的网络接入。

(1)多租用。通过对物理或虚拟资源分配,保证多个租户以及他们的计算和数据相互隔离且不能相互访问。多租用与多租户是完全不同的概念,多租户是指云服务用户的分组,而多租用的目的是服务多租户而实现数据隔离的技术。

(2)资源池化。计算资源被汇集成资源池,按照用户需要将不同的物理和虚拟资源动态地分配或再分配给多个用户使用。

(3)按需自助。用户可以在需要的时候,无须服务供应商或信息技术支持人员的帮助,即可自助配置并迅速获得需要的计算能力。

(4)快速弹性和可扩展性。用户使用的资源同业务需求的相一致,避免了因为服务器过载或冗余而导致的服务质量下降或资源浪费。对于用户来说,可供应的能力是无限的,可根据成长需要扩容。

(5)可测量服务。按需自助延伸出来就是度量,即计费问题。云计算本身具备计量能力,系统可以监视、控制和优化资源使用,并能够为供应商和用户提供详细的资源使用报表。云计算将 IT 变为按服务计费,同时也为云服务供应商带来了一种全新的盈利模式。

(6)广泛的网络接入。以前的 IT 以 PC 为客户端设计界面,应用都是以功能为中心。进入云计算时代后,服务能力都通过网络来提供,可将服务扩展到不同类型的客户端平台,如手机等。这种客户端的变化,使传统 IT 转变为以移动客户端为中心设计用户界面,同时使应用转变为以用户为中心,从而使企业的应用方式得到创新。云计算技术使很多应用变成事件式的,可同时处理多个应用,从而提高了 IT 处理能力,而这一切都是因为云计算服务可在网络中产生,并在网络中传递。

云计算的六大关键特性是相互关联、相互影响的。资源池化和多租用是基础,按需自助是驱动,快速弹性和可扩展性是保障广泛的网络接入的方式。例如,用户需要快速获取和弹性获取资源,只有快速供应、快速拓展,才能达到用户的按需自助。

3. 云计算的应用

为了跨越时空限制,提高商务规划,很多企业将云计算技术应用于商务领域,可以有效地利用资源,降低成本,从而提高企业核心竞争力,最终完成商品和服务交易的贸易形式。

(1)在线办公。云计算平台可为中小企业提供在线办公的功能。企业不需要进行任何开发,只需使用供应商的服务器并为此支付使用费,不需要为相关软件支付费用,如 OffceLive、WindowsLive 综合办公软件等。此外,云计算还可以使中小企业实现不同部门间的协同工作。

(2)在线开发。云计算平台可为中小型软件开发企业提供正版软件的租用服务。利用云计算平台按需租用服务器可大大减少中小企业的投资,且不用考虑软件的版本更新等问题。这对中小企业具有巨大的吸引力。

(3)管理服务。云计算平台可为中小企业提供 ERP、CRM 等软件服务,用户随时随地在有网络的情况下对企业资源、客户等进行管理,既可节省购置相应软件的巨额成本,又能增强企业应用的灵活性。

(4) 在线交易。为便于开展电子商务交易,云计算平台可提供在线交易服务,包括 B to B、B to C 交易,并保证在线交易的安全性与可靠性,如阿里巴巴、淘宝网。

(5) 信用评价。云计算平台可以对电子交易进行评价,从而规范中小企业的信用管理。

7.3.2 物联网技术

1. 物联网技术的定义

物联网技术是通过射频识别(radio frequency identification,RFID)、红外感应器、全球定位系统、激光扫描器等信息传感设备,按约定的协议,将任何物品与互联网相连接,进行信息交换和通信,以实现智能化识别、定位、追踪、监控和管理的一种网络技术。

物联网技术具有以下三个基本特征:

(1) 全面感知。通过射频识别、传感器、二维码、卫星定位等相对成熟的技术随时随地感知、采集、测量物体信息。

(2) 可靠传输。通过无线传感器网络、短距无线网络、移动通信网络等信息网络实现物体信息的分发和共享。

(3) 智能处理。通过分析和处理采集到的物体信息,针对具体应用提出新的服务模式,实现智能化的决策和控制。

2. 物联网体系

典型的物联网体系结构分为三层,自下而上分别是感知层、网络层和应用层。感知层通过传感网络采集所需的信息,用户在实践中可运用 RFID 读写器与相关的传感器等采集所需的数据信息,是实现物联网全面感知的核心能力,也是物联网中关键技术、标准化、产业化方面亟须突破的部分。其关键在于具备更精确、更全面的感知能力,并能解决低功耗、小型化和低成本问题。

网络层主要以广泛覆盖的移动通信网络作为基础设施,是物联网中标准化程度最高、产业化能力最强、最成熟的部分,能够为物联网应用特征进行优化改造,形成系统感知的可靠网络。应用层提供丰富的应用,将物联网技术与行业信息化需求相结合,并实现智能化的应用解决方案。

3. 物联网的应用与前景

《中华人民共和国国民经济和社会发展第十四个五年规划和 2035 年远景目标纲要》,该纲要分为 19 篇,高屋建瓴地对中国未来五年整个经济社会发展进行了全面部署,并对 2035 年远景目标进行了展望。纲要内容中多次提到对物联网及其相关产业的发展要求和重点,在这一涉及未来 5 年乃至更长时期中国发展方向的总纲领中提到的细分产业,一定是下一步工作的重中之重。

纲要全文中 5 次提到"物联网"一词,除了划定数字经济的 7 大重点产业外,其余 4 次提到的场合均体现出对物联网发展重点的表述。

其中,提到物联网的内容主要包括:"分级分类推进新型智慧城市建设,将物联网感知设施、通信系统等纳入公共基础设施统一规划建设,推进市政公用设施、建筑等物联网应用和智能化改造"。"推动物联网全面发展,打造支持固移融合、宽窄结合的物联接入能力"。从这些表述中可以总结为基础设施、接入能力、应用场景 3 方面的布局。

(1)物联网感知设施将被视为智慧城市公共基础设施。

智慧城市的推进已超过 10 年时间,在不少领域已形成了明显的成果,尤其是各类互联网手段的应用,市民也感受到了对衣食住行等生活领域的改变。不过,面向更高进阶的城市智慧化任务,进一步升级的公共基础设施显得尤为重要,这其中包括城市物联网感知设施。将感知设备嵌入到城市各个角落,形成泛在感知网络,采集各领域数据,是城市数字化的基础。当前,对于城市管理者来说,显然还未形成大规模感知数据的来源,"十四五"规划中也明确要探索建设数字孪生城市,这依赖于未来在城市中物联网感知网络的部署。

(2)固移融合、宽窄结合是物联网接入能力的要求。

"十四五"规划提到打造支持固移融合、宽窄结合的物联接入能力,正是目前业界推进的方向。固移融合方面,作为物联网产业主管部门,工信部高度重视移动物联网的发展,在 2017 年和 2020 年分别发布了促进移动物联网发展的文件,并在全国推动移动物联网优秀案例征集,截至 2020 年底,三家运营商移动物联网连接数达 11.36 亿户;固定物联网则更多针对局域物联网的接入,通过固定宽度网络和网关设备实现相对固定的物联网设备的接入,这一领域国内市场竞争较为激烈,部分企业已脱颖而出,例如小米和涂鸦的平台均实现了局域物联网设备接入数量超过 2 亿。

宽窄结合方面,2020 年工信部发布的促进移动物联网发展文件(25 号文)有明确的指引,其中提到"建立 NB-IoT、4G(含 Cat.1)和 5G 协同发展的移动物联网综合生态体系",正是推进物联网连接形成宽带到窄带、高成本到低成本的多层次接入体系。目前,NB-IoT 已成为窄带、低速率和低成本物联网接入的核心方式,Cat.1 仅用了一年的时间就成为中速率物联网接入的主要方式,而 4G Cat.4+ 及 5G eMBB 则组成了高速率、高带宽物联网接入的主要方式。

(3)市政公共设施和建筑依然是物联网的重要应用场景。

一直以来,城市公用事业是物联网应用的主要场景。举例来说,NB-IoT 的发展历史就是伴随着城市水务、燃气智能化升级的历程而共同成长的,目前水表、燃气表已成为 NB-IoT 连接规模最大的设备。当然,仅仅实现抄表的智能化远远不够,以智能抄表为契机,推进物联网在整个行业的广泛深入应用才是目标。当前,市政公共设施智能化水平依然有限,从"十四五"规划来看,这一领域将是未来 5 年物联网重点发力方向。

另外,城市建筑中也存在大量物联网应用的场景。GSMA 在其年度移动经济报告中预测,2019—2025 年期间,全球智慧建筑领域将新增超过 50 亿连接,成为新增连接数最多的细分领域,其中节能方面就在智慧建筑中形成明显的投资收益。在加快发展方式绿色转型要求下,以物联网助力建筑智能化将成为绿色发展的一个重要路径。

7.3.3 移动商务技术

移动电子商务是利用手机、掌上电脑等无线终端设备进行的电子商务活动,它将互联网、移动通信技术、短距离通信技术和其他信息处理技术完美结合,使人们可以在任何时间、任何地点进行商贸活动,实现随时随地、线上线下交易、在线电子支付以及各种商务活动,体验相关的综合服务等。通过移动电子商务,用户可随时随地获取所需的服务、应用、信息和娱乐。实现移动电子商务的技术主要包括无线应用协议(wireless application protocal,WAP)、第三代(3G)和第四代(4G)移动通信网络、移动 IP 技术、蓝牙(Bluetooth)技术、移动定位系统技术、位系统技术。

1. 无线应用协议

WAP 是开展移动电子商务的核心技术之一。通过 WAP，各种无线设备可以随时随地、方便地接入互联网，真正实现不受时间和地域约束的移动电子商务。WAP 是一种无线通信协议，它定义了一套软/硬件的接口，可以使人们像使用 PC 一样使用移动电话收发电子邮件和浏览网页。WAP 提供了一种应用开发和运行环境，能够支持当前最流行的嵌入式操作系统。在传输网络上，WAP 支持目前的各种移动网络，如 GSM、CDMA 等，也支持第三代（3G）和第四代（4G）移动通信系统。目前，许多电信公司已经推出了多种 WAP 产品，包括 WAP 网关、开发工具和 WAP 手机，向用户提供网上资讯、机票订购、移动银行、游戏、购物等服务。

2. 第三代（3G）和第四代（4G）移动通信技术

3G 移动通信技术是支持高速数据传输的蜂窝移动通信技术。3G 服务能够同时传送声音（通话）及数据信息（电子邮件、即时通信等）。3G 移动通信技术自 2009 年年初在中国应用以来，经由最初的无限宽带上网拓展到了视频通话、手机电视、手机音乐、手机购物、手机网游、无线搜索等应用领域。

2014 年初，中国进入 4G 时代。4G 集 3G 与无线局域网（WLAN）于一体，并能够传输高质量视频图像，具有兼容性更强、传输速率更快、网络频谱更宽、应用内容更广阔等优势。

3. 移动 IP 技术

移动 IP 技术是移动通信和 IP 的深层融合，也是对现有移动通信方式的深刻变革，它将真正实现语音和数据的业务融合，目标是将无线语音和无线数据综合应用到一个技术平台上进行传输。移动 IP 通过在网络层改变 IP 协议，从而实现移动计算机在 Internet 中的无缝漫游。移动 IP 技术使得节点在从一条链路切换到另一条链路上时无须改变它的 IP 地址，也不必中断正在进行的通信。因此，移动 IP 技术在一定程度上能够较好地支持移动电子商务的应用。

4. 蓝牙技术

蓝牙技术是一种支持设备短距离通信的无线电技术，它能在包括移动电话、无线耳机、笔记本电脑等众多设备之间进行无线信息交换。利用蓝牙技术，能够有效地简化移动端设备之间的通信，也能够成功地简化设备与 Internet 之间的通信，为无线通信拓宽道路。通俗地说，就是蓝牙技术使得现代一些容易携带的设备和计算机等，不必借助电缆就能联网，并且能够实现无线上网，其实际应用范围可以拓展到各种家电产品、电子消费产品等，组成巨大的无线通信网络。

5. 移动定位系统技术

移动定位系统技术是指通过特定的定位技术来获取移动手机或终端用户的位置信息（经纬坐标），在电子地图上标出被定位对象位置的技术或服务。常用的移动定位系统技术有两种：基于 GPS 的定位和基于移动运营网基站的定位。基于 GPS 的定位方式是人们利用手机上的 GPS 定位模块将自己的位置信号发送到定位后台来实现移动定位的。基于移动运营网基站的定位则是利用基站对手机的距离进行测算来确定手机位置的。后者不需要手机具有 GPS 定位功能，但是精度很大程度上依赖于基站的分布及覆盖范围的大小，有时误差会超过 1 km。前者定位精度较高。此外，还有利用 Wi-Fi 在小范围内定位的方式。

本章小结

本章介绍了电子商务所需的基本技术支持,着重介绍了 Web 技术和 EDI 技术在电子商务中的应用情况,详细介绍了电子商务的新兴技术。

工作任务

(1)分析 EDI 的优势和不足。
(2)归纳云计算技术的特点。

实践应用

结合实例学习 EDI 的应用过程。

任务拓展

通过查找资料了解电子商务新兴技术在实际交易活动中的应用。

第 8 章 电子商务支付技术

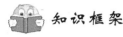**知识框架**

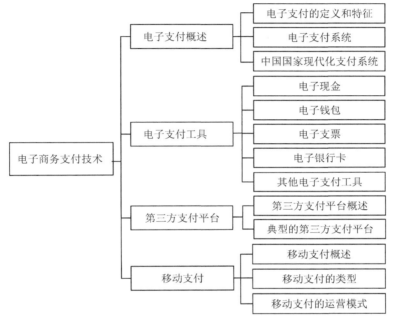

知识目标与能力目标

知识目标：
1. 了解电子支付的定义与特征
2. 熟悉常用电子支付工具
3. 了解第三方支付的概念、经营方式及盈利模式
4. 了解移动支付的概念、类型及运营模式

能力目标：
1. 掌握电子支付相关操作
2. 掌握第三方支付平台有关支付的操作

**案例导入**

强化监管有助于支付市场健康发展

2021年1月20日,中国人民银行发布《非银行支付机构条例(征求意见稿)》(以下简称

《条例》）。该新规旨在进一步规范支付机构合规经营，维护支付服务市场健康发展。随后，中国人民银行于1月22日发布《非银行支付机构客户备付金存管办法》（以下简称《办法》），进一步细化了备付金存放、使用、划转规定，明确了各相关机构相应备付金管理职责，强化客户备付金监管。

实际上，对非银行支付领域的监管强化已酝酿多时。过去十年，是我国金融服务生态巨变的十年，特别是电子支付领域发生了重大变革。此前，有关学者曾撰文指出，2020年二季度，我国电子支付业务中，非银行支付机构电子支付业务笔数是商业银行的3.52倍。这是一个举世瞩目的成绩。但同时，我们也必须紧密关注新的支付格局背后潜藏的风险和挑战，未雨绸缪、及时应对。

强化非银行支付领域监管，是为了更好地适应当前支付服务市场快速发展的新形势。数年来，支付领域的创新层出不穷，风险复杂多变，监管也需与时俱进。面对纷繁复杂的局面，本次《条例》遵循实质重于形式原则，更强调功能监管。例如，与此前支付业务分类不同，《条例》按照资金和信息两个维度，根据是否开立账户（提供预付价值）、是否具备存款类机构特征，将支付业务重新划分为储值账户运营业务和支付交易处理业务两类，以适应技术和业务创新需要。

强化非银行支付领域监管，是为了更好地满足人民群众和实体经济多样化的支付需求。当前，在非银行支付领域出现了比较明显的头部效应，而《条例》为一家、两家、三家机构划定的垄断预警线为三分之一、二分之一、五分之三，而垄断触发线则为二分之一、三分之二、四分之三。过于明显的竞争优势可使得大型互联网企业在资源配置中权力过度集中，最终可能会损害到金融消费者的利益，《条例》的出炉有望规范市场竞争行为。另外，近期包括抖音、拼多多、携程等企业也在积极布局第三方移动支付，新规也可以为新入局者打造一个公平竞争的市场环境，以满足更多元、更丰富的需求。

强化非银行支付领域监管，是为了更好地防范支付领域可能出现的风险。非银行支付业务的快速发展，促进了电子商务等新业态，对支持服务业转型升级、推动普惠金融纵深发展发挥了积极作用，但同时也对其业务的合规安全提出了更高要求。有鉴于此，《条例》多次提及审慎监管要求，将注册资本限额统一为1亿元人民币，并加强了对股东、实际控制人和最终受益人准入和变更的监管。通过坚持穿透式监管，《条例》意在确保监管的专业性、统一性和针对性，以更大力度防范业务风险。

总之，当前出台非银行支付机构监管新规，不仅继续释放了加强监管信号，也是对新格局、新业态要求更具包容度和适配性的应对，是基于市场实际情况的明规制、丰富监管手段的务实之举。预计未来监管层将统筹《条例》《办法》《网络小额贷款业务管理暂行办法（征求意见稿）》等有关规定，强化综合监管，构建新格局下的新监管框架，更有力地维护支付服务市场健康发展，维护金融业良好生态。

资料来源：马梅岩.金融时报：强化监管有助于支付市场健康发展[EB/OL].(2021-01-26)[2021-08-02].https://ml.mbd.baidu.com/r/tCPTOoBrHaM?f=cp&u=1ccca730ca99e133.

第8章 电子商务支付技术

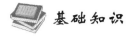
基础知识

8.1 电子支付概述

8.1.1 电子支付的定义和特征

在电子商务的运作过程中,资金流的运动是十分重要的环节,货币的支付与结算必不可少。在互联网环境下,电子商务的支付与结算对其系统技术提出了更高的要求。

1. 电子支付的定义

电子支付是指电子交易的双方当事人,包括消费者、厂商和金融机构,使用安全的信息化手段,通过网络进行的货币支付或资金流转。它是电子商务实现资金流的重要体现。电子支付是电子商务的关键环节之一,也是电子商务的基本条件。

2. 电子支付的特征

电子支付能够有效减少银行成本、加快处理速度、方便客户、扩展业务等。它将改变传统支付处理的方式,使得消费者可以在任何地方、任何时间,通过互联网便可获得银行的支付服务,而无须再到银行传统的营业柜台办理。电子支付主要有以下几个特征。

(1) 电子支付采用了先进技术,通过信息流来代替现金流,其各种支付方式都是通过数字化方式自动完成交易款项收付的,与电子商务的理念完全一致。

(2) 电子支付的工作方式及环境是基于互联网这个开放的系统平台之上的,对网络可靠性的依赖程度较高。

(3) 电子支付有着良好的技术支持,其支付工具和支付过程具有无形化、电子化的特点,能够有效防止假币的流通,也使人们不用携带大量的现金,安全性和一致性较高。

(4) 与传统的支付形式相比,电子支付具有经济、方便、快捷、高效的特点。只要用户有能上网的设备,就可以随时随地地在短时间内完成支付过程。

8.1.2 电子支付系统

在市场经济中,经济行为人每天都有可能进行交易,消费者、企业、政府机构每天都要为各种需要而购买食品、原材料乃至金融产品。交易的完成需要实现商品和劳务的转移以及债务的清偿。

1. 电子支付系统的定义

支付系统是市场经济下货币体系不可分割的一部分。根据国际清算银行(1992)的定义,"支付系统由特定的机构以及一整套用于保证货币流通的工具和过程组成"。任何支付系统的目的都是尽可能高效地组织实际交易和金融交易的资源的传送。支付系统包括资金转移的规则、机构和技术手段。

在经济活动中,任何有关支付的工具、手段等均是广义支付系统的组成部分,例如现金、支票、中央银行的票据处理中心以及有关票据的法律等。狭义上的支付系统是指以计算机网络系统为依托,由一系列交易主体参与的,由一系列相关支付工具、程序、有关法律组成的,用于实现电子资金转账的体系。

2. 电子支付系统的构成

基于互联网的电子交易支付系统由客户、商家、认证中心、支付网关、客户开户行、商家开户行和金融专网七个部分组成。其结构如图 8-1 所示。

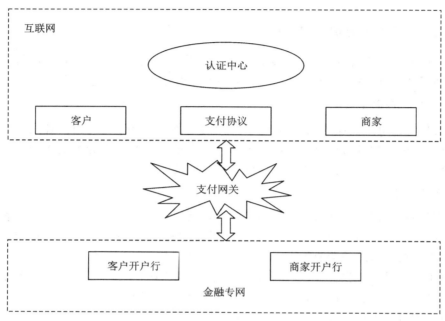

图 8-1 电子支付系统的结构

(1)客户。客户是指利用电子交易手段与商家进行电子交易活动的单位或个人。他们通过电子交易平台与商家交流信息,签订交易合同,并用自己拥有的网络支付工具进行支付,是支付体系运作的起点。

(2)商家。商家是指向客户提供商品或服务的单位或个人。商家在接到客户购买需求后,必须能够根据客户发出的支付指令向金融机构请求结算,这一过程一般是由商家设置的一台专门的服务器来处理的。

(3)认证中心。认证中心主要参与电子交易活动的各方数字证书的发放和维护,以及各方的真实身份的确认,是交易各方都信任的公正的第三方中介机构,从而保证电子交易整个过程的安全稳定。

(4)支付网关。支付网关是完成金融专网和互联网之间的安全接口,是负责网络间通信、协议转换和进行数据加密、解密,保护银行内部网络安全的一组服务器。电子支付的信息只有通过支付网关进行处理后才能进入银行内部的支付结算系统。

(5)客户开户行。客户开户行是指为客户提供资金账户和网络支付工具的银行。在利用银行卡作为支付工具的电子支付体系中,客户开户行又称为发卡行。客户开户行在开展业务的同时也提供了一种银行信用,保证支付工具的真实性,并保证对每笔认证交易的付款。

(6)商家开户行。商家开户行是为商家提供资金账户的银行。由于商家开户行是依据商家提供的合法账单开展工作的。客户向商家发送订单和支付指令,商家将收到的订单留下,将客户的支付指令提交给商家开户行,然后商家开户行向客户开户行发出支付授权请求,并进行它们之间的清算工作。

(7)金融专用网。金融专用网是银行内部及各银行之间交流信息的封闭的专用网络,不对外开放,通常具有较高的稳定性和安全性。

8.1.3 中国国家现代化支付系统

中国人民银行是我国支付系统的组织者、规划者、监督者、推动者,以及跨行支付服务的提供者。目前,我国已建成以中国人民银行现代化支付系统为核心,以银行业金融机构行内支付系统为基础,以票据支付系统、银行卡支付系统为重要组成部分,支持多种支付工具应用,并满足社会各种经济活动支付要求的中国支付清算网络体系,并对加快社会资金周转、提高支付清算效率、促进国民经济健康平稳的发展发挥着重要作用。

中国国家现代化支付系统(China national advanced payment system,CNAPS)为世界银行技术援助贷款项目,主要提供商业银行之间跨行的支付清算服务,是为商业银行之间和商业行与中国人民银行之间的支付业务提供最终资金清算的系统,是各商业银行电子汇兑、资金清算的枢纽系统,是连接国内外行业重要的桥梁,也是金融市场的核心支持系统。中央银行和商业银行是支付服务的主要提供者。银行体系包括四家大的国有商业银行、十几家小型商业银行、数目众多的城市信用合作社和农村信用合作社(信用社正在合并成为银行)、合资银行以及外国银行的分行和办事机构。三家政策性银行也提供某些支付服务。四大国有商业银行都已经建立起各自系统内的全国电子资金汇兑系统,大部分异地支付交易是通过这些系统进行清算的。

中国人民银行运行着三个跨行支付系统,它们是2000多家同城清算所、全国手工联行系统和全国电子联行系统。中央银行运行的支付系统主要处理跨行(包括同城和异地)支付交易和商业银行系统内的大额支付业务。中央银行的支付系统还为一些没有自己系统内支付网络的小型银行提供支付服务,使它们能够不依赖于其竞争者提供类似的服务。

中国国家现代化支付系统是中国人民银行按照我国支付清算的需要,并利用现代计算机技术和通信网络自主开发建设的,能够高效、安全地处理各银行办理的异地、同城支付业务及其资金清算和货币市场交易的资金清算的应用系统。它是各银行和货币市场的公共支付清算平台,是中国人民银行发挥其金融服务职能的重要的核心支持系统。

中国国家现代化支付系统建有两级处理中心,国家处理中心和全国省会(首府)及深圳城市处理中心。国家处理中心与各城市处理中心连接,其通信网络采用专用网络,以地面通信为主,由卫星通信备份。

中国国家现代化支付系统集金融服务、金融经营管理和金融宏观货币政策职能于一体,是综合性的金融服务系统。下层为支付服务系统,即各商业银行的柜台业务系统。上层支付清算系统是中国现代化支付系统建设的基础,用以实现商业银行之间支付资金的最终结算。该系统主要包括:大额实时支付系统、小额批量电子支付系统、网上支付跨行清算系统、同城清算系统、境内外币支付系统、全国支票影像交换系统、银行业金融机构行内支付系统、银行卡跨行支付系统、城市商业银行汇票处理系统和支付清算系统、农信银行支付清算系统以及人民币跨境支付系统。

8.2 电子支付工具

电子支付的技术设计是建立在对传统支付工具研究的基础上的。传统支付工具主要有现金、票据和金融卡。而相对于传统支付工具而言,电子支付工具主要有电子现金、电子钱包、电子支票、电子银行卡等。

8.2.1 电子现金

电子现金(electronic cash)又称电子货币或者数字现金,是一种以数据形式存在的现金货币,是现实货币的电子或数字模拟。电子现金以数字信息的形式存在,通过互联网进行流通,较现实的现金更加方便、经济、灵活。电子现金具有以下特性。

(1)安全性。电子现金的安全性不是只靠物理上的安全来保证的,作为高科技产物,它还融合了现代密码技术,设计了加密、认证、授权等机制,只限合法人使用,安全性好。

(2)不可伪造性。电子现金防伪能力强,一般很难仿制。

(3)匿名性。为了保证电子现金用户的隐秘性,电子现金不能提供任何用于跟踪持有者的信息,即使是银行和商家相互串通也无法将电子现金用户及其购买行为联系到一起,从而有效维护了交易双方的隐私权。

(4)成本低。电子现金的发行和交易成本都比较低,而且不需要运输成本。

(5)可分解性。电子现金可以使用若干种货币单位,并且可以像普通纸币一样,把大钱分成小钱。

(6)便利性。电子现金在使用过程中不受时间、地点的约束,可以完全脱离实物载体,使用起来非常方便。另外,它也像实物现金一样,可以在用户之间随意转让,且不被跟踪。

电子现金在使用过程中主要涉及买方、卖方和银行三个主体,其支付流程如图8-2所示。

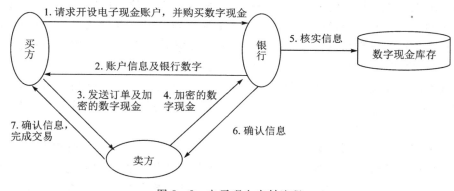

图8-2 电子现金支付流程

8.2.2 电子钱包

电子钱包是一种由用户进行安全电子交易和储存交易记录的软件(或智能卡),其功能与实际的钱包类似,能够存放电子现金、电子信用卡、在线货币等电子货币,主要是完成电子证书的管理、保证电子安全交易的进行以及交易记录的保存。

电子钱包是电子商务活动中常用的支付工具,其技术现已较为成熟,适用于小额购物,但使用时首先要在银行开设账户,并且使用专门的电子钱包软件,现在常用的有 VISA Cash 和 Mondex 电子钱包服务系统。使用电子钱包购物支付的流程大致如下:

(1)消费者通过联网计算机在线浏览商家商品信息,选择需要购买的商品,发出订单,同时得到商家反馈的应付款信息。

(2)消费者确认应付款信息后,使用电子钱包付款。首先将电子钱包装入相应系统,单击电子钱包图标,打开电子钱包,并输入自己的保密口令;在确认是自己的电子钱包后,从电子钱包中取出其中的一张电子信用卡付款。

(3)电子商务服务器将消费者的信用卡号码经加密处理后,发送到相应的银行,同时将订单也进行加密处理并发往商家。商家将消费者编码加入电子订单后再返回给电子商务服务器。

(4)电子商务服务器确认消费者的合法性后,将信用卡信息和购货账单同时发送给信用卡公司和银行,由信用卡公司和银行进行电子数据交换与结算。

(5)如果所持信用卡已透支或存在其他问题,银行会拒绝授权。消费者可再打开电子钱包取出另一张信用卡重复以上操作,直至完成支付操作。在得到银行授权后,商家可以发送货物,同时也会给消费者一份电子收据,从而完成整个交易过程。

8.2.3 电子支票

电子支票也称为数字支票,是网络银行中常用的电子支付工具。支票一直是银行广泛采用的支付工具,电子支票是纸质支票的电子替代物,是将支票改变为带有数字签名的电子报文或者利用数字电文代替支票的全部信息。

电子支票可以使支票的支付业务和全部处理过程电子化、信息化。用户通过在网上金融服务机构建立电子支票支付系统,从而实现电子支票在各个银行之间的发送与接收。事实上,电子支票的使用方法与签发的纸质支票承兑方法类似,而电子支票是以电子密文的形式在网上传递的,即以签名卡及电子签章技术来取代传统的签字盖章方式,从而保证支票的合法性与有效性。使用方先将电子支票发送给接收方,接收方即时查询支票签发资信记录,在确认支票合法有效后,再将支票送往接收方开户银行进行电子支票承兑。

利用电子支票实现支付有两项关键技术:一是图像处理技术,二是条形码技术。图像处理技术首先是将物理支票或其他纸质支票进行图像化处理和数字化处理,再将支票的图像信息及其存储的数据信息一起传送到电子支票系统中的电子支付认证机构;条形码技术则是保证电子支付系统中的电子支付机构能够自动、安全、可靠地阅读电子支票。

电子支票的使用过程可简要地分为以下四个步骤。

(1)消费者和商家就某件商品达成买卖协议,并选择使用电子支票进行支付。

(2)消费者通过网络向商家发出电子支票,同时向银行发出付款通知单。

(3)商家通过验证中心对消费者提供的电子支票进行验证,验证无误后便将电子支票传送给银行索付。

(4)银行在商家索付时通过验证中心对消费者提供的电子支票进行验证,验证无误后即向商家兑付或转账,就此完成整个交易过程。

8.2.4 电子银行卡

此处的电子银行卡是指开通了网上银行，能够实现电子支付的银行卡，而非传统意义上的银行卡，主要包括信用卡、借记卡、IC卡等。

电子银行卡是由银行发行的，是银行提供电子支付服务的一种手段。电子银行卡的在线支付主要是采用第三方认证的方式。

信用卡作为银行卡的一种，在实际应用中越来越受到广大消费者的欢迎。信用卡消费成为一种趋势，让消费者在刷卡消费的同时享受到这种支付工具所带来的便利性。从银行业务来看，信用卡具备电子支付和借贷两种功能，可以扩展的功能还有通存通兑功能，即一卡通。使用信用卡可以储蓄、转账、代收代付、代发工资、代收水电费、通存通兑等。信用卡还代表了持卡人的信誉状况，因为发卡行在发售信用卡之前会对申请人的收入来源、财务状况、资金清偿能力等进行调查，只有信誉合格的申请人才能通过申请。

8.2.5 其他电子支付工具

除了以上列出的几种电子支付工具外，现在还出现了手机支付、电话支付等新型支付工具。

1. 手机支付

手机支付也称为移动支付，是允许移动用户使用其移动终端（通常是手机）对所消费的商品或服务进行账务支付的一种服务方式。现在随着手机的普及以及网上支付的盛行，手机支付俨然成为新宠。中国互联网络信息中心 2021 年初发布的第 47 次《中国互联网络发展状态统计报告》显示，截至 2020 年 12 月，中国手机网络支付用户规模达 8.53 亿，占手机网络的 86.5%。近年来国内的三家运营商（中国移动、中国电信、中国联通）都加大了在手机支付上的投入力度。简单而言，手机支付可细分为以下三种方式。

第一种是手机话费支付方式，即相关支付费用通过手机账单收取，用户在支付其手机账单的同时通过手机支付的某些费用。这种方式虽然非常直观、简便，但其形式使得电信运营商有超范围经营金融业务之嫌，因此其范围仅限于下载手机铃声等有限业务。

第二种是指定绑定银行支付，即费用从用户已开通的银行账户（即借记账户）或信用卡联名账户中扣除。在该方式中，手机只是一个简单的信息通道，在手机上可以将用户的银行账号或信用号码与其手机号码连接起来。

第三种是银联快捷支付，即绑定手机支付，个人用户无须在银行开通手机支付功能，即可实现各种带有银联标志的借记卡进行支付。这种方式采用双信道通信方式非同步传输，更加安全、快捷。

2. 电话支付

电话支付是一种创新的可脱离互联网限制的电子支付方式，是指消费者使用电话，通过电话银行系统就能从个人银行账户里直接完成付款的方式。电话支付基于公共交换电话网络（public switched telephone network，PSTN），是以电子支付为主的增值业务方案，利用电信和金融机构的客户资源和商户资源，实现电信和金融业务的融合。

以中国电信推出的电话支付业务为例。其电话支付业务是中国电信、中国银联联合推出的合作产品,是基于中国电信通信网络、中国银联清算平台以及相关内容平台开发的金融支付增值业务,以个人、家庭、企业、中小商户和行业客户为服务对象,提供自助金融、自助缴费等服务。电话支付业务的推出,能够有效缓解当前日益突出的银行排长队、居民缴费难的社会热点问题,满足人民群众日益增长的社会服务需求。

电话支付可以完成金融自助服务(如信用卡人民币自助还款、银行卡转账、银行卡余额查询等)、公用事业账单缴费服务(如缴纳电话费、水费、电费、煤气费等)以及电子账单支付服务(如电话预订酒店、机票等)等多项服务。

8.3 第三方支付平台

8.3.1 第三方支付平台概述

1. 第三方支付平台的概念

第三方支付平台是与国内外各大银行签约并具备一定信誉保障的第三方独立机构提供的交易支持平台。该平台通过采用通信网络、计算机和信息安全技术,将商店与银行连接起来,从而实现消费者、金融机构和商户三者之间的货币支付、现金流转、资金清算、查询统计等,为商户开展电子商务服务和其他增值服务提供完善的支持。

2. 第三方支付平台的经营模式

当前经营状况相对较好的第三方支付平台主要基于以下两种经营模式。

(1)支付网关模式。第三方支付平台将多种银行卡支付方式整合到一个界面,充当电子商务交易中各方与银行的接口,负责在交易结算中与银行的对接。消费者通过第三方支付平台向商家付款,第三方支付平台为商家提供一个可以兼容多家银行支付方式的接口平台。

(2)信用中介模式。在买卖双方缺乏信任保障和法律支持的情况下,为了更好地保证资金和货物的流通,充当信用中介的第三方支付服务应运而生,主要提供代收代付和信用担保服务。交易双方达成交易意向后,买家须先将支付款存入其在第三方支付平台上的账户内,待买家通知第三方支付平台收货完成后,由第三方支付平台将买家先前存入的款项从买家的账户中划至卖家在支付平台上的账户内。这种模式的实质是以第三方支付平台作为信用中介,在买家确认收到商品前,代替买卖双方暂时保管货款。信用担保型第三方支付平台的收款制度不仅保证了资金的安全转让,还担任货物的信用中介,从而约束交易双方的行为,可在一定程度上缓解买卖双方的信用猜疑,增强双方对网上交易的信任,减少网络交易的欺诈行为。

3. 第三方支付平台的盈利模式

(1)收取交易费。第三方支付平台先与银行确定一个基本手续费费率,然后在这个费率基础上加上自己毛利润,在每次转账时向客户收取一定的费用。第三方支付平台服务商的政策各不相同,如 PayPal 只对企业收费,不对个人收费,支付宝在一定额度内免费。

(2)利息收入。转入第三方支付平台账户里的资金并不是立即支付给收款方,这样剩余资金就保留在第三方支付平台的账户中,形成利息收入。

4. 第三方支付平台结算付款的流程

第三方支付平台结算支付模式的资金划拨是在平台内部进行的,这种模式尽可能地避免了网上交易存在的欺诈现象。

(1)客户和商家都在第三方支付平台填写姓名、信用卡号等信息,注册账号。

(2)客户在商家的网上商店进行购物,提交订单后,商家将客户在第三方平台的账号和支付信息传送给第三方支付平台。

(3)第三方支付平台在收到商家的信息后,向客户发出付款请求。

(4)客户通过第三方支付平台链接到客户的开户银行进行支付。

(5)通过银行支付确认认证后,资金转入第三方支付平台。

(6)第三方支付平台将客户已经付款的信息发送给商家。

(7)商家通过物流向客户发货。

(8)客户收到货物并验证,同意付款后,通知第三方支付平台。

(9)第三方支付平台收到客户确认信息后,将货款拨付到商家的账号。

8.3.2 典型的第三方支付平台

1. PayPal

(1)PayPal简介。PayPal公司成立于1998年,总部设在美国加利福尼亚州圣荷塞市,于2002年被eBay收购,是eBay旗下的一家公司。PayPal是同时适用于个人和企业的较安全、简单、便捷的在线收付款方式。PayPal账户是PayPal公司推出的安全的网络电子账户,使用它可有效减少网络欺诈的发生。PayPal账户所集成的高级管理功能,使用户能轻松掌握每一笔交易详情。

PayPal已经迅速成为在线支付的全球领导者,在全球有超过2亿的用户,PayPal可以在全球200多个国家和地区以20多种货币使用。通过PayPal提供的跨地区、跨币种和跨语言的付款服务,借助PayPal在全球的影响力和覆盖率,用户可以轻松、安全地在全球开展电子商务。

(2)PayPal电子支付的步骤。通过PayPal支付一笔金额给商家或收款人可以分为以下几个步骤。

①使用电子邮箱注册、登录PayPal账户,通过验证成为其用户,并提供信用卡或者相关银行资料,为账户充值,将一定数额的款项从其开户时登记的账户(如信用卡)转移至PayPal账户下。

②当付款人启动向第三人付款程序时,必须先进入PayPal账户,指定汇出金额,并提供商家或收款人的电子邮箱账号给PayPal。

③PayPal向商家或收款人发出电子邮件,通知其有等待领取或转账的款项。

④若商家或收款人也是PayPal用户,其决定接受后,付款人所指定的款项即移转给商家或收款人。

⑤若商家或收款人没有PayPal账户,商家或收款人需按照PayPal电子邮件内容指示链接进入网页注册一个PayPal账户,商家或收款人可以选择将取得的款项转换成支票寄到指定的处所,或转入其个人的信用卡账户或者转入另一个银行账户。

2. **支付宝**

(1)支付宝简介。

支付宝是中国目前最大的第三方支付平台，是由阿里巴巴针对网上交易而特别推出的安全付款服务，其运作的实质是以支付宝为信用中介，在买家确认收到商品前，由支付宝代替买卖双方保管货款的一种增值服务。支付宝交易服务于2003年10月在淘宝网一经推出，就迅速成为使用广泛的网上安全支付工具，用户覆盖了整个B2B、B2C和C2C电子商务领域。

(2)支付宝的特点。

①安全。支付宝作为第三方支付平台，其最大的特点在于"买家收货并确认无误后卖家才能拿钱"的支付规则，在流程上保证了交易的安全和可靠。为了更好地保障交易双方的账户安全及交易安全，支付宝推出了免费短信提醒功能，使客户能随时随地了解账户变动及安全情况。

②方便。支付宝与国内各大银行建立了合作伙伴关系，并支持国外主要的银行卡，实现了银行间的无缝对接，使得交易双方的原有银行账户能顺利地利用支付宝完成交易。在交易过程中，支付宝用户可以实时跟踪资金和物流进展，方便、快捷地处理收付款业务和发货业务。

③快捷。对于买家来说，付款成功后，卖家可以立刻发货，快速高效；对于卖家来说，可以通过支付宝商家工具将商品信息发布至多个网站、论坛或即时通信软件，找到更多的买家，还可以根据需要将支付宝按钮嵌入自己的网站、邮件中，以方便交易双方更快捷地使用支付宝。

(3)支付宝要素。

①即时到账。即时到账是指支付宝用户之间可以相互转账的一种交易方式，其具体形式类似现实生活中的银行转账汇款。

②支付宝龙卡。支付宝龙卡是支付宝公司与中国建设银行联合推出的一种银行卡。办理此卡可以在不开通网上银行功能的情况下直接进行支付宝方面的相关付款操作，同时也可以直接通过支付宝的实名认证，而不需上传身份证等资料。

③充值。充值是指通过网上银行等方式将购物所需货款等存入支付宝账户内。

④支付。支付分为网上银行在线支付和支付宝账户余额支付两种。同时，支付又可分为付到支付宝公司、付款到支付宝账户和付款给卖（买）家。

⑤提现。提现是指将支付宝账户内的资金提取到银行账户内的过程，但是充值后没有消费行为的资金不能进行提现。

⑥红包。红包，顾名思义类似于现实生活中的优惠券。买家从商家处获得购物优惠券后，可以在购买相应商品时使用该券获得优惠。红包所折抵金额由发送购物券的卖家承担。例如，淘宝红包主要分为现金红包和非现金红两种，其中又有淘宝现金红包、店铺红包、商品红包、淘宝网或支付宝与商家及相关机构的合作所得红包。

⑦实名认证。会员在淘宝网进行免费开店，需要先通过支付宝的实名认证。实名认证分为个人认证和商家认证，包括个人信息认证/公司信息认证、身份证认证/营业执照认证、银行卡认证三个步骤。

⑧商家工具。商家工具是支付宝提供的一项增值服务，里面包含收款码、红包码申请以及商家常用到的扫码收款设备。

⑨支付宝社区。支付宝社区是会员交流经验、提出问题的窗口，也是支付宝公司向会员传达声音的重要渠道。在这里支付宝会员可以畅所欲言、相互交流，也可以得到商品的优惠信息和专业的理财资讯。

3. 财付通

财付通是腾讯公司于 2005 年 9 月正式推出的专业在线支付平台,致力于为互联网用户和企业提供安全、便捷、专业的在线支付服务。

个人用户注册财付通后,即可在拍拍网及众多的购物网站轻松进行购物。财付通支持全国各大银行的网银支付,用户也可以先充值到财付通,享受便捷的财付通余额支付体验。财付通的提现、收款、付款等配套账户功能,让资金使用更灵活。财付通还为广大用户提供了手机充值、游戏充值、信用卡还款、机票专区等特色便民服务,让生活更方便。针对企业用户,财付通构建了全新的综合支付平台业务覆盖 B2B、B2C 和 C2C 各领域,提供网上支付及清算服务。此外,财付通还提供了极富特色的 QQ 营销资源支持,与广大商户共享腾讯用户资源。

8.4 移动支付

8.4.1 移动支付概述

随着智能手机、平板电脑、掌上电脑(personal digital assistant,PDA)等手持式电子设备的广泛应用和普及,移动商务在人们的生活中扮演着越来越重要的角色。与此同时,移动支付也引起了社会的广泛关注。移动支付是随着无线网、信息技术的快速发展而出现的新型商务支付方式,目前还处于发展阶段,在内容和形式上也在不断丰富和完善。

1. 移动支付的定义

移动支付也称手机支付,就是允许用户使用其移动终端(通常是手机)对所消费的商品或服务进行账务支付的一种服务方式。单位或个人通过移动设备、互联网或者近距离传感直接或间接向银行金融机构发送支付指令产生货币支付与资金转移行为,从而实现移动支付功能。移动支付将终端设备、互联网、应用提供商及金融机构相融合,为用户提供货币支付、缴费等金融业务。

国外著名移动支付论坛给出的移动支付的定义为:移动支付也称手机支付,是指交易双方为了某种货物或服务,使用移动终端设备为载体,通过移动通信网络实现的商业交易。移动支付所使用的移动终端可以是手机、PDA、移动 PC 等。

中国人民银行也对移动支付进行了定义:移动支付指单位、个人直接或授权他人通过移动通信终端或设备,如手机、掌上电脑、笔记本电脑等,发出支付指令,实现货币支付与资金转移的行为。

综上可知,移动支付就是指交易双方为了某种商品或者业务,通过移动设备(手机、移动PC、PDA 等)进行商业付款和交易。移动支付充分结合了银行卡和手机钱包的各种优点,摒弃了各方缺陷,使得货币交易电子化的进程得以发展和完善,为各类第三方电子支付企业提供了更广阔、更多样的业务方式。

2. 移动支付的特点

移动支付属于电子支付方式的一种,因此具有电子支付的特征,但因其与移动通信技术、无线射频技术、互联网技术相互融合,又具有自己的特点。移动支付和移动商务的主要特点就是移动性,它涉及大量移动信息的传递、交易和处理,需要相应移动计算技术的支持,如相关的无线互联技术,如蓝牙技术、无线局域网技术、无线应用协议等,能提供时尚、安全、随时随地的支付服务。与其他电子支付手段相比,移动支付具有以下特点。

① 便捷性。相对常规的支付工具来说,以手机为主的移动终端具有更强的用户黏性,携带更方便,支付更便利。用户随身携带移动设备,消除了距离和地域的限制,可以随时随地获取所需要的服务、应用和信息,并完成整个支付与结算过程。另外,移动支付还具有无须兑付零钱、快捷、多功能、全天候服务等特性。

② 安全性。作为电子商务重要的支付方式,移动支付直接涉及用户和运营商的资金安全,所以,支付安全是其面临的关键问题之一。移动设备用户对隐私性的要求要远高于 PC 用户,高隐私性决定了移动互联网终端应用的特点,即在共享数据时既要保障认证客户的有效性,又要保证信息的安全性。这明显区别于互联网公开、透明、开放的特点。在互联网上,个人电脑用户信息是可以被搜集的;而移动设备用户显然不需要让他人知道甚至共享自己设备上的信息,移动设备的隐私性保障了支付的安全。

③ 灵活性。移动终端极好的随身性和移动性,可以使消费者摆脱营业厅的特定地域限制。用户只要申请了移动支付功能,便可足不出户完成整个支付与结算过程,避免了毫无价值的排队等候,降低了交易时间成本,有利于调整价值链,优化产业资源布局。移动支付不仅可以为移动运营商带来增值收益,也可以为金融系统带来中间业务收入。

④ 实时性。移动通信终端与互联网平台的交互取代了传统的人工操作,使移动支付不再仅仅受限于相关金融企业和商家的营业时间,实现了 7×24 小时不受时间限制的服务。用户可以随时地使用移动互联网查询账户余额、实时转账、修改密码、购物消费等。

⑤ 集成性。移动支付不仅为用户提供了移动电子商务的远程支付功能,还可以通过与终端读写器近距离识别进行信息交互。运营商可以将移动通信卡、公交卡、地铁卡、银行卡等各信息整合到以手机为平台的载体中进行集成管理,并搭建与之配套的网络体系,从而为用户提供十分方便的支付及身份认证。

8.4.2 移动支付的类型

1. 微支付和宏支付

微支付是指在互联网上进行的小额资金支付行为,通常是购买移动内容业务,例如游戏、视频下载等;宏支付是指交易金额较大的支付行为,例如在线购物或近距离支付(微支付方式同样也包括近距离支付,例如交停车费等)。二者最大的区别在于安全要求级别不同。对于宏支付方式来说,通过可靠的金融机构进行交易鉴权是非常必要的;而对于微支付来说,使用移动网络本身的 SIM 卡鉴权机制即可。

2. 近场支付和远程支付

近场支付是指通过具有近距离无线通信技术的移动终端实现本地化通信进行货币资金转移的支付方式。远程支付是指通过移动网,利用短信、GPRS 等空中接口,与后台支付系统建立连接,实现各种转账、消费等功能。

3. 银行卡支付、第三方支付账户支付、通信代收费账户支付

银行卡支付就是直接采用银行的借记卡或贷记卡进行支付的形式。

第三方支付账户支付是指为用户提供与银行或金融机构支付结算系统接口的通道服务,

实现资金转移和支付结算功能的一种支付服务。第三方支付机构作为双方交易的支付结算服务的中间商，需要提供支付服务通道，并通过第三方支付平台实现交易和资金转移结算安排的功能。

随着智能移动终端的高速发展和普及，传统金融受到前所未有的冲击，以P2P、众筹模式、第三方支付为核心的互联网金融新兴产业正在逐渐形成。通信代收费账户是移动运营商为其用户提供的一种小额支付账户，用户在互联网上购买电子书、歌曲、视频、软件、游戏等虚拟产品时，通过手机发送短信等方式进行后台认证，并将账单记录在用户的通信费账单中，月底进行合单收取。

4. 即时支付和担保支付

即时支付是指支付服务提供商将交易资金从买家的账户即时划拨到卖家账户。一般应用于"一手交钱一手交货"的业务场景（如商场购物），或应用于信誉度很高的B2C及B2B电子商务，如首信、Yeepay、云网等。

担保支付是指支付服务提供商先接收买家的货款，但并不立即支付给卖家，而是通知卖家货款已冻结，卖家发货；买家收到货物确认后，支付服务提供将货款划拨到商家账户。支付服务商不仅负责资本的划拨，同时还要为不信任的买卖双方提供信用担保。担保支付业务为开展基于互联网的电子商务提供了基础，特别是对于没有信誉度的C2C交易及信誉不高的B2C交易。目前在这方面做得比较成功的是支付宝。

5. 在线支付和离线支付

在线支付是指用户账户存放在支付提供商的支付平台，用户消费时直接在支付平台的用户账户中扣款。

离线支付是指用户账户存放在智能卡中，用户消费时直接通过POS机在用户智能卡的账户中扣款。

8.4.3 移动支付的运营模式

移动支付的运营模式主要有三种：以金融机构为主导的运营模式、以移动运营商为主导的运营模式、以第三方支付服务提供商为主导的运营模式。

1. 以金融机构为主导的运营模式

以金融机构为主导的运营模式实际上是传统支付的延伸，在这种模式下，银行独立提供移动支付服务，消费者和银行之间利用手机借助移动运营商的网络传递支付信息。移动运营商不参与运营管理，只负责提供信息通道。金融机构的盈利来源主要是从商家获得每笔交易的服务佣金，同时，移动运营商也可以收取来自消费者的通信费和来自金融机构的专网使用或租赁费。

（1）以银行为主导。银行通过与移动运营商搭建专线等通信线路实现互联，将银行账户与手机账户绑定，用户使用银行账户进行移动支付。银行为用户提供交易平台和付款途径，移动运营商为银行和用户提供信息通道，不参与支付过程。目前我国多数提供手机银行业务的银行都是自己运营移动支付平台。

以银行为主导的运营模式存在以下一些问题：各银行只能为本行用户提供相关服务，技术规范和业务规范的统一及由此带来的各银行间的互通性成为主要问题；移动支付业务在各银行之间不能互联互通；各银行都要自己购置设备并自建计费与认证系统，因而会造成较大的资源浪费。

(2) 以银联为主体。作为国内银行卡信息交换网络的金融运营机构，银联所提供的移动支付平台接入服务是银行卡支付服务的延伸，与商业银行个性化的手机银行业务不同，它属于一种为所有商业银行向持卡人提供的统一和普适化的金融服务。

银联之所以在移动支付产业成为可信赖的合作伙伴，重要的在于它覆盖全国的银行卡信息交换网络，连接了国内所有商业银行。由银联建立和运营移动支付平台，可以避免以移动运营商为主导的一些弊端，同时也能解决多个银行共同开展移动支付业务时带来的干扰和资源浪费。

2. 以移动运营商为主的运营模式

这种运营模式是在通信网络技术不断发展的基础上建立起来的。这种模式下，移动运营商会以用户的手机话费账户或开设专门账户作为移动支付账户，用户所发生的移动支付交易费用直接从话费账户或专门账户中扣除。其前提是用户需要事先在专门账户中存入现金才可以使用。

在这种运营模式下，移动运营商的收益主要来源于两部分：一是商家给予的每笔交易的服务佣金；二是消费者的通信费，包括短信、WAP 浏览费等。

以移动运营商为主导的运营模式主要有以下特点：

(1) 移动运营商直接与用户交流，不需要银行参与，技术实现简单。但是，用户每月的手机话费和移动支付费用很难区分，因此一般只能用于小额支付。

(2) 移动运营商需要承担部分金融机构的责任，并且无法对非话费类业务出具发票，税务处理复杂。

(3) 基于移动支付的特性，这种运营方式拥有庞大的手机用户群，并且计费和客户服务系统较为成熟，容易把握受众群体和细分市场，支持多种手机业务收费模式，可以有效地开展移动多媒体广播业务；还可以将移动多媒体广播业务与原有的视频点播、内容(音乐)下载、彩信、彩铃等业务进行整合，向用户提供多样化的综合应用服务，提高用户忠诚度，并获得新的收入增长点。

3. 以第三方服务提供商为主导的运营模式

此处的第三方服务提供商是指独立于银行和移动运营商的第三方经济实体，也是连接移动运营商、银行和商家的桥梁及纽带。第三方服务提供商利用移动运营商的通信网络和银行金融机构的各种支付卡，进行支付的身份认证和支付确认，通过交易平台运营商，用户可以轻松实现跨银行的移动支付服务。

以第三方服务提供商为主导的运营模式具有银行、移动运营商、第三方服务提供商和商家之间分工明确、责任到位、关系简单的特点。第三方服务提供商发挥着转接器的作用，将银行、移动运营商等各利益群体之间错综复杂的关系简单化，将多对多的关系变为多对一的关系，从而大大提高了商务运作的效率。同时，用户有了多种选择，只要加入第三方服务提供商，即可实现跨行支付交易。第三方支付服务提供商简化了其他环节之间的关系，但也在无形之中为自己增加了处理各种关系的负担。在市场推广能力、技术研发能力、资金运作能力等方面，都要求第三方支付服务提供商具有很强的行业号召力。

本章小结

电子商务的运作过程中,资金流的运动是十分重要的环节,货币的支付与结算必不可少。在互联网环境下,电子商务的支付将对其系统技术提出更高的要求。电子支付是指电子交易的当事人,包括消费者、厂商和金融机构,使用安全的信息化手段,通过网络进行的货币支付或资金流转。

基于互联网的电子交易支付系统由客户、商家、认证中心、支付网关、客户开户银行、商家开户银行和金融专用网络七个部分组成。

电子支付的技术设计是建立在对传统支付研究的基础上的。传统支付工具主要有现金、票据和金融卡。而相对于传统支付工具而言,电子支付工具主要有电子现金、电子钱包、电子支票、电子银行卡等。除了以上列出的几种电子支付工具以外,现在还出现了手机支付、电话支付等新型支付工具。

移动支付就是指交易双方为了某种商品或者业务,通过移动设备进行商业付款和交易。目前,移动支付在内容和形式上还在不断完善。

工作任务

登录美团App,定位一家附近的快餐店,尝试订购一份快餐。

实践应用

熟悉支付宝等第三方支付平台,能够开通账号,进行充值、提现等操作。

任务拓展

1. 什么是电子支付?电子支付系统由哪些部分组成?
2. 什么是第三方支付?其特点有哪些?
3. 简述移动支付的运营模式。

第 9 章　电子商务安全

 知识框架

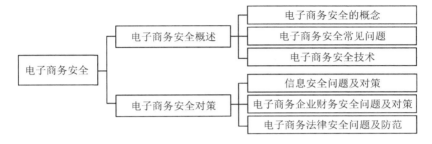

 知识目标与能力目标

知识目标：

1. 了解电子商务安全的概念
2. 掌握电子商务面临的安全威胁的种类
3. 熟悉各项电子商务安全技术的基本原理

能力目标：

1. 养成安全上网和使用计算机的好习惯
2. 具备良好的网络诚信素养

案例一：你的密码多久没改了？

广州市某公司报案称,有人在网上大量出售其公司开发的某游戏用户账号。经公安部门侦查后发现,犯罪分子通过盗取游戏账号,并按游戏角色的等级定价后批量售卖。广州警方通过缜密侦查成功抓获 2 名犯罪分子,此案共缴获各类邮箱账号密码 30 余万条,取缔平台 2 个,并成功端掉一个非法售卖账号的网络黑产业链。

此案的发生源于大批量邮箱密码泄露事件。密码安全是信息安全的核心,但是在当今的网络环境中,相当一部分人并不重视账户密码的设置及保管,突出表现在不修改默认密码、采用弱密码、单一密码全平台通用等问题上。这导致了犯罪分子可轻易盗取某一平台用户账号后,再进行多平台账户关联,使用户遭受严重的损失。

【案例启示】

提升密码安全意识。个人购买新终端设备及新申请账号后一定要及时修改默认密码,有意识地摒弃弱密码,避免多平台设置同一密码,切实加强密码安全意识,维护自身信息安全及财产安全；各网络运营者要加强信息系统安全防护，并从技术层面强制用户修改默认密码和设置复杂密码。

案例二：巨额红包从哪里来？

广州某公司报案称，因宣传需要，其公司委托了一家广告公司以"红包"形式面向社会开展营销活动。但其派发的红包疑似被超额盗刷，损失高达 30 万元，并且其计算机系统疑似被黑客入侵。广州警方调查取证后发现，原来疑似"黑客入侵"的现象是由于开发公司误操作打开红包活动接口所致，而"红包盗刷"事件则同样是由于开发公司开发不完善、策略调整失误导致——原本每天设定抢 1 万元的红包，结果实际策略配置为无限额，所以共计 30 万元的活动经费在 2 天内被发现规则漏洞的网民争抢一空。由于案件发生的原因在于自身，后该公司销案自行处理。

该案发生的主要原因在于相关开发公司没有注意规则漏洞。软件的开发不能仅仅为了实现功能，同样要重视业务逻辑规则和相关安全问题。

【案例启示】

要重视安全管理和保障制度，通过软件应用实现的功能一定要配合以逻辑严谨的规则、策略，避免出现因规则漏洞而造成的不必要损失。

资料来源：神琥科技.案例：广州网警发布 2018 年网络安全十大典型案例[EB/OL].(2019-07-03)[2021-08-03].https://www.sohu.com/a/324542957_10028.

9.1　电子商务安全概述

社会生活的各个方面对计算机网络的依赖性日益增强，百姓出行、政府政务、求医问药、企业经营等都离不开网络的正常运行。计算机网络能够得到如此广泛的应用，在很大程度上取决于网络所具有的开放性和匿名性等特征。但是，正是这些特征使网络不可避免地存在着各种安全威胁和隐患，网络一旦出现安全问题，轻者可以使个人遭受损失、企业运行瘫痪，重者可以使整个社会陷入混乱状态。因此，电子商务安全已经成为电子商务交易和发展的关键问题。

9.1.1　电子商务安全的概念

传统商务由于是面对面进行商务活动，交易双方很容易建立起信任的关系。而电子商务是基于网络的素未谋面的商务活动，整个过程容易受网络环境、人员素质和数据传输等因素的影响而面临各种各样的安全问题。那么，什么是电子商务安全呢？

从狭义上讲，电子商务安全是指电子商务信息的安全，即信息的存储和传输安全。从广义上讲，电子商务安全包含电子商务运行环境中的各种安全问题，如电子商务系统的软件和硬件安全、运行和管理安全、支付安全和电子商务安全立法等内容。

9.1.2　电子商务安全常见问题

网络技术的不断发展，使电子商务所面临的安全威胁逐渐多样化，主要包括计算机病毒、流氓软件、木马程序、网络钓鱼和系统漏洞等，下面分别进行介绍。

1. 计算机病毒

计算机病毒是编制者在计算机程序中插入的破坏计算机功能或者数据的代码，是一种能够影响计算机使用,并能进行自我复制的一组计算机指令或者程序代码。计算机病毒具有传播性、隐蔽性、感染性、潜伏性、可激发性、表现性或破坏性。一旦感染了病毒,计算机中的程序将受到损坏,病毒还能非法盗取用户的信息,使用户自身权益受到损害。通过杀毒软件可以进行清除与查杀病毒,用户应养成定期检查计算机病毒的习惯,以保护自己的切身利益。

2. 流氓软件

流氓软件是介于正规软件与病毒之间的软件,其目的一般是散布广告,进行宣传。流氓软件一般不会影响用户的正常活动,但有可能出现以下三种情况:上网时会不断有窗口弹出;浏览器被莫名修改并增加了许多工作条;在浏览器中打开网页时,网页会变成不相干的其他页面。

流氓软件一般是在用户根本没有授权的情况下强制安装的,当出现上述情况时用户需要警惕,尽快清除网页中保存的账户信息资料,并通过安全管理软件进行清除。因为流氓软件会恶意收集用户信息,并且不经用户许可卸载系统中的非恶意软件,甚至捆绑一些恶意插件,造成用户资料泄露、文件受损等后果。

3. 木马程序

木马程序通常被称为木马、恶意代码等,是指潜伏在计算机中,可受外部用户控制以窃取本机信息或者控制权的程序。木马程序是比较流行的病毒文件,一般通过伪装吸引用户下载运行;木马程序的发起人可以任意毁坏、窃取被感染者的文件,甚至远程操控用户的计算机。

4. 网络钓鱼

网络钓鱼是一种通过欺骗性的电子邮件和伪造的 Web 站点进行网络敲诈的方式。它一般是通过伪造或发送声称来自银行或其他知名机构的欺骗性信息,以引诱用户泄露自己的信息,如银行卡账号、身份证号码和动态口令等。

网络钓鱼目前十分常见,其实施途径多种多样,可通过假冒网站、手机银行和运营商发送诈骗信息,也可以通过手机短信、电子邮件、微信消息和 QQ 消息等形式实施不法活动的中奖诈骗、促销诈骗等。用户在进行电子商务活动时要细心留意,不要轻信他人,不要打开来路不明的邮件,不要轻易泄露自己的私人资料,尽量减少交易的风险。

5. 系统漏洞

系统漏洞是指应用软件或操作系统软件在逻辑设计上的缺陷或错误。不同版本的系统都存在一定的安全漏洞,容易被不法分子通过木马程序、病毒软件等方式控制,窃取用户的重要资料。

不管是计算机操作系统、手机运行系统,还是应用软件,都容易因为漏洞问题而遭受攻击,因此建议用户使用最新版本的应用程序,并及时更新应用商提供的漏洞补丁。

9.1.3 电子商务安全技术

电子商务安全问题一直受到国内外的高度关注,并且随着电子商务的发展出现了相应的各种解决方法。下面将对常用的电子商务安全技术进行介绍,主要包括防火墙技术、数据加密技术、认证技术。

1. 防火墙技术

防火墙是指在两个网络之间基于一组规则仲裁所有的数据流,并保护它们之中的一个网络或该网络的某个部分免遭非授权访问的功能单元。防火墙技术是重要的网络安全技术之一。

(1)防火墙的工作原理。防火墙通过控制内外部网络间信息的流动来保护内部网免受外部的非法入侵,从而达到增强内部网络安全性的目的。防火墙可以检查进入内部网络的信息和服务请求,从而阻止对内部网络的非法访问和非授权用户的进入,同时防火墙可以禁止特定的协议通过相应的网络。

(2)防火墙的安全策略。由于网络管理机制不同,防火墙的安全策略分为一切未被允许的都是禁止的、一切未被禁止的都是允许的两种形式,其优点与缺点对比如表9-1所示。

表9-1 不同防火墙安全策略优缺点比较

防火墙安全策略	优点	缺点
一切未被允许的都是禁止的	防护增强,安全性强	便捷性降低
一切未被禁止的都是允许的	灵活性强、方便	安全性降低

①一切未被允许的都是禁止的:基于该准则,防火墙应封锁所有信息流,然后逐项开放希望提供的服务。采用这种策略以营造一种十分安全的环境,但用户所能使用的服务会受到限制。

②一切未被禁止的都是允许的:基于该准则,防火墙应转发所有信息流,然后逐项屏蔽可能有害的服务。采用这种策略可以为用户提供更多的服务,但网络管理人员工作量较大,很难为网络提供可靠的安全防护。

(3)防火墙的功能。

① 网络安全的屏障。防火墙作为安全防控的重要控制点,能增强内部网络的安全性,并通过过滤不安全的因素而降低网络风险。只有经过选择的应用协议才能通过防火墙,这样外部的攻击者就不能利用这些脆弱的协议攻击内部网络。同时,防火墙可以保护网络免受基于路由器的攻击,并能防止内部信息外泄。

② 强化安全策略。以防火墙为中心的安全方案,能将所有安全软件(如口令、加密、身份认证、审计等)配置在防火墙上,使口令系统和其他的身份认证系统不必分散在各个主机上,而可以集中在防火墙中。

③监控审计。防火墙能记下所有经过防火墙的访问,并做出日志,同时可提供网络使用情况的统计数据。当发生可疑动作时,防火墙能进行报警,并提供网络是否受到监测和攻击的详细信息。

2. 数据加密技术

数据加密技术是最基本的安全技术,是实现信息保密性的一种重要手段,其目的是防止合法接受者之外的人获取信息系统中的机密信息。

(1)数据加密技术的工作原理。

数据加密技术是对信息进行重新编码,从而达到隐藏信息内容、使非法用户无法获得信息真实内容的一种技术手段。数据加密技术可以满足网络安全中数据完整性、保密性等要求。基于数据加密技术的数字签名技术则可以满足不可抵赖等安全需求。可见,数字加密技术是实现网络安全的关键技术。其中,加密是指将原始信息重新组织,变换成难以识别的编码的过程。解密是指用户将接收到的密文经过相应的逆变换还原成原始信息的过程。

(2)数据加密技术的分类。

数据加密技术主要可分为对称密钥加密(私有密钥加密)技术和非对称密钥加密(公开密钥加密)技术。

①对称密钥加密技术。对称密钥加密技术就是使用同一把密钥或使用可以互相推导的一对密钥对原始信息进行加密、解密的技术。这就要求通信双方必须获得这把密钥并使它不被泄露。对称密钥加密以 DES(data encryption standard)算法为典型代表。其加解密过程如图 9-1 所示。

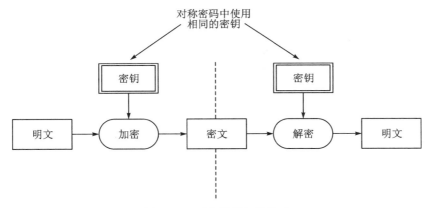

图 9-1 对称密钥加密技术

对称密钥加密技术的优点：对称密钥加密技术对信息进行加密和解密的计算量小,加密速度快,效率高,一般应用于对大量数据文件进行加密、解密。

对称密钥加密技术的缺点：密钥是保密通信安全的关键。如何把密钥安全地送到收信处,是对称密钥加密技术的关键。多人通信时,密钥的组合数量会出现爆炸性增长,使密钥分发更加复杂。n 个人进行两两通信时,总共需要的密钥数为 $n(n-1)/2$。

如果发信者与收信者素不相识,就无法向对方发送秘密信息。对称密钥加密技术难以解决电子商务系统中的数字签名认证问题。开放的计算机网络存在着安全隐患,不能满足网络环境中邮件加密的需要。

②非对称密钥加密技术。非对称密钥加密技术中的加密和解密由两个不同密钥来完成,根据其中的一个密钥推出另一个密钥是不可能的。通常,加密密钥会公之于众,而解密密钥只有解密人自己知道,因此,非对称密钥加密也叫公开密钥加密。

非对称密钥加密技术具有以下的优点：安全性强,即非对称密钥加密技术必须在两个密钥的配合使用的情况下才能完成加密和解密的全过程,因而有助于增强数据的安全性；密钥管理简单,即密钥少而便于管理,n 个贸易方仅需产生 n 对密钥,不需要采用秘密的通道和复杂的协议来传送、分发密钥,可以利用非对称密钥加密技术来实现数字签名。

非对称密钥加密技术的缺点是加密速度慢,因此不适合对大量文件信息进行加密,一般只适用于少量数据的加解密。

3.认证技术

认证技术是保证电子商务交易安全的一种重要技术。电子商务认证可以直接满足身份认证、信息完整性、不可否认等多项电子交易的安全需求，较好地规避了电子交易面临的假冒、篡改、伪造等威胁。

电子商务认证分为两类，一类为信息认证，用于保证信息的可信性、完整性和不可抵赖性；另一类为身份认证，用于鉴别用户身份，包括识别和验证。

其中，身份认证的方式可以分为单向认证、双向认证和基于可信第三方认证三种。

单向认证是指在两个参与主体 A（服务端）和 B（客户端）中，对其中一个主体进行认证。单向认证只要求服务端部署数字证书，任何用户都可以访问（IP 地址被限制的除外），只是服务端提供了身份认证。

双向认证是一种通信双方相互认证的方式，即需要服务端和客户端都进行身份认证，服务端允许的客户才能访问，其安全性相对于单向认证要高一些。

基于可信第三方认证也是一种通信双方相互认识的方式，但必须通过第三方来完成，第三方为两者的可信任性提供担保。当双方进行通信时，首先经过第三方认证，然后交换密钥，进行相互认证。

9.2 电子商务安全对策

9.2.1 信息安全问题及对策

当下，互联网技术高速发展，电子商务的应用越来越广泛。电子商务主要基于网络，具有较强的开放性。这样，一方面交易活动更加便捷、高效，经营管理的效率提高；另一方面也带来了一系列信息安全方面的问题，如黑客攻击、病毒入侵等，严重的甚至可能造成难以估量的经济损失。因此，电子商务的信息安全问题需要被高度重视。

1. 电子商务信息安全要求

所谓保证电子商务信息安全，是指保护电子商务系统不会受到未经授权的访问，避免系统的运行被非法干预。电子商务信息安全要求主要包括保密性、完整性和可用性三个方面。

（1）保密性。

保密性是指电子商务系统中的资源应该仅能由授权者读取。对于电子商务系统而言，保密性具体是指系统应满足如下要求：避免私有交易被其他人截获、读取，也就是说没有人可以通过拦截会话数据的方式来获得订单中的相关信息；如果可能的话，应确保交易的匿名性，避免交易被追踪，使任何人都无法利用"发生交易"这样一个事实本身来实现其他目的。

（2）完整性。

完整性是指电子商务系统中的资源只能由授权者修改。对于电子商务系统而言，完整性具体是指系统应满足如下要求：

①消息完整性。消息完整性是指通信过程中接收到的消息为真实的、非伪造的信息，未在传输过程中被他人篡改，并保证信息传送次序的统一。

②身份认证。身份认证是指通信过程中的双方都能确定对方的身份，确定对方的身份与其声称的身份相符。由于交易匿名性的需要，身份认证并不意味着可以知道对方的准确身份，只能保证通信对象是可靠的。

③抗否认性。抗否认性是指事务结束，参与该事务的各方都不能对此次参与予以否认。

(3)可用性。

一旦消费者得到访问某一资源的权限,该资源就应该能够随时为他使用,而不应该将其保护起来使消费者的合法权益受到损害。在网络环境下,一些非人为故障可能会影响可用性,如网络故障、计算机中病毒等。电子商务系统中,系统可用性有时还包含以下要求:消费者只需登录一次就可以访问任何其他在其访问权限之内的资源,避免消费者在转换到不同服务时需要再次进行登录,降低使用的体验舒适感。

2. 电子商务信息完全问题

电子商务信息安全问题主要包括病毒感染与黑客入侵、软件信息安全漏洞与操作系统漏洞以及网络的自然物理威胁。

(1)病毒感染与黑客入侵。

病毒是编制者在计算机程序中插入的破坏计算机功能或数据,能影响计算机使用,能自我复制的一组计算机指令或程序代码。其作为一种可以侵入电子商务系统的程序,繁殖力与破坏力都较强,能够对交易数据与交易程序进行大规模破坏。互联网的开放性进一步加大了病毒的威胁,并且电子商务信息系统如果存在安全漏洞或安全等级较低的问题,就容易被网络黑客侵入利用。

(2)软件信息安全漏洞与操作系统漏洞。

由于软件编程的高度复杂性与多样性,软件信息安全漏洞在电子商务系统中是较为常见的。如某些程序模块的秘密入口,若被别有用心的人利用,就会造成严重的信息泄露。此外,操作系统本身也经常出现一些安全漏洞问题,如数据库安全漏洞、访问控制混乱等,这些都将对电子商务系统的信息安全造成较大威胁。

(3)网络的自然物理威胁。

电子商务高度依赖于网络,因此与网络相关的一系列自然物理威胁,如电磁辐射干扰、网络设备老化所带来的传输缓慢或中断等,对电子商务信息安全都将产生影响。

3. 电子商务信息安全的防范策略

电子商务信息安全的防范策略包括防范与处理病毒、使用数据加密技术、使用数字证书。

(1)防范与处理病毒。病毒的防范与处理是保障电子商务信息安全的关键环节,应以防范为主、处理为辅。

①病毒防范与处理技术。病毒防范技术主要分为病毒预防技术、病毒检测技术和病毒消除技术。病毒预防技术可以实时监视电子商务系统,并判断系统中是否存在病毒,预防病毒进入系统,避免病毒破坏系统中的文件。病毒检测技术可以在病毒特征分类(以关键字、特征程序段内容等为依据)的基础上对病毒进行识别与侦测。病毒消除技术可以消除病毒程序并恢复被破坏的文件。

②病毒防范与处理措施。在防范计算机病毒方面可以采取的措施如下:对新买的计算机硬件进行严格的病毒检测,使用硬盘启动网络服务器;定期备份数据,为网络目录、文件设置相应的访问权限;对系统管理员的口令进行严格管理,并经常更换口令,避免口令被非法使用;在工作站与服务器中采用防病毒芯片,同时安装病毒防御系统;清除病毒时,使用安全的启动盘引导系统以确保形成一个无病毒环境,从而能在无病毒的环境中清除病毒,并在启动盘以及杀毒盘上加写保护;尽量查找出病毒的主程序,及时将被修改的文件转换过来,以确保病毒清除

的准确性;同时避免采取病毒标识的免疫方法清除病毒;若涉及文件型的病毒,应仔细检查系统中的其他文件是否也已被感染,以保证全面清除病毒。

(2)使用数据加密技术。

在网络协议的限制下,数据流在传输时可能处于未加密状态,且常会涉及用户的关键信息,这些信息一旦被非法窃取将造成严重的影响,而数据加密技术就可以在一定程度上对这些信息加以保护。加密技术属于基本的计算机网络信息安全技术之一,它能防范接收者之外的人获取机密信息,因而可以有效保证电子商务信息安全。

(3)使用数字证书。

数字证书又称数字凭证,即用电子手段来证实用户的身份和对网络资源的访问权限。数字证书是一种数字标识,相当于网络上的安全护照,用以证明网络身份。数字证书拥有CA认证中心的数字签名,包含公钥以及公钥拥有者的信息,可证明网络上的公钥拥有者就是证书上记载的使用者。

9.2.2 电子商务企业财务安全问题及对策

随着电子商务的不断发展,各种电子商务企业开始发展壮大,从个人经营的小店铺发展为颇具规模的现代企业,由此也会面临一系列更加复杂的财务安全问题。本节将从电子商务企业的角度,分析其面临的财务安全问题,并介绍相应的防范策略。

1. 电子商务企业的财务风险特征

由于电子商务与传统交易之间存在着很多差异,电子商务企业面临的财务风险也与传统企业有较多不同。电子商务企业的财务风险特征包括行业特性、投资风险性和覆盖全面性。

(1)行业特性。

电子商务企业的资本结构与很多专注于实体行业的传统企业不同,其无形资产占总资产比重较高。除自己生产并在网上销售的电子商务企业外,其他多数电子商务企业的固定资产占比都不大。同时,电子商务企业的资产周转率也相对较高。一般而言,电子商务企业会将运输物流等需大量投入资金的环节外包给第三方专业公司,但这样的方式也会带来较大的融资风险。

(2)投资风险性。

电子商务企业多为轻资产公司,其核心竞争力在于拥有的无形资产。电子商务企业通常会将大量资金投入付费引流、店铺装修等环节,但其成效与价值又受到很多因素的影响,如竞争对手的反应、流行时尚的变化、设计水准难以认定等。在未获得实际收益之前,这些无形资产的投入在未来带来的收益不能得到保证,一旦效果不佳,企业前期的投入就白费了。因此,电子商务企业对无形资产的投入往往存在着较大的风险。

(3)覆盖全面性。

电子商务企业的产业链中存在较多的不可控因素,电子商务企业也不能严格把控所有环节,如不能完全把控快递过程等。而每一个产业链环节都与电子商务企业的经济效益有直接关系,任何一个环节出现问题都会对企业的正常运营管理造成不良影响,从而影响其经济效益和资金运转,所以电子商务企业的财务风险覆盖了整个产业链。

2. 电子商务企业的财务安全问题

一般而言,电子商务企业的财务风险包括信用风险、市场风险、运营风险和融资风险。

(1)信用风险。

信用对于任何一个想得到长久发展的企业来说都是至关重要的。在电子商务交易过程中,由于消费者不能看到实物,所以更多地依靠店铺评分和其他消费者评价来判断商品的优劣。因此对于电子商务企业来说,信用的好坏将直接影响企业产品的销量,而且对于品牌形象的塑造和忠实销售者的培养都很重要。如果企业忽略了信用问题,出售假货、质量不合格的商品或进行虚假宣传,不仅会遭到电子商务平台的严厉处罚,还会使以前积累起来的消费者流失,带来巨大的财务风险。此外,电子商务企业拥有大量的消费者信息资料,若不对其加以管理和妥善保管,造成消费者信息泄露,将严重影响自身的信誉,带来巨大的财务风险。

同样,交易双方的信用问题也会带来财务风险。传统实体交易中,交易通常要经历谈判沟通、签订合同、支付、验货等流程,耗时长且需要签署大量纸质凭证和合同。纸质文件易于识别、不易造假,因此可以较好地保护交易双方。但在多数电子商务交易活动中,双方是通过互联网进行交流的,交涉、谈判的流程大大缩短,这一方面提升了交易效率,但另一方面也为网络造假留下了较大空间,财务风险也相应增大。

(2)市场风险。

随着电子商务行业竞争加大,人们消费需求的多元化以及社交平台对电子商务营销的影响加大,市场环境的变化也越来越快。企业即便拥有较强的市场洞察力,也很难避免市场风险,从而对其财务状况造成负面影响。

(3)运营风险。

目前行业内竞争激烈,很多电子商务企业为了吸引消费者、为店铺引流,往往会给出先试用后支付等承诺,这不仅会给电子商务企业增加大量应收账款,也会增大资金回收方面的风险。同时收入的不确定性也会打乱资金周转计划,给电子商务企业的财务管理带来一定的难度,加大其财务风险。

(4)融资风险。

由于电子商务企业大多属于轻资产企业,没有机器设备可作为抵押物,且电子商务本身存在诸多的不确定因素,因此电子商务企业向银行等金融机构贷款的难度相对较大,这使得电子商务企业的筹资方式较为单一,一般依靠内部融资筹集资金。这样的融资方式获得的资金规模不大,对于想要有进一步发展的电子商务企业而言是很难满足其发展需要的,因而企业可能会面临较大的融资风险。

3. 电子商务企业财务安全的防范策略

电子商务企业财务安全的防范策略包括建立健全的企业财务制度、加强财务风险管理意识、规范运营方式和构建灵活的资金管理体系

(1)建立健全的企业财务制度。

电子商务企业要想防范财务风险,首先需要建立合理完善的财务制度,使财务制度更加科学,从而更好地规范企业的财务流程,减少一些不必要的财务环节,在提高效率、降低风险的同时,电子商务企业应实时监督财务制度实施效果,确保其落实到位,并定期根据财务制度施行的实际情况对其进行修订。

(2)加强财务风险管理意识。

电子商务企业应加强对财务风险的控制。由于财务风险全面涵盖了电子商务企业生产、运营、管理的所有环节,每个环节都可能对企业的经济效益产生影响,因此不能将财务风险控

制视作只应管理层考虑的事,而是应当让所有部门都参与到识别、控制财务风险的工作中来,明确每个岗位的职责,同时加强员工的财务知识培训,提高员工的风险管理意识,逐步培养企业内部的风险管理文化,使所有员工长期受到这种文化的感染,久而久之,员工就能自觉遵守财务相关的规章制度。

(3) 规范运营方式。

电子商务企业在运营过程中应做到有规划、有根据,管理层应充分利用财务报表等数据为决策支撑,不得在不考虑企业财务状况的情况下贸然制定运营策略,如企业销售业绩不佳还支付大笔资金用于店铺推广,或进行大幅度的打折促销等。同时,电子商务企业的运营还应做到合法合规、以消费者为中心,因为店铺评分、消费者评价等都会对企业的经济效益产生直接影响。

此外,控制应收账款周转率也是十分关键的。过多的应收账款会使企业面临巨大的资金压力,一旦出现较多坏账,企业将会面临资金链断裂的危险。因此,电子商务企业必须加强对应收账款的管理,制定符合企业实际情况的应收账款管理体系,定期编制应收账款账龄表,并对账龄较长的应收账款加大催收力度。

(4) 构建灵活的资金管理体系。

随着电子商务行业的快速发展,消费者的消费需求、习惯变化较大,为了适应市场的变化,电子商务企业应构建更灵活的资金管理体系,如在销售旺季来临前提前准备好营销推广的资金。同时,电子商务企业的筹资渠道较为单一,有可能面临资金短缺的危险,因此电子商务企业应提高资金利用率,制订合理的资金收支计划,尽可能提高自身的营利能力和核心竞争力,争取获得风险投资人的青睐。

9.2.3 电子商务的法律安全问题及防范

电子商务作为一个新领域,在快速发展的同时,必然也会出现较多法律问题。由于电子商务与传统交易行为之间存在着显著差别,电子商务交易主体在从事经营活动的过程中,往往会遇到一些传统交易不会涉及的法律安全问题。本节将主要介绍网络域名的法律安全和电子签名的法律安全问题,并给出针对这两个问题的防范建议。

1. 网络域名的法律安全问题及防范策略

随着电子商务的不断发展,网络域名已经成了品牌的一部分,在打造品牌价值的过程中扮演着重要角色,在企业发展策略中占有一席之地。网络域名对于企业而言不仅意味着一个标识,还具有较大的商业价值,相当于企业的无形资产。因此,与网络域名相关的法律安全风险及其防范就显得尤为重要。

(1) 网络域名的法律安全问题。

就目前而言,网络域名还没有被纳入企业的知识产权保护,其注册遵循的是"先申请先注册"的原则。因此对于知名企业而言,若没有及时将自己的企业名称或商标注册为网络域名,就容易被其他企业抢先注册(即抢注)。企业如果发现自己想要注册的网络域名已被他人注册,除了注册其他网络域名外,就只有向该网络域名的拥有者购买。在实际情况中,网络域名的法律安全问题主要是网络域名抢注。

网络域名抢注是指故意将其他企业(多数情况涉及的是知名企业)的企业名称、商标等抢先注册为网络域名,但并不将该网络域名用于经营活动,其主要目的是收取拥有该商标或名称的企业为赎回网络域名而付出的大笔费用。恶意抢注网络域名不仅会让被抢注企业在网络域名注册成本上升,还可能影响其形象和声誉。

为了治理恶意抢注域名纠纷,我国颁布了规范性文件《中国互联网信息中心域名争议解决办法》(以下简称《域名争议解决办法》)与《中国互联网信息中心域名争议解决办法程序规则》。《域名争议解决办法》的第九条规定,被投诉的域名持有人具有下列情形之一的,其行为构成恶意注册或者使用网络域名:

① 注册或受让域名的目的是为了向作为民事权益所有人的投诉人或其竞争对手出售、出租或者以其他方式转让该域名,以获取不正当利益;

② 多次将他人享有合法权益的名称或者标志注册为自己的域名,以阻止他人以域名的形式在互联网上使用其享有合法权益的名称或者标志;

③ 注册或者受让域名是为了损害投诉人的声誉,破坏投诉人正常的业务活动,或者混淆与投诉人之间的区别,误导公众;

④ 其他恶意的情形。

(2) 网络域名的法律安全问题防范。

既然我国法律对于网络域名抢注有明确的规定,那么企业一方面要防范他人的恶意抢注,另一方面也不能将他人的名称、商标抢注为网络域名。这两方面的法律安全问题企业都应注意防范。

① 企业注册的域名应避免与他人在先权利冲突。

注册网络域名时,应当避免与他人在先权利冲突,特别是与他人的商标权发生冲突,否则将会带来潜在法律风险。根据《最高人民法院关于审理涉及计算机网络域名民事纠纷案件适用法律若干问题的解释》第四条,"被告域名或其主要部分构成对原告驰名商标的复制、模仿、翻译或音译;或者与原告的注册商标、域名等相同或近似,足以造成相关公众的误认"被认定构成侵权或者不正当竞争。若忽视了这一点,将他人的知名商标注册为网络域名,将意味着存在巨大的法律风险。

② 避免与企业名称、商标相关的网络域名被他人抢注。

企业应提高自身的网络域名意识,及时将自己的商标或企业名称注册为网络域名,让消费者可以通过网络域名辨识出自己的商品和品牌,防范他人恶意抢注,避免企业遭受经济损失,或对企业的品牌信誉造成负面影响。

企业还要重视网络域名的防御性注册,即为了防范他人注册与自己相近似的网络域名以误导公众,防御性地注册一些与自己商标或企业名称相近似的网络域名。这些域名不必使用,只是为了防止他人恶意注册。同时,企业应加强对不利于自己的网络域名注册的监测力度,及时发现侵权行为并通过法律途径进行解决。

2. 电子签名的法律安全问题及防范策略

随着通信技术的发展以及智能设备普及度的提高,在很多电子商务活动中,签名方式不再是印刷纸上加盖公章、签字、按手印等,电子签名取代了这种传统纸质签名。电子签名在日常生活中已经较为常见,支付宝上通过指纹识别完成付款、通过U盾完成网上银行交易等场景,实际上都是在使用电子签名来确定交易行为。在交易过程中使用电子签名,可节省大量合同签署、管理以及归档成本,提升合同管理和交易完成的效率。既然电子签名如此普及、有效,由此必然牵涉对电子签名安全性的疑问,防范电子签名的法律风险成了一个重要问题。

(1)电子签名的法律本质。

根据《中华人民共和国电子签名法》(以下简称《电子签名法》)第二条的规定,电子签名是指"数据电文中以电子形式所含、所附用于识别签名人身份并表明签名人认可其中内容的数据"。而数据电文是指"以电子、光学、磁或者类似手段生成、发送、接收或者储存的信息"。由该条内容规定可以看出,电子签名主要的用途是识别签名人并表明签名人对内容的认可。

同时,根据《电子签名法》第十三条的规定,可靠的电子签名应同时具备如下条件:电子签名制作数据用于电子签名时,属于电子签名人专有;签署时电子签名制作数据仅由电子签名人控制;签署后对电子签名的任何改动能够被发现;签署后对数据电文内容和形式的任何改动能够被发现。

总的来说,从法律的角度看,电子签名实际上属于电子数据的应用,通过外部签约内部加密行为配合实现。其中,内部加密行为是重点,只有经过加密才能保证电子签名的唯一性,并保证相关签署行为的真实性和结果的不可篡改性。

(2)电子签名的法律适用范围。

根据《民法典》相关条文规定,以及《电子签名法》第三条及其他相关规定,电子签名方式的适用范围包括签署一般民事合同(如借款合同和买卖合同)、电子招投标活动。同时,《电子签名法》第三条明确规定了以下文书不可使用电子签名:涉及婚姻、收养、继承等人身关系的;涉及停止供水、供热、供气等公用事业服务的;法律、行政法规规定的不适用电子文书的其他情形。

(3)电子签名的实现方式。

一般而言,通过电子签名方式签署电子合同的过程中,需要电子认证服务机构(即CA认中心)、电子合同服务平台、签订合同的主体以及可信第三方服务中心参与。其中,电子合同服务平台是处于核心地位的中介机构,它能够将其他三方连接起来,签订合同的主体均应在电子合同服务平台上完成认证注册。

(4)电子签名的法律风险。

就目前而言,电子签名的法律风险主要表现在以下三个方面。

①电子签名使用人未履行失密告知义务而造成的风险。

根据《电子签名法》第二十七条的规定:"电子签名人知悉电子签名制作数据已经失密或者可能已经失密未及时告知有关各方、并终止使用电子签名制作数据,未向电子认证服务提供真实、完整和准确的信息,或者有其他过错,给电子签名依赖方、电子认证服务提供者造成损失的,承担赔偿责任。"因此,一旦电子签名使用人发现电子签名失密或可能存在失密情况,都有义务将此情况及时告知相关方,否则将可能承担赔偿因电子签名失密而给相关方造成的损失的法律责任。

②电子签名被冒用而造成的风险。

在使用电子签名前的交易过程中,纸质合同与印章往往由交易双方妥善保管,且制作印章的管理较为严格,印章被其他无关第三方仿制的可能性是比较小的。电子签名普及后,使用电子签名的交易双方均将自己的图章信息上传到网络中,由此就带来了图章信息泄露的风险。第三方很可能利用不法手段收集交易主体的图章,进而相对容易地加以仿制或盗用。我国法律也对伪造、冒用电子签名等违法行为的法律责任做出了明确的规定,《电子签名法》第三十二条规定:"伪造、冒用、盗用他人的电子签名,构成犯罪的,依法追究刑事责任;给他人造成损失的,依法承担民事责任。"

③电子认证服务机构泄露信息而造成的风险。

从本质上而言,电子签名只是一串虚拟的数字或代码,也属于一种网络信息,因而在使用电子签名的过程中也存在信息泄露的可能,如电子认证服务机构因操作失误甚至故意行为导致的电子签名相关信息泄露或遗失。电子签名签约主体面对这些风险,往往也很难在技术予以应对,难以保障电子签名的信息安全,只能在遭遇电子签名泄露时,诉诸法律并请求赔偿。根据《电子签名法》第二十八条的规定:"电子签名人或者电子签名依赖方因依据电子认证服务提供者提供的电子签名认证服务从事民事活动遭受损失,电子认证服务者不能证明自己无过错的,承担赔偿责任。"

(5)电子签名的法律风险防范。

电子签名因其自身特点以及受限于互联网技术的发展水平,在使用过程中具有一定的法律风险。企业可以采取以下防范措施降低相关风险:选择正规的、业内知名度较高的电子合同服务平台;应当确保电子制作数据在用于电子签名时,为电子签名人专有;应当确保合同签署时签名制作数据仅由电子签名人控制;严格监控电子签名,防止其被他人篡改;明确相关法律法规,不将电子签名用于法律规定的适用范围之外的文书;针对重大合同另行签订确认书,为合同的真实有效性多加一层保障,降低交易风险。

本章小结

本章介绍了电子商务安全的概念,分析了电子商务的安全常见问题;介绍了电子商务安全常用技术,论述了不同技术的工作原理及相关内容;介绍了电子商务的安全问题及防范措施。

工作任务

(1)电子商务安全的常见问题有哪些?
(2)阐述防火墙的类型。
(3)电子商务法律安全问题有哪些?

实践应用

(1)登录中国银行、中国建设银行网站,思考网上银行的电子商务安全需要具体体现在哪些方面。
(2)登录数字证书网,在线申请免费个人数字证书。

任务拓展

登录百度,整理近五年来发生的由于本章所讲的安全问题给电子商务企业带来损失的案例。

第10章　跨境电子商务

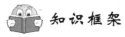 知识框架

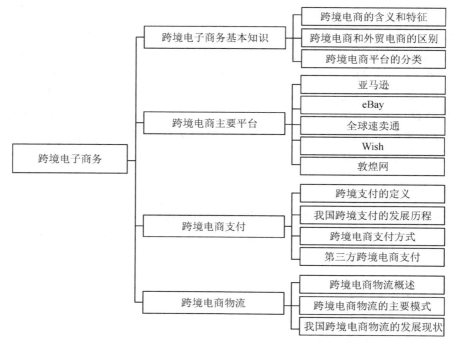

 知识目标与能力目标

知识目标：

1. 了解跨境电子商务的含义和特点
2. 熟悉跨境电商的主要平台
3. 熟悉跨境电商物流的主要模式

能力目标：

1. 能独立完成跨境电商平台下单流程
2. 能独立完成跨境物流发货流程

案例导入

经济增长，坚持"一带一路"

"一带一路"作为一个桥梁，联动内海，真正实现了经济全球化的务实落地，形成了一个本

土品牌和国际品牌双向升级的态势。

20世纪80年代提到的经济全球化的论点,从某种意义上来讲只是单向的全球化。想要完善经济全球化,首先要推动国家与国家之间的开放和包容,以互联、互通、互动为基础,推动包容联动发展,开创陆海连通、南北连通的全球化,真正让全球化无死角。

随着跨境电商平台的不断发展完善,中国与"一带一路"沿线国家的商品流通更为方便,同时带动沿线国家电子商贸、交易平台、支付结算等技术的发展与应用,推动"一带一路"沿线形成新的商业格局和产业链,将更多"一带一路"沿线国家链接到世界产业链大网络之中。

中国跨境电商参与"一带一路"建设怎样做才能更好地发挥作用呢?从目前的实践和未来的发展趋势来看,以下几个方面的问题应当予以足够重视:协同跨境电商各个环节上的企业,提供中国企业的整体解决方案。目前,中国企业在通信基建、个人通信硬件及物流保险和产品购销等方面具有较大优势,在这个产业链上产生了华为、小米等世界级企业。它们积极拓展海外市场,进入"一带一路"沿线的国家和地区,其中包括东南亚各国及南亚、阿拉伯和非洲地区。中国企业在参与"一带一路"建设过程中应当进行有效协调,彼此支持,形成优势力量,有效降低海外落地的风险,保证中国电商企业"走出去"的成功率。

资料来源:王辉耀.跨境电商成为"一带一路"倡议发展新动力[EB/OL].(2018-05-27)[2021-08-10]. https://m.gmw.cn/baijia/2018-05/27/28990572.html.

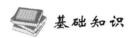
基础知识

10.1 跨境电子商务基本知识

10.1.1 跨境电商的含义和特征

1. 狭义的跨境电商

从狭义角度看,跨境电商基本等同于跨境零售,是指分属于不同关境的交易主体网络达成交易,进行支付结算并采用快件、小包等邮寄方式通过跨境物流将商品送达消费者手中的交易过程。

2. 广义的跨境电商

从广义角度看,跨境电商基本等同于外贸电商,是指分属于不同关境的交易主体,通过电子商务的手段将传统进出口贸易中的展示、洽谈和成交环节电子化,并通过跨境物流送达商品、完成交易的一种国际商业活动。

3. 跨境电商的特征

跨境电子商务融合了国际贸易和电子商务两方面的特征,具有更大的复杂性,这主要表现在三个方面:一是信息流、资金流、物流等多种要素必须紧密结合,任何一方面的不足都会阻碍整体跨境电子商务活动的完成;二是流程繁杂,法规不完善,即电子商务作为国际贸易的新兴交易方式,目前在通关、支付、税收等领域的法规还不完善;三是风险触发因素较多,容易受到国际政治经济宏观环境和各国政策的影响。具体而言,跨境电子商务具有以下特征。

(1)全球性。

跨境电子商务依附于网络,具有全球性和非中心化的特性。任何人只要具备了一定的技术手段,在任何时候、任何地方都可以进入网络,相互联系进行交易。跨境电子商务是基于虚拟网络空间展开的,这也就丧失了传统交易方式下的地理因素要素。跨境电子商务中的制造商可以隐匿其实际位置,而消费者对制造商的所在地也不再过多关注。

(2)可追踪性。

电子商务在整个交易过程中,议价、下单、物流、支付等信息都会有记录,消费者可以自行查看商品发货状态和运输状态。例如,对跨境进口商品,我国对跨境电商企业建立了过程可控、流向可追踪的闭环检验和检疫监管体系,这样既提高了通关效率,又保障了进口商品的质量。

(3)无纸化。

电子商务主要采取无纸化操作的方式,电子计算机通信记录取代了一系列的纸面交易文件,用户主要发送或接收电子信息。电子信息以字节的形式存在和传送,这就使整个信息发送和过程实现了无纸化。无纸化使信息传递摆脱了纸张的限制,但同时也带来了一定程度上的法律混乱。

(4)多边化。

跨境电商可以通过 A 国的交易平台、B 国的支付结算平台、C 国的物流平台,实现各国家间的直接贸易。跨境电子商务从链条化逐步进入网状时代,中小微企业不再简单依附于单向的交易或是跨国大企业的协调,而是形成一种互相动态连接的生态系统。依托于跨境电商生态圈,中小微企业之间可以不断达成可能的新交易,不断以动态结网的形态来组织贸易也可以从中不断分享各类商务知识和经验。

(5)透明化。

跨境电子商务不仅可以通过电子商务交易与服务平台,实现多国企业之间、企业与最终消费者之间的直接交易,而且在跨境电子商务模式下,供求双方的贸易活动可以采取标准化和电子化的合同、提单、发票和凭证,使得各种相关单证在网上即可实现瞬间传递,增加贸易信息的透明度,减少信息不对称造成的贸易风险。这将弱化传统贸易中一些重要的中间角色,形成了制造商和消费者的双赢局面。通过电子商务平台,跨境电子商务大大降低了国际贸易的门槛,使贸易主体更加多样化,大大丰富了国际贸易的主体阵营。

10.1.2 跨境电商与外贸电商的区别

外贸是对外贸易的简称,是指一个国家(地区)与另一个国家(地区)之间进行的商品、劳务和技术交换活动。随着互联网的兴起,外贸电商开始出现,外贸企业开始利用电子商务手段进行产品的销售或者协助产品的销售、推广。

跨境电商和传统的外贸电商有以下区别。

1. 交易的地域范围不同

跨境电商贸易过程中相关的信息流、商流、物流、资金流已由传统外贸电商的双边逐步向多边的方向演进,呈网状结构。

2. 电子商务平台在整个贸易过程中的作用不同

跨境电商将传统外贸的国家(地区)与国家(地区)之间的贸易变为不同的关境之间的贸

易,也从侧面强调和突出了边境及关税壁垒在对外贸易当中的重要性。外贸电商时代,电商平台是为信息服务的,出口企业更多的是运用电商平台推广和宣传产品及自身企业,并寻找有意向的买家,了解外商求购信息。跨境电商时代,电商平台是为企业商品服务的,电商平台更多的作用是把商品直接销售给海外顾客。

3. 交易途径和税费计算法不同

外贸电商时代,很多交易都是在线下完成的,而跨境电商则开始利用支付信保平台,逐渐在线上直接完成交易。由于外贸电商仍属于传统的一般贸易,因此贸易过程中仍涉及复杂的关税、增值税、消费税及出口退税等各种税费的计算和缴纳。跨境电商时代,政府的扶持力度不断加强,各种保税区不断成立,各项税收的优惠不断增加,很多跨境电商贸易甚至只涉及行邮税。

10.1.3 跨境电商平台的分类

跨境电子商务平台是指面向企业或个人的网上跨境交易平台,它是一个供不同国家和地区的买卖双方进行商务活动的虚拟网络空间,也是一种保障跨境电子商务顺利运营的管理环境,是协调、整合信息流、物流、资金流有序、关联、高效流动的重要场所。根据不同标准,可以将跨境电商平台进行以下划分。

1. 以交易主体类型分类

(1)B2B跨境电商平台。B2B跨境电商平台面对的最终客户为企业或集团,并为其提供产品、服务等相关信息。代表平台有敦煌网、中国制造网、阿里巴巴国际站、环球资源网等。

(2)B2C跨境电商平台。B2C跨境电商平台面对的最终客户为个人消费者,针对最终客户以网上零售的方式,将产品售卖给个人消费者。代表平台有全球速卖通、亚马逊等。

(3)C2C跨境电商平台。C2C跨境电商平台面对的最终客户为个人消费者,商家也是个人卖家,由个人卖家发布售卖的产品或服务的信息、价格等内容,供个人买家进行挑选,最终通过电商平台达成交易,进行支付结算,并通过跨境物流送达商品,完成交易。代表平台有eBay等。

2. 以服务类型分类

(1)信息服务类跨境电商平台。信息服务类跨境电商平台主要为境内外会员商户提供网络营销平台,传递供应商或采购商等商家的商品或服务信息,促成双方完成交易。代表平台有阿里巴巴国际站、环球资源网、中国制造网等。

(2)在线交易类跨境电商平台。在线交易类跨境电商平台不仅提供企业、产品、服务等多方面信息展示,还支持在线上搜索、咨询、对比、下单、支付、物流、评价等。在线交易类跨境电商平台正在逐渐成为跨境电商中的主流模式。代表平台有敦煌网、全球速卖通、米兰网、大龙网等。

3. 以平台运营方分类

(1)第三方开放平台。第三方开放平台在线上搭建跨境电商商城平台,并整合物流、支付、运营等服务资源,吸引商家入驻,为其提供跨境电商交易服务,同时平台以收取商家佣金及增值服务佣金作为主要盈利模式。代表平台有全球速卖通、敦煌网、环球资源网、阿里巴巴国际站等。

（2）自营型平台。自营型跨境电商平台在线上搭建平台，平台方整合供应商资源，通过较低的进价采购商品，然后以较高的售价出售商品。自营型平台主要以商品差价作为盈利模式。代表平台有兰亭集势、米兰网、大龙网等。

（3）外贸电商代运营服务平台。该类型平台服务提供商能够提供一站式电子商务解决方案，并能帮助外贸企业建立定制的个性化电子商务平台，其盈利模式是赚取企业支付的服务费用。代表平台有四海商舟、锐意企创等。

10.2　跨境电商主要平台

目前，比较知名的出口跨境电商 B2C 平台主要有亚马逊、eBay、全球速卖通、Wish 等，进口跨境电商 B2C 平台主要有网易考拉海购、天猫国际、唯品国际、京东全球购、聚美极速免税店等，跨境电商 B2B 平台主要有阿里巴巴国际站、环球资源网、敦煌网、中国制造网等。

10.2.1　亚马逊

亚马逊是美国最大的一家电子商务公司，位于华盛顿州的西雅图。它成立于 1995 年，是最早开始经营电子商务的公司之一，最初只是一个销售书籍和音像制品的"网上书店"。2000年亚马逊开始通过品类扩张和国际扩张，致力于成为全球最大的网络零售商，用户多为国外中高端消费群体。近两年，亚马逊在中国市场发展迅速，不少中国卖家纷纷入驻亚马逊开展海外贸易，并取得了令人瞩目的成绩。

亚马逊及其他销售商为客户提供数百万种独特的全新、翻新及二手商品，如图书、影视、音乐、游戏、数码产品、家居园艺用品、婴幼儿用品、食品、服饰、鞋类和珠宝、健康和个人护理用品、体育及户外用品、汽车及工业产品等。

1. 亚马逊的特点

亚马逊坚持"以客户为中心"的理念，秉承"天天低价，正品行货"的原则为客户服务。作为世界范围内成功的电子商务平台，亚马逊具有一些较为鲜明的特点。

（1）宽进严管。亚马逊采取"宽进严管"的管理方式，个人和企业都可以在其平台上开店。除了个别类目需要卖家提供某些资料供平台审核之外，其他类目完全向卖家开放。相对于其较低的进入门槛，亚马逊对入驻卖家的管理却较为严格。无论是个人卖家还是企业卖家都必须遵守亚马逊的全方位保障条款，亚马逊十分重视买家权益。它不仅要求卖家的产品质量拥有优势，而且要求商品还必须具有一定品牌。

（2）重产品详情，轻客服咨询。亚马逊平台没有设置在线客服，其鼓励买家自助购物。在没有客服帮助的情况下，商品详情页就显得更加重要。卖家必须提供非常详细、准确的产品详情和图片，在亚马逊平台上商品详情页的样式都是统一的。这种做法极大地节省了卖家的引导时间，卖家可以将精力和时间放在定价、配送、售后等环节。

（3）重推荐，轻广告。亚马逊平台不太重视收费推广广告，买家在平台中看到的一般都是关联推荐和排行推荐。这些推荐的依据来自该用户的购买记录以及商品的买家好评度和推荐度。所以，卖家可以通过增加选品种类、优化后台数据，引导买家留下好评等增加平台推荐机会。

(4)重视客户反馈。亚马逊平台比较重视客户的反馈。这里的反馈有买家对商品的评论,也有买家对于卖家提供的服务质量的评价等级。在亚马逊平台上,顾客反馈和产品评价等级是十分重要的,它代表着顾客是否对商品满意。如果反馈和评价过低则会影响店铺形象,但是没有顾客反馈和产品评价也不能"万事大吉",相反还会有被关闭账号的风险。

(5)平台自建物流。亚马逊平台的一大特色服务就是FBA(fulfillment by Amazon),即亚马逊仓储物流为商家提供物流和仓储等配套服务。平台提供这些服务会向商家收取一定的费用。要使用亚马逊物流服务,卖家需要自行将商品进口到目标市场所在的海外国家,并储存在当地的亚马逊物流服务中心,由亚马逊来完成当地的订单配送。虽然亚马逊仓储物流的收费标准高于一般的仓储公司,但由于FBA得到买家较高的认可度,因此不少买家都愿意支付更多的钱来选择FBA;而且在同等条件下,亚马逊平台上使用FBA服务的卖家曝光度要高于其他卖家。

10.2.2 eBay

1. eBay的概况

eBay是一家B2C跨境电商平台,于1995年9月成立于美国加州硅谷,1999年开启全球扩张进程,首个海外站点设在德国,2002年eBay与贝宝(PayPal)合并,又于2015年将PayPal拆分出去成为独立企业。

eBay是最为典型的第三方跨境电子商务交易平台,不提供任何自营商品。eBay借助强大的平台优势、安全快捷的支付解决方案及完善的增值服务,有力地推动了中国跨境电商网上零售出口产业的发展,为中国卖家提供了更多直接面向海外市场的销售渠道,受到中国卖家的追捧。2020年eBay前1000名优秀卖家的数据显示,22%的卖家来自中国,居榜单第二位,仅次于英国。

2. eBay平台的特点

eBay平台拥有数目庞大的网上店铺,每天有数以百万的商品更新,面对巨大的跨国市场,eBay平台拥有较大的优势,主要体现在以下方面。

(1)门槛低。卖家只需简单地注册一个eBay平台账户,就可以在eBay平台开通的全球各个站点开展外贸销售。

(2)利润高。eBay平台在全球拥有多个站点,覆盖上百个国家和地区的消费人群。卖家在eBay平台上可以接触到终端消费者,从而缩短交易流程,获取更高利润。

(3)支付方便。eBay平台使用PayPal在线支付工具,安全、便捷,支持全球20多种货币,可让买家的外贸支付畅通无阻。

(4)销售方式灵活。eBay平台为卖家提供了不同的销售模式,卖家和买家可以有更多选择。

10.2.3 全球速卖通

1. 全球速卖通概况

全球速卖通(AliExpress)是阿里巴巴集团旗下面向全球市场打造的在线交易平台,其业务有B2B模式和B2C模式,其中B2C模式占据主流。全球速卖通主要帮助中小企业接触海外终端消费者,又被广大卖家称为"国际版天猫"。全球速卖通首页网址为 https://www.aliexpress.com。

全球速卖通上线于 2010 年 4 月,经过多年的高速发展,现已成为中国最大的跨境电商平台,平台年交易额增速超过 100%,活跃买家遍布全球 200 多个国家和地区。2016 年,全球速卖通平台转型升级,将"货通天下"升级为"好货通,天下乐";将平台上的跨境 C2C 业务全面转型为跨境 B2C,所有商家必须以企业身份入驻速卖通,而且产品必须有注册品牌。

全球速卖通平台的特点与优势如下:
(1)市场广:覆盖 200 多个国家和地区,支持世界 10 多种语言。
(2)流量大:在 2019 年 Q2 全球购物类应用装机量排名第 4 位,流量巨大,发展速度较快。
(3)评价好:在近百个国家的应用市场购物榜单中排名靠前,深受各国用户喜欢。
(4)门槛高:新用户注册需要企业资质、英文商标、缴纳年费,平台实际品牌封闭管理机制。
(5)竞争激烈:卖家在保证质量的同时在价格上也要有优势,营销推广非常重要。

目前,在俄罗斯、美国、西班牙等国家的全球速卖通成交额占到平台总额比重较大。在全球速卖通平台上销售最好的支柱行业有 20 多个,承担了平台 95% 的交易额。

10.2.4 Wish

Wish 于 2011 年 12 月创立于美国旧金山硅谷,当时的 Wish 只是一个类似于国内蘑菇街和美丽说的导购平台。2013 年 3 月,Wish 在线交易平台正式上线,移动 App 于同年 6 月推出,当年经营收益即超过 1 亿美元。目前,Wish 是北美最大的移动跨境电商平台,据统计 Wish 卖家大部分来自中国,大部分产品都直接从中国发货。Wish 用户的年龄主要分布在 18 岁到 30 岁,其中 70% 的用户为女性。

Wish 平台具有以下优势:
(1)Wish 平台专注于移动 App 购物体验,可以高效利用碎片化的时间。
(2)Wish 淡化店铺概念,注重商品本身的区别和用户体验质量。在商品相同的情况下,服务记录好的卖家会得到更多推广机会。
(3)Wish 平台具有个性化推荐系统。Wish 平台可以给每个商品公平匹配流量,会根据买家的体验来优化计算方法和推送产品,千人千面,匹配率和转化率都相对高,对于中小卖家更有吸引力。买家根据系统平台推荐的内容浏览自己可能感兴趣的商品,主动搜索比例较低。
(4)Wish 平台具有价格优势。卖家需要注意的是,因为 Wish 平台在同一个页面或同一个推动下不出现重复或相似度高的产品,所以在选择商品时尽量考虑到差异化。这一点和其他平台不同,在其他平台上同质化的商品可以通过低价来吸引流量、抢夺市场,但是在 Wish 平台上同质化的商品可能就意味着没有曝光的机会。

10.2.5 敦煌网

敦煌网(DHgate.com)是全球领先的在线外贸交易平台,是国内首个为中小企业提供 B2B 网上交易的网站。敦煌网于 2004 年创立,致力于帮助中国的中小企业通过跨境电子商务平台开拓全球市场,为其开辟一条全新的国际贸易通道,让在线交易变得更加简单、安全、高效。

敦煌网采取佣金制,免注册费,只在买卖双方交易成功后收取费用。作为中小额跨境电子商务的创新者,敦煌网采用电子邮件营销(e-mail direct marketing,EDM)模式,低成本、高效率地拓展海外市场,其自建的敦煌网平台为海外用户提供了高质量的商品信息。用户可以自由订阅英文 EDM 商品信息,第一时间了解市场最新供应情况。

敦煌网与其他 B2B 公司的盈利模式不同,它以在线贸易为核心,以交易佣金为主营收入的运营模式在不断完善。如果是卖家,则在敦煌网上注册、验证、开店铺、发布产品、交易是全免费的;如果是买家,则注册不收费,购买时需要支付给敦煌网佣金。

10.3 跨境电商支付

10.3.1 跨境支付的定义

跨境支付(cross-border payment)是指两个或者两个以上国家或者地区之间因国际贸易、国际投资及其他方面所发生的国际债权债务借助一定的结算工具和支付系统实现资金跨国和跨地区转移的行为。跨境支付也是跨境电子商务的主要环节。在跨境电子商务领域,银行转账、信用卡支和第三方支付等多种支付方式并存。电子商务的发展带动了第三方支付的快速发展,在人们切身感受到商品贸易全球化所带来便利的同时,对于跨境支付的需求也日益增多。国际上最常用的第三方支付工具是的贝宝(PayPal)。

2015 年 1 月,国家外汇管理局正式发布了《国家外汇管理局关于开展支付机构跨境外汇支付业务试点的通知》和《支付机构跨境电子商务外汇支付业务试点指导意见》,开始在全国范围内开展部分支付机构跨境外汇支付业务试点,允许支付机构为跨境电子商务交易双方提供外汇资金收付及结售汇服务。此举对跨境支付的发展意义重大,不仅大大增强了跨境电子商务及跨境购物用户操作上的便利性,而且在一定程度上打击了海外跨境代购,提升了跨境支付的安全性。

10.3.2 我国跨境支付的发展历程

1. **初创期**:1999—2004 年

我国第三方支付开始于 1999 年,首信、环迅等第三方支付公司于当年成立。2004 年底支付宝的成立标志着行业初创期结束。其间,第三方支付主要做银行网关和一些便民增值业务,用户访问往往只能使用 IE 浏览器,支付体验较差。

2. **发展期**:2005—2011 年

2005 年之后,国内一系列支付平台建立起来,第三方支付在自己的优势领域不断尝试。2005—2011 年是第三方支付发展的黄金时期,政府监管部门对第三方支付的态度发生较大改变,决定最终实施牌照制,并在 2011 年 5 月发放了第一批牌照。这个阶段最大的创新是支付宝发明快捷支付,成功率由原来的 60% 上下增长到快捷支付的 90% 以上,且有了良好的支付体验。

此时的支付平台架构模式被称为账户支付模式,就是买卖双方必须在第三方支付平台注册会员、建立新账户并充值,资金流从用户银行卡划转到第三方支付公司的银行账户,即现在的备付金账户,用户消费时从虚拟账户进行扣除,并不涉及实体资金的划转。该模式模仿了美国第三方支付 PayPal 的模式。

3. 博弈期：2012—2016 年

2012—2016 年是博弈期，支付公司与监管方和传统金融方的关系非常微妙。监管方态度摇摆不定，最有代表性的就是先叫停二维码支付，后又放开，让二维码支付成为移动支付体系的有效补充，也让中国的移动支付誉满全球。

这个阶段最大的创新是 2013 年支付宝推出的余额宝。它将货币基金份额包装为账户余额进行支付，余额宝支付实际包含两个子交易，即货币基金份额赎回交易和余额支付交易，而余额支付交易流程与账户支付的处理流程是一致的。

在这个阶段，支付系统架构变成金融账户的支付模式，除了支付渠道、余额账户和清结算系统，T＋0 货基、理财等金融产品也被包含进支付产品体系。

4. 成熟期：2017 年至今

2017 年至今，国家政策逐渐明晰，相关条例不断完善。非银行支付机构网络支付清算平台成立之后，所有线上支付全部要借助该平台，同时第三方支付市场份额趋于固化，领头羊就是支付宝、微信、银联三大巨头，小型支付公司要么错位发展，要么待价而沽。

2017 年以后，原来一直在默默发展的跨境支付引起了大家的注意，并开始布局海外，由于国内业务已经饱和，支付宝和微信支付都在积极进行海外布局，把中国领先的移动支付复制到全球。

10.3.3 跨境电商支付方式

跨境电子支付业务发生的外汇资金流动，必然涉及资金结售汇与收付汇。从目前业务发展情况看，我国跨境电商支付结算的方式是多种多样的。

1. 跨境支付购汇方式

（1）第三方购汇支付。第三方购汇支付主要指第三方支付企业为境内持卡人的境外网上消费提供的人民币支付、外币结算的服务。其可分为两类：一类是以支付宝公司的境外业务为典型的代理购汇支付，另一类是以好易联为代表的线下统一购汇支付。两种购汇支付方式的主要区别为：在代理购汇类型中，代理购汇支付其第三方支付企业只是代理购汇的中间人，实际购汇主体仍是客户；统一购汇支付则以支付公司名义在电商平台后方通过外汇指定银行统一购汇，购汇主体为第三方支付企业。

（2）人民币支付。境外部分电子商务公司为拓展我国电子商务市场，特别是一些电商支付公司为分享国内电子支付的利润空间，同意使用我国国内银行卡办理人民币跨境电子支付。

（3）通过国内银行购汇汇出。通过国内银行购汇汇出即境内客户通过银行网银支付模式直接购汇汇出。

2. 跨境收入结汇方式

（1）第三方收结汇。第三方支付企业为境内企业收到跨境外币提供人民币结算支付服务，即第三方支付企业收到买家支付的外币货款后，集中在银行办理结汇，再付款给国内企业。

（2）通过国内银行汇款，以结汇或个人名义拆分结汇流入。此种流入方式可分为两类：一类是有实力的公司采取在境内外设立分公司，通过两地公司间资金转移，实现资金汇入境内银行集中结汇后，分别支付给境内生产商或供货商；另一类是规模较小的个体通过境外的亲戚或朋友收汇后汇入境内,再以个人名义结汇。

10.3.4 第三方跨境电商支付

第三方支付行业经过十几年的发展已进入成熟期,各种机构开始在市场拓展上发力。一方面,国民收入的不断增加,人们对跨境电商、出国旅游、留学等跨境业务的需求不断增长。另一方面,政府相关部门针对第三方支付机构开展跨境业务放宽了监管要求,将境外汇支付点业务拓展到全国,为第三方支付机构开展跨境支付业务创造了便利条件,跨境支付业务已成为第三方支付机构利润的新增长点。

目前,国内第三方支付企业主要通过与境外机构合作开展跨境网上支付业务,包括购汇支付和收汇支付两种模式。其中,购汇支付是指第三方支付企业为境内持卡人的境外网上消费提供的人民币支付、外币结算的服务;收汇支付是指第三方支付企业为境内外商企业在境外的外支付收入提供的人民币结算支付服务。根据《非金融机构支付服务管理办法》的有关规定,其中的货币兑换和付款流程由其托管银行完成,具体要求如下:

(1)跨境电商结算与境内使用第三方支付平台的结算方式并无差别,代购商收取的是本国货币,无须第三方支付平台结汇。

(2)当第三方支付平台与国际信用卡组织具有合作关系时,不需要支付平台进行结汇,而是通过国际信用卡组织实现不同币种的转换。

(3)只有国内消费者从与第三方支付平台签约的境外卖家那里购买商品时,才需要支付平台帮助国内买家进行结汇并完成支付。

具体流程为:首先,第三方支付平台将商品的外币标价,按照即时汇率转换成本国货币的价格;然后,国内消费者将应付的货款本币通过第三方支付平台转给卖家。在这个过程中,跨境第三方支付平台实际上充当着为国内消费者代理购汇的角色。

10.4 跨境电商物流

10.4.1 跨境电商物流概述

近年来,在经济贸易领域中,跨境电商逐步成为一个新的增长点。在此基础上成长起的跨境电商物流也得到了突飞猛进的发展,并对跨境电商的发展起到了重要的推动作用。对于跨境电商来说,首先需要考虑的问题是应该选择什么样的物流方式将产品递送给海外客户。跨境电商物流具有冗杂的流程和较长的流转周期,因而每逢跨境电商旺季,物流问题就成为跨境电商卖家最烦恼的事情。

 拓展案例

电商物流专列让西安接轨世界"朋友"

2018年5月21日上午,始发自德国汉堡、满载京东全球购快消品的中欧班列"长安号"首跨境电商物流专列抵达中国铁路西安局集团有限公司西安西站新筑车站。铁路货运成本低、用时短、效率高,对物流企业来说是最大的利好,以往欧洲商品进入中国需要40天左右的海运,现在通过京东中欧班列"长安号"仅用时16天,不仅时间缩短,其运输成本也大大降低,供应链效率得到明显提升。据了解,京东中欧班列"长安号"去程满载,回程也是满载。全球货物到达西安后通过地面物流输往全国各地;全国的货物也将汇集到西安,然后发往全球。

此外,京东中欧班列还为其他跨境电商卖家提供了一站式"仓到仓"的跨境物流解决方案,即直接将货物从产地送到铁轨上的"移动仓"——中欧专列,走出国门之后发往目的地的东欧外仓库,全程不需要分开转运、拼货/集货、长时间等待清关等,实现了全程信息共享。

在这一过程中,产品可跟踪、可监控,数据信息完全打通,到达国外之后,卖家可以根据订单情况选择电子清关直接配送给消费者或租用京东海外仓暂时存放产品。在这种模式下,产品的物流配送时间可由原来的45天压缩至15天左右,既节省成本又提高了效率,也直接提升了海外买家的购物体验。

未来,还会有更多的中欧专列、中亚专列开通,中国物流将进一步接轨世界"朋友圈",为跨境电商行业的发展做出卓越的贡献。

思考:除了铁路专列物流,跨境电商进行物流配送还有哪些模式?文中提到的海外仓是什么意思?海外仓模式有哪些优点?海外仓的物流费用又是怎么计算的?

1. 跨境电商物流的重要性

物流是指物品从供应地到接收地的实体流动过程,主要包括运输、储存、装卸、搬运、包装、流通加工、配送、信息处理等环节。跨境电商物流是指分属不同关境的交易主体通过电子商务平台达成交易,进行支付结算,并通过跨境物流送达商品、完成交易的一种国际商业活动。

对于跨境电商而言,物品经过不同的关境会受到不同的海关监管制度的限制,包括对商品的品类、规格、价值等的规定,因此跨境物流运输成本相对较高,风险较大。跨境电商的发展必将带来跨境电商物流的变革和发展,跨境电商物流的发展也必将成为支撑跨境电商发展的关键。

跨境电商物流对跨境电商的重要性体现在以下两方面。

(1)跨境电商物流是跨境电商业务的重要组成部分。贸易活动通常是由信息流、资金流、物流三部分组成的。通过互联网跨境电商可以完成信息流和资金流;物流在跨境电商业务中承载着货物转移和交付的功能,是跨境电商不可缺少的重要组成部分;离开了物流,跨境电商交易将无法实现。

(2)跨境电商物流是跨境电商业务的核心环节之一。在跨境电商业务中,交易双方分处不同国家,交易商品具有个性化、定制化的特点,如何实现将交易商品安全高效地从商家仓储位置运至买家手中是跨境电商买卖双方重点关注的问题,也是当前跨境电商商家致力于解决的核心问题。跨境电商物流的服务水平直接关系着跨境电商买家的消费体验,高标准的物流服务是几乎所有跨境电商企业追求的目标。

2. 跨境电商物流的特征

(1)国际性。跨境电商是国际贸易和互联网技术融合发展的结果,是国际贸易的表现形式之一。跨境电商物流也是国际物流的表现形式之一。每笔跨境电商订单的物流都需要经过两次通关,即一次出口通关、一次进口通关,因此各国不同的通关政策也成为跨境电商物流面临的核心环节之一。跨境电商物流的运营通常是由不同业务主体在不同国境之内开展的,业务流程操作规范会存在差异。

(2)分散化。跨境电商订单呈现扁平化、碎片化的特征,来自不同国家或地区的不同买家直接向跨境电商商家下订单,使其具有不同的个性特征。这使得跨境电商物流呈现分散化特征。由于订单量小且需要运至不同买家,因而跨境电商物流与传统国际物流方式存在明显差异。

(3) 信息化。在跨境电商物流的仓储环节,先进的跨境电商仓库已经实现了自动化分拣;在出运环节,运单信息填制极其复杂,但专业软件已经较好地解决了这个问题,订单地址与运单实现了自动匹配;在运输环节,跨境电商物流企业正在努力达成客户期望——随时可以看到自己购买的商品物流信息。

10.4.2 跨境电商物流的主要模式

1. 邮政包裹模式

邮政网络基本覆盖全球,比其他任何物流渠道都要广泛。这主要得益于万国邮政联盟和卡哈拉邮政组织。万国邮政联盟是联合国下设的一个主要处理国际邮政事务的专门机构,通过一些公约法规来改善国际邮政业务,发展邮政方面的国际合作。

万国邮政联盟由于会员众多,而且会员之间的邮政系统发展很不平衡,因此很难促成会员之间的深度邮政合作。于是在 2002 年,邮政系统相对发达的 6 个国家和地区(中国内地、美国、日本、韩国、澳大利亚、中国香港)的邮政部门在美国夏威夷卡哈拉东方饭店召开了邮政 CEO 峰会,会后组织成立了卡哈拉邮政组织。后来,西班牙、法国、新加坡和英国也加入了该组织。卡哈拉邮政组织要求所有成员方的投递时限要达到 98% 的质量标准。如果货物没能在指定日期投递给收件人,那么负责投递的运营商要按货物价格的 100% 赔付客户。这些严格的要求促使成员方之间深化合作,努力提升服务水平。例如,从中国发往美国的邮政包裹,一般 15 天以内就可以到达。据不完全统计,中国境内出口跨境电子商务中 70% 的包裹都是通过邮政系统投递的,其中国邮政占据 50% 左右。中国卖家使用的其他邮政系统还包括新加坡邮政等。

2. 国际快递模式

国际快递模式主要是指借用四大国际商业快递巨头,即敦豪航空货运公司(DHL)、TNT、美国联邦快递(FedEx)和联合包裹速递服务公司(UPS),依托这些公司的国际快递业务邮寄商品。这些国际快递商通过自建的全球网络,利用强大的信息系统和遍布世界各地的本地化服务,为跨境电子商务用户带来极好的物流体验。例如,通过 UPS 寄送到美国的包裹,最快可在 48 小时内到达。然而,优质的服务总伴随着昂贵的价格,中国商户一般只有在客户时效要求很高的情况下才使用国际快递来派送商品。

3. 国内快递模式

国内快递主要是指邮政特快专递服务(EMS)、顺丰和"四通一达"等。"四通一达"中,圆通从 2005 年开始就关注跨境电子商务,2006 年成立了海外事业部正式进入跨境物流领域,是国内最早布局跨境物流的快递公司。从 2012 年开始,各大快递公司明显加快了向跨境电子商务领域进军的步伐,但 2014 年才发力拓展。比如,申通在美国 2014 年 3 月才上线,圆通也是在 2014 年 4 月才与 CJ 大韩通运签署协议开拓日韩业务,而中通、汇通、韵达则是 2014 年才开始启动跨境物流业务。顺丰的国际化业务则要成熟一些,2014 年就已经开通了到美国、澳大利亚、韩国、日本、新加坡、马来西亚、泰国、越南等国家的快递服务,发往亚洲国家的快件一般

2~3天就可以送达。

在国内快递中,邮政特快专递服务(EMS)的国际化业务是最完善的。其依托邮政渠道可以直达全球 60 多个国家,费用相对四大国际商业快递巨头要低,出关能力强,邮包到达亚洲国家需 2~3 天,到达欧美国家则需 5~7 天。

4. 专线物流模式

跨境专线物流一般先通过航空包舱方式将快件运输到境外,再通过合作公司派送到目的国。专线物流模式的优势在于能够集中大批量货物到某一特定国家或地区,通过规模效应降低成本。因此,其价格一般比商业快递低。在时效上专线物流稍慢于商业快递,但比邮政包裹快得多。市面上最普遍的专线物流是美国专线、欧洲专线、澳大利亚专线、俄罗斯专线等,也有不少物流公司推出了中东专线、南美专线、南非专线等。

5. 海外仓储模式

海外仓储服务是指为卖家在销售目的地提供的货物仓储、分拣、包装和派送的一站式控制与管理服务。确切地说,海外仓储包括头程运输、仓储管理和本地配送三部分。头程运输是指国内商家通过海运、空运、陆运或联运将商品运送至海外仓库。仓储管理是指国内商家通过物流信息系统远程操作海外仓储货物,实时管理库存。本地配送是指海外仓储中心根据订单信息通过当地邮政或快递企业将商品配送给客户。

10.4.3 我国跨境电商物流的发展现状

2018 年,我国的电商交易额占全球电商交易总额的 40% 以上。据海关统计数据显示,2020 年全国跨境电商出口 1.69 万亿元,增长 31.1%;进口 0.57 万亿元,增长 16.5%。通过海关跨境电商管理平台验放进出口清单 24.5 亿票,同比增长 63.3%。随着跨境电商的高速发展,其物流配送问题逐渐成为人们关注的焦点,电子商务物流配送能力的强弱直接影响着跨境电商的发展速度和规模。

当前阶段,跨境电商物流是阻碍跨境电商发展的主要瓶颈,这一点在 B2C 模式的跨境电商业务中非常突出:一是商业型跨境电商物流成本普遍偏高,部分产品的物流成品甚至超过了产品成本;二是经济型跨境电商物流的运输时间普遍偏长;三是物流过程的透明度和追溯性有待提升,尤其对于中国邮政航空小包和国际 e 邮宝而言,部分邮运无法追踪。就整体而言,目前还不能找到一个价格低廉、时效性强、过程透明的跨境电商物流模式,跨境电商物流领域进一步发展和提升的空间十分巨大。随着跨境电商的快速发展,跨境电商物流的便利化、标准化会进一步推进,逐步形成遍及全球、兼顾时效和成本的便捷、标准的高效物流网络。对于跨境电商的卖家来说,首先,应该综合产品特点(尺寸、安全性、通关便利性等)、销售价格、服务体验等选择合适的物流模式。例如,大件产品(如家具)就不适合邮政小包裹渠道,而更适合海外仓模式;如果产品的体积较小、卖价和利润空间较小、服务要求和时效要求不高等,邮政小包模式就是一个很好的选择。其次,在淡旺季要灵活使用不同的物流模式。例如,在淡季时可使用中国邮政航空小包降低物流成本,在旺季或者大型促销活动时期可采用香港邮政或者新加坡邮政甚至比利时邮政来保证时效。最后,售前要向买家明确列明不同物流方式的特点,为买家提供多样化的物流选择,让买家根据实际需求选择物流方式。

本章小结

本章主要介绍了跨境电商的基本知识、跨境电商主要平台、跨境电商支付,以及跨境电商物流等相关知识。跨境电商的主要平台有亚马逊、eBay、全球速卖通、Wish及敦煌网等。

工作任务

根据本章所学内容,简单绘制某个跨境电子商务平台的运作流程,要求有图表作为佐证。

实践应用

登录章节中介绍的相关跨境电商平台网站,熟悉其购物流程。

任务拓展

结合跨境电商的发展现状,试分析跨境电商未来的发展方向。

第 11 章 移动电子商务

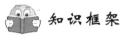 知识框架

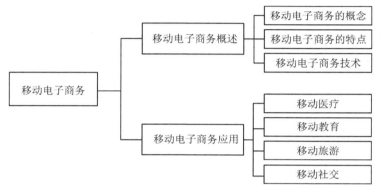

 知识目标与能力目标

知识目标：

1. 了解移动电子商务的概念和特点
2. 了解移动电子商务的应用

能力目标：

1. 熟悉移动电子商务技术
2. 能够利用相关移动电商技术生成二维码

 案例导入

移动电商时代的新生活

小王计划暑假去外地旅游一周，他提前在手机上的 12306 铁路订票 App 中预订了来回火车票，并且通过携程 App 上预订了一家旅馆。小王在火车上还使用滴滴出行 App 预约了网约车，一出火车站就有网约车等候，将他送抵预订的旅店。安顿好后，小王又利用美团等 App 团购了旅游景点的门票。到了景点，一扫二维码就有相关介绍。在饭店吃饭时，他又利用手机点餐小程序点餐并付款……

移动电商的出现，让人们体验到了一种全新的生活方式。移动电商已经融入人们的日常生活之中。那么，移动电商在哪些领域有着广泛应用？移动电商的发展现状和趋势又是怎样的呢？

资料来源：作者整理。

第11章 移动电子商务

基础知识

11.1 移动电子商务概述

11.1.1 移动电子商务的概念

移动电子商务是电子商务的一个新的分支,是由电子商务概念衍生出来。它是移动通信、互联网、IT 技术和手持终端设备技术发展的必然产物。移动电子商务突破了互联网的局限,可以更加高效、直接地进行信息互动,扩展了电子商务的领域,是一种全新的数字商务模式。

从技术角度来看,移动商务不仅是技术的创新,也是一种企业管理模式的创新。移动电子商务是依托手机、掌上电脑(PDA)和笔记本电脑等移动通信设备,通过将移动通信网和因特网有机结合,所进行的电子商务活动,如进行信息查询、商务交易及对信息、服务和商品的价值交换。

从商务角度来看,移动商务是商业模式的创新。移动商务是指对通过移动通信网络进行数据传输,并且利用手机、PDA 等移动终端开展各种商业经营活动的一种新电子商务模式。它的发展是对有线电子商务的整合与拓展,是电子商务发展的新形态。它将各种商务业务流程从有线向无线转移和完善,把人们带入了一个无时不在、无处不在的移动商务世界,是一种新的突破。从用户的角度来看,移动商务给消费者提供了更多方便的商业活动,通过与移动终端的通信,可以在第一时间准确地与他人进行沟通,用户可以脱离设备网络环境的束缚最大限度地驰骋自由的商务空间。

11.1.2 移动电子商务的特点

与传统电子商务相比,移动电子商务具有的特点见表 11-1。

表 11-1 移动电子商务的特点

特点	说明
交易灵活性	移动电子商务不受时间和地点的限制。移动互联网终端设备主要有手机和掌上电脑,这些设备体积小巧,可随身携带。同时,移动电商交易的付费方式多种多样,如手机银行支付、电话支付、短信支付、微信支付、支付宝支付等,并且支付灵活
安全性	移动电子商务实现了移动通信与互联网技术的结合。一方面,互联网的诸多技术可以保障交易的安全;另一方面,无线网络不受地理环境和通信电缆的限制,具有广泛的开放性,但是同时也带来了诸多安全隐患
便利性	传统电子商务可以使用户免受时间和地理位置的限制,移动电子商务则完全可以实现随时、随地的交易;移动电商的便利性可以使消费者享受方便快捷的服务,并提高其生活质量
广泛性	传统电子商务的目标用户为互联网群体,而移动电子商务的目标用户则是移动设备用户群体,相比之下,移动电商具有更广泛的用户基础
内容丰富性	以互联网信息为主要信息来源的移动电子商务具有传统电子商务无法想象的丰富资源

11.1.3 移动电子商务技术

1. 移动网络技术

(1) 无线应用协议。

无线应用协议(wireless application protocol,WAP)是一项全球性的开放协议。无线应用协议定义可通用的平台,把目前互联网上 HTML 语言的信息转换成用无线标记语言(wireless markup language,WML)描述的信息,显示在移动电话或其他手持设备的显示屏上。无线应用协议不依赖某种网络而存在,在 4G、5G 时代到来后可继续存在,并且传输速率更快,协议标准也会随之升级。

(2) 蓝牙技术。

蓝牙(Bluetooth)是一种短距离无线电技术,有时候人们也直接把蓝牙适配器简称为蓝牙。蓝牙技术是掌上电脑、笔记本电脑和手机等移动通信终端设备之间的一种无线通信方式。蓝牙能让人们不受有线连接的束缚,并且传输速度非常快,现在市面上的大多数手机和笔记本电脑都带有蓝牙功能。

(3) 3G 技术、4G 技术和 5G 技术。

"3G"(3rd-generation)是第三代移动通信技术的简称,是指支持高速数据传输的蜂窝移动通信技术。3G 技术能够同时传送声音(通话)及数据信息(电子邮件、即时通信等)。3G 的应用已由最初的无线宽带上网拓展到了视频通话、手机电视、无线搜索、手机音乐等领域。

"4G"(4th-generation)即第四代通信系统。4G 集 3G 与无线局域网(WLAN)于一体,能够传输高质量视频图像,功能比 3G 更先进,频带利用率更高,传输速度更快。

"5G"(5th-generation)即第五代通信系统。互联网的快速发展,对网络速度产生了更高的要求,这无疑成为推动 5G 网络发展的重要因素。5G 技术相比 4G 技术,其峰值速率增长了数十倍,从 100 Mbit/s 提高到数十倍 Gbit/s。2018 年 4 月 23 日,重庆首个 5G 试验网正式开通,标志着重庆 5G 网络商用化的正式起步。2018 年 12 月 10 日,工信部正式对外公布,已向中国电信、中国移动、中国联通发放了 5G 系统中低频段试验频率使用许可。这意味着各基础电信运营企业开展 5G 系统试验所必须使用的频率资源已获得批准。

2. 移动应用开发技术

目前主流的 App 开发方式有 Native App(原生 App)、Web App(网页 App)和 Hybrid App(混合原生和 Web 技术开发的 App)三种。

(1) 原生 App。

原生 App 是一种基于智能手机本地操作系统,如安卓、iOS 和 Windows Phone,并且使用原生程序编写运行的第三方移动应用程序。开发原生 App 软件需要针对不同智能手机的操作系统选择不同的 App 开发语言,如安卓 App 使用的是 Java 开发语言,iOS App 使用的是 Objective-C 语言,Windows Phone App 使用的是 C♯语言。

如今,市面上多数的 App 软件开发都是使用原生程序编写的应用程序。原生 App 应用 UI 元素、数据内容、逻辑框架均安装在手机终端上,可以支持在线或者离线消息推送,或是进行本地资源访问,以及摄像、拨号功能的调取。

原生 App 具有以下优势:①针对不同的平台为用户提供不同的体验;②可以访问本地资

源,如通讯录、相册等,打开的速度更快,能节约宽带成本;③能够设计出色的动态效果,为用户提供最佳的体验和优质的用户界面。

但是,原生 App 开发成本高,不同平台需要开发不同程序,并且要经过提交、审核才能上线发布。

(2)网页 App。

网页 App 开发是一种框架型 App 开发模式,该模式具有跨平台的优势,通常由"HTML5 云网站+App 应用客户端"两部分构成,App 应用客户端只需安装应用的框架部分,而应用的数据则是每次打开 App 的时候,在云端读取数据呈现给手机用户。

网页 App 最大的优势是可以跨平台运行,开发一次就可以在不同的平台上运行,而且更新成本低。但是,网页 App 是通过 App 向云网站调取相关数据的,这会导致在没有网络的情况下 App 将不能运行,而且网页 App 无法调用手机终端的硬件设备(语音、摄像头、短信、GPS、蓝牙、重力感应等)。

(3)混合型 App。

混合型 App 开发是结合原生 App 和 HTML5 开发技术,取长补短的一种开发模式。混合开发的 App 内嵌一个轻量级的浏览器,一部分原生的功能改为用 HTML5 开发,这部分功能不仅能够在不升级的情况下动态更新,而且可以在安卓或 iOS 上同时运行,让用户的体验更好,同时又可以节省开发资源。

3. 二维码技术

二维码是用特定的几何图形按一定规律在平面分布的黑白相间的矩形方阵,以记录数据符号信息的新一代条码技术。其具有信息量大、纠错能力强、识读速度快、全方位识读等特点。将手机需要访问、使用的信息编码应用到二维码中,利用手机的摄像头识读,这就是手机二维码。

(1)二维码的用途。

二维码是移动互联网一个强大的入口。以前,消费者看到某种商品后,要查询详细信息或者获取优惠券,需要通过搜索获取。现在,消费者只需要扫描该商品的二维码,就可以直接导入条码中隐藏的产品网页或者其他一些商家希望消费者看到的内容。

二维码还可用于显示产品相关信息。流通环节的任何用户,只要使用二维码扫描枪或装有二维码阅读软件的手机就可以读取产品相关信息,如生产者信息、运输者信息等,在一定程度上可以帮助用户识别产品的真假。

(2)二维码的特点。

二维码具有储存量大、保密性强、追踪性强、抗损性强、备援性强、成本低等特性,所以特别适用于手机购物、安全保密、追踪、存货盘点和资料备援等方面。与一维码相比,首先,二维码信息容量大,是一维码信息容量的几十倍,能够对图片、声音、文字、指纹等可以数字化的信息进行编码并将其表示出来;其次,二维码容错能力强,具有纠错功能,译码时可靠性高,当二维码因穿孔、污损等造成局部损坏时,仍可以正确识读,其译码错误率不超过千万分之一,远低于一维码百万分之二的错误率;最后,二维码可以引入保密措施,其保密性较一维码强很多。而与射频识别相比,二维码的最大优势在于成本较低。

互联网上有不少免费二维码生成软件,只要输入相关的文本、网址、名片、图片、多媒体和微信账号等即可直接生成二维码。常见的二维码生成器有草料二维码、联图网、微微在线等。

11.2 移动电子商务应用

随着当今社会市场需求的快速增长和互联网技术的迅速发展,移动电子商务虽然起步不久,但已呈现出了飞速的增长态势,成为蕴含了极大发展潜力的新兴产业,移动电子商务被越来越广泛地应用于各个领域。

11.2.1 移动医疗

国际医疗卫生会员组织将移动医疗定义为:通过使用移动通信技术(如手机、Pad 和卫星通信)来提供医疗服务和信息。在移动互联网领域,移动医疗被认为是通过在移动终端(如手机等)配置医疗健康类应用程序来提供医疗服务。

根据应用的不同功能可将移动医疗分为健康管理类、寻医问诊类、医联平台类、医生工具类和医药电商类。具体功能如表 11-2 所示。

表 11-2 移动医疗的分类及功能

类别	功能
健康管理类	为用户提供健康管理服务,包括健身、经期管理、孕期管理、慢性病管理等,服务内容以数据记录、健康提醒、知识传播为主
寻医问诊类	可通过此类应用进行自诊或在线问诊,足不出户与医生进行交流
医联平台类	用户可通过此应用享受在线挂号、提前预约、查看化验单等服务,加快就医效率,减少不必要的排队等候时间
医生工具类	为医生等专业人士提供药品信息、临床指南、医学资讯等服务,提高医务工作者工作效率,减少差错
医药电商类	用户可通过此类软件购买药品,查找药品信息,查找附近药店等

传统医疗模式涉及的主体主要有患者、医疗机构(如医院、疗养院等)、药品/设备供应商、药店、保险机构等,各主体之间通过资金、医药产品、服务形成一条医疗服务产业链。

移动医疗在原有产业链的基础上增加了以移动互联网为特色的主体,包括移动医疗 App 开发商、系统软硬件供应商、可穿戴设备供应商、移动运营商等。移动医疗的发展联通了医疗产业和其他产业,丰富了原有产业链,提供了新的服务形式,加大了医疗服务的数字化程度,使医疗服务向数字化、多元化、个性化进一步发展。

移动医疗具有以下优势:

(1)无缝迁移:原有医疗信息化系统无缝发布应用到手机、平板电脑终端上操作,不改变办公习惯,相关人员无须培训。

(2)效率提高:提升医护工作效率,增强患者服务体验,优化内部管理机制。

(3)快速安全:快速部署,不改变现有 IT 环境,只要接入移动办公平台就能使用。采用多种安全登录方式保护医患各自的信息安全。

(4)终端网络全覆盖:支持所有的无线网络及手机、平板电脑终端。

(5)应用全覆盖:支持所有 B/S、C/S 架构的应用程序发布。

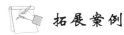**拓展案例**

在线问诊，告别马拉松式看病

刘萍正抱着高烧的女儿，站在注射室门口，焦急地等待着叫号。"站得腿都麻了，等了两个小时还没轮到。"她急得泪眼汪汪。

和不少孩子家长一样，刘萍也是医院的常客，女儿伤风感冒都会第一时间赶来就诊。医院天天人满为患，举家出动成了常态——奶奶负责一大早前往医院排队挂号，爸爸专职缴费。可即便如此，等到缴完费取了药，也已经过去了大半天。病情若是不见好转，两三天内再来复诊，整套流程又得重复一遍。

由于云集了全国最优质的医疗资源，这家医院吸引了大量从外省市赶来的患儿和家长，每天的门诊量少则上千，高峰期则突破上万人次。排队挂号、做检查、等医生、缴费、取药，这早已成为看病常态。甚至有人总结出了顺口溜，"停车排长龙，医院像迷宫，看病像跑马拉松。"

几天前，刘萍的女儿又发烧了。不过这次，她没再折腾去医院，而是登录了一个移动医疗App，找到了一位有着8年儿科临床经验的医生做在线咨询。初步判断可能是病毒感染后，她带着女儿到社区医院做了检查。三天后，女儿退烧了，刘萍再次通过App联系到了这位医生，详细咨询了退烧后的用药指导，以及预防复发的物理降温措施。

以"在线问诊"为基础的模式，已在各大移动医疗平台普遍实行。这是一种典型的场景——诊前，在线医生可通过图文、语音、视频，和患者直接交流病情；通过初诊健康咨询，还可把疑难重症分流推荐给入驻平台的公立医院兼职专家；诊后，医生可在线随访，与患者随时保持交流。

11.2.2 移动教育

在移动互联网时代下，移动教育技术的革新创造了新的教育理念和教育模式。随着在线教育逐渐被大众认可，移动教育被广泛运用于多个教育细分领域。现有的移动教育用户、市场规模、从业企业，未来几年都将呈现出爆发式增长的趋势。未来，现有的人工智能教育、可穿戴教育、VR与AR教育等移动教育新产品都会逐渐成熟，同时，新的教育技术诞生也将来带来新的移动教育产品，移动教育将成为在线教育的新常态。

移动教育是指在移动的学习场所或利用移动的学习工具所实施的教育，是依托比较成熟的无线移动网络、国际互联网以及多媒体技术，学生和教师使用移动设备（如手机等）通过移动教学服务器实现交互式教学活动。一个实用的移动教育系统必须同时兼顾学生、教师和教育资源这三个方面，将他们通过该系统有机地结合起来。

与传统线下教育相比，在线教育突破了时空的界限，只需借助互联网技术及设备便可学习，可共享世界各地的优质资源，根据自身情况实现个性化学习，且降低了金钱成本、时间成本。

移动教育未来发展趋势如下：

（1）移动教育成为在线教育新常态。经过过去几年的发展，在中国，移动教育已成为流行的学习方式。在移动设备逐渐普及到人手一部的移动互联网时代，数亿人都在通过移动智能终端接受着包括泛学习在内的各种在线教育。

学校开始使用平板电脑教学、使用手机App参与教学管理，学生开始使用移动设备进行课外作业与自学,家长开始通过移动设备辅助孩子学习并与学校建立紧密的联系。更多的成人也在通过移动设备在地铁、餐厅、咖啡厅等各种场景下进行广泛的在线学习。在线教育已深入各个教育细分领域,并拥有便捷、微型、主动等优越性,移动教育将成为在线教育新常态。

(2)可穿戴移动产品开始普及,人工智能产品逐渐成熟。

可穿戴智能产品大概是在 2013—2014 年开始兴起,通用的可穿戴智能产品为运动健康类产品。在教育方面,一款儿童安全定位手表一经推出就受到市场热烈追捧。基于定位功能,儿童安全定位手机和家教互动 App 的结合,成了学校教育管理的可靠产品。随着国际高科技企业在智能眼镜、VR 头盔、无线手套、传感衣服等可穿戴技术上的探索,未来可用于教育的可穿戴产品将远超出人们的想象。之于教育,初级人工智能技术下的口语测评产品广受学生欢迎,而中级人工智能的自适应学习产品正在被行业内教育科技企业不断地探索和完善中。自适应学习产品被认为是高效的在线学习方式,未来基于移动设备逐渐成熟的人工智能教育产品也会给学生带来不同的学习体验。

(3)新理念、新技术催生新的移动教育产品出现。

科技互联网日新月异,新的互联网思维和学习者行为习惯将催生新的教育理念,新的教育技术革新也会推出新的教育产品。

过去几年,从在线题库到在线答疑到在线辅导,再到如今的在线直播、人工智能学习,移动教育产品一直在不断革新,未来也当是如此。

目前,基于物联网、大数据、云计算、虚拟现实、增强现实、人工智能等高新科技的移动教育产品还只是处于萌芽阶段,未来,随着这些技术的成熟和新技术的诞生,移动教育产品的可想象空间非常大。

11.2.3 移动旅游

随着智能手机和移动互联网的广泛普及和应用,移动旅游用户渗透率持续提升,移动端已成为旅游行业最重要的销售渠道。与此同时,移动旅游企业更加深入旅游目的地的线下开发,不同领域的企业开始转向移动旅游。

移动旅游电子商务是指用户利用移动终端设备,通过无线网络,采用某种支付手段来完成和旅游产品提供者之间的交易活动。移动旅游电子商务可提供的服务主要有旅游信息服务、各种旅游服务的查询和预订、旅游电商网站的个性化服务、为旅游爱好者提供自主交流的平台等。

相对于传统的旅游电子商务,移动旅游电子商务使用的终端可随用户移动,并支持地理定位,从而使游客可以随时随地获取基于位置的服务,如导航、定位、餐饮、住宿、景点介绍等。

当前移动旅游的主要形式为线上线下一体化解决方案,包括以携程为代表的在线旅游、以马蜂窝为代表的用户生产内容社区、以腾讯的"一部手机游云南"为代表的典型企业,以及众多类似于定制游、个性游产品的创新型服务。

移动旅游相较于传统旅游而言,具有如下优势:

(1)获取信息便捷、全面。旅游爱好者在做旅游攻略时,完全可以利用手机、平板电脑等移动终端设备获取自己需要的信息,也就是说移动网络就是一个导游。游客在旅游成行的前后都可以利用手机等查询自己需要的产品信息,根据自己的需要对旅游路线和享受标准进行规划、定制。这就是移动网络信息便捷性、实时性的最大优势。

(2)移动预订、支付服务更方便。微信、支付宝等网上支付模式已经成为人们主要的交易方式,这也为旅游电商带来发展的契机。旅游爱好者完全可以利用移动互联网对线上旅游产品进行选择和确定。例如,游客可以利用手机上的移动网络,进行景区、酒店和交通的详细查询,筛选出自己喜欢和需要的产品和出行服务,利用移动电商进行酒店、车票和景区门票的预定。

(3)即时信息的传递。刊物、报纸等传统媒体会受制于很多客观条件,比如出版条件和发行时间的束缚,新闻和信息的更新只能按照"天"计算。而在网络技术普遍应用的今天,移动网络终端的新闻、信息发布和更新,是传统媒体无法比拟的。移动网络让世界变小,让消息的来源更及时、更便捷,网友可以利用手机对全世界的信息进行及时的、同步的浏览,完全不受时间和空间的束缚。移动网络彻底颠覆了人们对传统媒体的认知,让网络覆盖生活的每一个角落。

 拓展案例

伪满皇宫博物院推出新服务 扫二维码即可进入

2018年,为了迎接十一黄金周的到来,伪满皇宫博物院在吉林省内率先启用手机微信购票,扫二维码即可进入伪满皇宫博物院,方便快捷。

据了解,每年旅游高峰期,伪满皇宫博物院游客服务中心排队购票的游客很多,为了解决这一难题,提高游客购票效率,避免发生安全事故,伪满皇宫博物院在十一黄金周前夕,引入了新型智能售票系统,更换了原有验票设备,并对网络售票各项措施进行了全面的测试,游客用手机扫描伪满皇宫博物院提供的二维码,即可进入选择界面,点击"微信购票"程序,按提示步骤操作,手机购票全程仅需50秒;游客在验票口扫描收到的验证二维码即可进入伪满皇宫博物院参观。

伪满皇宫博物院在实现网络快捷售票的同时,在游客服务中心还为游客提供了自助售票机,游客按照界面提示,通过微信、支付宝或银联卡支付方式可自助打印门票。

思考:移动电商的出现,给旅游行业中的哪些职业带来了机会,又对哪些职业造成了威胁?

11.2.4 移动社交

社交在每个人的生活中都占据着很重要的位置,随着移动互联网的深入渗透和移动社交行业的发展,社交变得越来越方便,也越来越及时。此外,互联网基于大众日益丰富的社交需求,在移动社交领域持续发力,使得移动社交产品功能愈加多元化。

移动社交是指用户以手机、平板电脑等移动终端为载体,以在线识别用户及交换信息技术为基础,按照流量计费,通过移动网络来实现的社交应用功能,移动社交不包括打电话、发短信等通信业务。与传统的 PC 端社交相比,移动社交具有人机交互、实时场景等特点,能够让用户随时随地创造并分享内容,让网络更大限度地服务于个人的现实生活。

移动电子娱乐的内容丰富多彩,涵盖了以移动沟通服务为主、以移动信息服务为主以及纯娱乐服务等多种形式。移动沟通服务的典型应用,如 QQ、微信等。移动信息服务的典型应用,如天气预报 App、手机广播等。纯娱乐服务是目前移动电子娱乐的主要发展方向,也是移动产业的主要收入来源之一,其中的移动游戏、移动音乐、移动阅读、移动视频等因其能为移动运营商、服务商和内容提供商带来附加业务收入,而成为移动业务的利润增长点。互联网"原住民"逐渐成为社会主体,而娱乐是年轻用户的核心,而现有的移动社交平台无法满足用户更多的娱乐需求,泛娱乐社交平台便顺势而生,并借势成长。而短视频率先进入赛道,虽然目前行业有领跑者,但在社交领域还需要进一步发展,未来社交属性将会在一定程度上成为某些企业的核心竞争力。

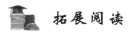 拓展阅读

声音社交

Clubhouse诞生于海外新冠肺炎疫情正肆虐的2020年4月,而声音社交并非其首创。即使在海外,与其同处一个赛道中的还有Tiya、Chalk、Rodeo等应用。

更为实际的是,在声音社交领域,有不少产品"made in China",像Tiya就是由"中国在线音频第一股"荔枝专门打造的一款出海社交产品。

当然,并非只有荔枝最先发现了声音社交的机遇点。据悉,Tiya做了两年声音社交,最终于2020年10月在美国上线。早在Tiya出海前,国内不少移动社交领域中的玩家,围绕音频技术展开产品创新,像音遇、Soul等以声音社交为主题的应用,甚至成为2019年社交应用市场的黑马。

除了上述将声音作为社交要素,"完全奔着社交目的"的App外,专注对网络用户行为进行研究的有关学者还提了像播客这种大家相对熟悉的模式产品,"这种社交性相对要弱一些,媒体性更强"。

正在湖北一高校就读的女大学生小谢,在2020年新冠肺炎疫情期间接触到了播客,"大一时因为孤独,总喜欢用喜马拉雅等来听有声书、段子和评书。"起初只是为了让自己的身边有个声音陪伴,小谢的目的简单直接。但渐渐的,小谢发觉自己喜欢上了用播客听一些学术性较强的节目。"这些节目中的学者们会分析与讲述,比我自行阅读论文要更方便。"在她看来,学术研究本质上就是一个交流与讨论的过程,尽管她还没有用播客进行社交,但"它(播客)确实构成了我现实社交缺乏时的一个补充。"

有别于小谢,25岁的长沙姑娘陈小姐讲述起了她在猫耳App上的"声音恋人"体验。"说起来有点不好意思,我经常会在平台上听着温柔男声说晚安,仿佛自己就有男朋友。"她心里清楚,这是一种虚拟的社交方式,但通过声音社交进一步充实了她对爱情的想象。

几位声音社交产品用户都不约而同地认为,声音不只是传达出内容,效果往往比文字、视频更有温度。

"电脑屏幕已经够冷了,总要找个方式取暖吧?"在互联网大厂美团工作的孙先生,是一名典型的程序员,过去两年间,他习惯了在通勤时间听播客。孙先生说,不看视频既是为了让眼睛休息,还有另一层原因,"听播客更能把我带入虚构的情境中。"在他看来,利用镜头语言拍摄出来的视频往往让人觉得是一个刻意制造的产品,而单纯的声音让人对场景的想象是,"主持人和嘉宾正在圆桌旁进行交流,而你就坐在一旁静静地听着他们的讨论。"

本章小结

本章介绍了什么是移动电子商务、移动电子商务的主要特点、推动移动电子商务发展的技术、移动电子商务的应用等内容。从技术角度来看,移动商务不仅是技术的创新,也是一种企业管理模式的创新。从商务角度来看,移动商务是商业模式的创新。移动电子商务具有交易灵活性、安全性、便利性、广泛性、内容丰富性等特点。移动电子商务的发展依托于无线应用协

议、蓝牙技术、3G 技术、4G 技术和 5G 技术等移动网络技术，以及 Native App（原生 App）、Web App（网页 App）和 Hybird App（混合原生和 Web 技术开发的 App）等移动应用开发技术及二维码技术。移动电子商务在移动医疗、移动教育、移动旅游、移动社交等方面有广泛的应用。

工作任务

登录 2～3 个不同的在线社交平台，对比其优缺点。

实践应用

登录移动手机端旅游 App，试阐述旅游 App 带来的便利。

任务拓展

出行大混战：美团进入打车市场之后，高德地图推出顺风车服务

在美团进入打车市场之后，高德地图成为出行市场的新参与者。2018 年 3 月 27 日，高德地图宣布推出顺风车业务，在成都、武汉两地率先上线，同时开启北京、上海、广州、深圳、杭州等城市的车主招募，之后将逐步扩展到全国更多城市。

对于上线顺风车项目，高德地图表示，高德公益顺风车坚持不以营利为目的，撮合的是高德平台上现有的自驾出行用户以及有真实出行需求的用户，坚决不打补贴战，不会刺激运力额外增加。"高德顺风车也坚决不会抽取用户佣金，甚至目前还为用户补贴短信通知、保险等第三方服务费，保证乘客花多少钱，车主就能拿到多少钱。"

高德地图此前发布的一份报告显示，以北京五环范围内为例，有 16.4% 的出行需求高度重合。若充分发展顺风拼车，预计每年可减少驾车里程约 1.11 亿千米，相当于减少 3 万吨的碳排放。

此外，高德地图方面还强调，除了不抽取车主的佣金，目前由第三方收取的服务费也由高德来补贴。作为阿里巴巴生态的一部分，目前高德顺风车司乘双方是通过支付宝完成支付的。

而这背后，高德已经搭建了一站式公共出行服务平台——易行。高德易行 App 于 2017 年 7 月上线，目前已经接入了滴滴出行、神州专车、首汽约车、曹操专车、摩拜单车和飞猪旅行等众多的出行服务商，可为用户提供十多种不同的出行方式。

思考：高德地图涉足出行业务对其他出行服务商会造成怎样的冲击？

第 12 章 新零售

 知识框架

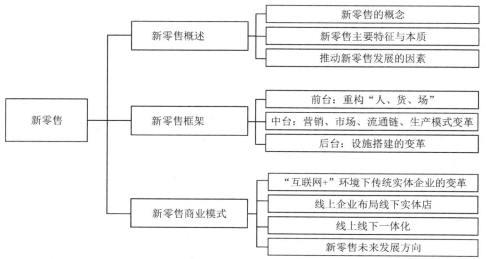

 知识目标与能力目标

知识目标：

1. 了解推动新零售发展的因素
2. 掌握新零售的概念
3. 掌握新零售的系统框架及变革的模式

能力目标：

1. 能够举例分析传统企业布局新零售和互联网企业布局新零售的优势和劣势
2. 能够清晰地描述典型的互联网企业新零售的模式

 案例导入

"新零售"创造了无限的可能

AmazonGo 无人门店、阿里的无人便利店"淘咖啡"和"盒马鲜生"、小米之家门店、永辉的超级物种等新零售的业态，在 2017 年、2018 年如同雨后春笋般兴起。"对于零售企业来说，这是一个最好的时代，也是一个最坏的时代"，新技术的发展为商业创造了无限的可能。

几乎每天都在经历着不可思议的改变，以前，人们不会相信能够走过一个无人便利店，不用排队，拿着我们心仪的商品直接走出门口；以前，人们不会相信在超市时看到自己需要的生活用品后,就可以让商品比自己先到家;以前,人们不会相信在家里带上一个VR(虚拟现实)眼镜就能体验世界各地风光,在家里就能完成衣服的"试穿";以前,人们不会相信阿里巴巴也会涉足做餐饮超市,国美电器门店最大的乐趣居然是玩游戏……这些都是新零售催生消费新业态的表现。

那么什么是新零售?新零售的主要特征和本质是什么?新零售的商业模式主要有哪些?新零售未来的发展方向如何?

资料来源:作者整理。

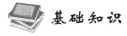

12.1 新零售概述

2016年10月13日,在杭州云栖大会开幕式上,马云在演讲中提出了未来的"五新"趋势:新零售、新制造、新金融、新技术与新能源,并称这五个新的发展未来将会深刻地影响中国和世界。其中第一个"新"就是"新零售",马云认为"纯电子商务时代很快就会结束,未来10年、20年后没有电子商务这一说法,只有新零售这一说法"。"新零售"概念提出后,京东提出了"无界零售",苏宁、腾讯提出了"智慧零售",网易提出了"新消费"等,这些不同说法共同指向的是零售业态正在迎来新一轮的革命。

12.1.1 新零售的概念

新零售是互联网在实现社会信息化、数字化的过程中,零售行业发展、变化的一个阶段。各界对于新零售的概念和理解各不相同。

1. 学术界对新零售的理解

有学者将新零售定义为:以互联网为依托,通过运用大数据、人工智能等先进技术手段,对商品的生产、流通与销售过程进行升级改造,进而重塑业态结构与生态圈,并对线上服务、线下体验以及现代物流进行深度融合的零售新模式。

也有学者认为新零售是指未来电商平台将会消失,线上线下和物流结合在一起而产生的一种经营业务模式,即"线上+线下+物流"。线上是指云平台,线下是指零售门店或制造商,强大的物流系统可将库存降到最低,其核心是将以消费者为中心的会员、支付、库存、服务等方面的数据全面打通。

2. 阿里研究院对新零售的理解

2017年3月,阿里研究院发布的《C时代 新零售——新零售研究报告》中将新零售定义为"以消费者体验为中心的数据驱动的泛零售形态",同时,阿里研究院指出,新零售是从单一零售转向多元零售形态,从"商品+服务"转向"商品+服务+内容+其他","内容"是商品在新零售环境中最重要的属性。因此应该从以下几方面对新零售进行理解。

(1)以"心"为本。数字技术无限逼近消费者内心需求,最终实现"以消费者体验为中心",即掌握数据就是掌握消费者需求。

(2)零售二重性。即任何零售主体、任何消费者、任何商品既是物理的,也是数字化的。基于数据逻辑,企业内部与企业间流通损耗最终可以达到无限逼近于"零"的理想状态,最终实现价值链重塑。

(3)零售"物种"大爆发。借助数字技术,物流业、文化娱乐业、餐饮业等多元业态均延伸出零售形态,更多零售"物种"即将孵化产生。

3. 亿欧智库对新零售的理解

亿欧智库认为,新零售是整个零售市场在新技术和新思维的冲击下发生的新变化,其内涵和外延不应该局限于"阿里巴巴的新零售"。

亿欧智库通过将各种说法进行归纳,总结出了对新零售概念的认知图谱,进而提炼出了新零售的含义:"通过零售的表现形式,进行人、货、场三要素重构,达到满足需求、提升行业效率的目标,从而实现人人零售、无人零售、智慧零售的最终形态"。

本书认为,新零售是以消费者体验为中心,进行人、货、场三要素的重构,真正发挥"线上+线下+数据+物流"的系统化优势,以达到满足消费升级的需求、提升行业效率的目标。

12.1.2 新零售的主要特征与本质

1. 新零售平台的五个"新"

新零售平台的"新"体现在以下五个方面。

(1)新角色。新角色是指新零售平台在下游洞悉消费者需求,并向上游供应商提供消费者需求大数据资源,进而成为供应商的生产研发活动和市场推广活动的服务者。

(2)新内容。新内容是指新零售平台由商品销售者变为"商品和服务"的提供者,如天猫等平台利用商品数字化、会员数字化为生产企业、供应商提供新型的数据服务。

(3)新形态。新形态是指新零售平台通过清晰洞察消费者痛点,对零售业态的各要素再次进行边际调整,组成新型经营业态。

(4)新关系。新关系是指新零售平台构建了平台、供应商与消费者之间深度互动的社群关系。

(5)新理念。新理念是指新零售平台运用消费者主导时代的新理念、新模式,通过零售变革更精准地满足消费者需求,为消费者不断创造价值。

2. 新零售的主要特征

(1)渠道一体化,即线上线下融合,渠道一体化。真正的新零售应是 PC 网店、移动 App、微信商城等多种线上线下渠道的全面打通与深度融合销售、库存、会员管理、售后服务等环节。零售商不仅要打造多种形态的销售场所,还必须实现多渠道销售场景的深度融合,才能满足消费者的需求。

(2)经营数字化。商业变革的目标是通过数字化把各种行为和场景搬到线上,然后实现线上线下的深度融合。零售行业的数字化是依托 IT 技术实现顾客数字化、商品数字化、营销数字化、交易数字化、管理数字化等经营各方面的数字化,其中,顾客数字化是经营数字化的基础和前提。

(3)门店智能化。大数据时代,"一切皆智能"成为可能。门店以物联网等新兴技术进行智能化改造,应用智能货架与智能硬件延展店铺时空,构建丰富多样的全新零售场景。门店智能化可以提升顾客互动体验和购物效率,可以增加多维度的零售数据,可以较好地把大数据分析结果应用到实际零售场景中。对于零售行业,在商家数字化改造之后,门店的智能化进程会逐步加快,但脱离数字化基础去追求智能化,可能只会打造出"花瓶工程"。

(4)物流智能化。

①新零售要求顾客可以全天候、全渠道、全时段都能买到商品,并能实现到店自提、同城配送、快递配送等,这就需要对接第三方智能配送、物流体系,以此缩短配送周期、实现去库存化。

②新零售能够实现库存共享,改变传统门店大量铺陈与囤积商品的现状,引导顾客线下体验、线上购买,实现门店去库存化。

③新零售从消费需求出发,倒推至商品生产,零售企业按需备货,供应链按需生产,真正实现零售去库存化。

3. 新零售的本质

新零售的本质是对"人、货、场"三者关系的重构。"人"对应消费者画像、数据;"货"对应供应链组织关系和与品牌的关系;"场"是场景,对应商场表现形式。"场"是新零售前端表象,"人""货"是后端的实质变化。

线上线下关联紧密,优势互补,合作共赢。消费者的购买行为呈现线上线下融合的明显趋势,线上了解、线下购买、体验。线上购买的行为十分常见。电商的优势在于数据,体验却是其软肋,而实体店的优势恰恰在于体验,数据却是实体店的弱项。

在线上流量红利结束、消费升级的大背景下,线上企业比拼的不再是低价,而是服务和体验,因此各大线上平台纷纷联合线下企业,致力于打造线上线下消费闭环。线下实体店作为流量新入口,弥补了传统电商业务用户群体数据的缺失,助力线上企业描绘多维清晰的消费者画像。线下门店依托线上数据,有利于提高营销精准率和经营效率。

 拓展阅读

消费者画像

消费者画像是以大量数据为基础,通过收集与分析消费者社会属性、生活习惯、消费行为等用户特征属性的主要信息数据,对全貌进行数学建模,以达到对消费者类型的标签化,直观构建出消费市场的"全息画像",完美地抽象出消费者的商业全貌。

12.1.3 推动新零售发展的因素

1. 线上零售获客成本越来越高

电商经过多年的高速增长后,线上增量空间开始收缩,增速减慢,电商平台的获客成本越来越高,流量红利越来越小,线上企业纷纷转到线下寻求新的利润增长空间,这导致线上线下进一步融合。

2. 传统线下零售企业利润空间不断压缩

(1)经营模式同质化。传统零售品牌缺乏个性化建设,导致企业同质化经营,日趋严重的同质化竞争极大地压缩了企业的利润空间。

(2)经营成本不断升高。传统零售企业人力成本和房租成本等不断攀升,导致企业利润空间不断压缩。

(3)受线上零售企业冲击严重。线上零售企业中间环节减少,一方面可以有效地降低交易成本,提高交易效率;另一方面可以与终端市场紧密连接,更加全面地掌握终端市场的消费需求。电子商务的出现,使产品性能、类别、价格上的透明度越来越高,市场竞争越来越激烈。很多电商企业建立了从生产领域直接到终端市场的供应链体系,在这种"短、平、快"的销售模式下,传统实体企业的利润空间进一步被压缩。

3. 新技术的应用开拓了线下场景智能终端市场

新技术的不断涌现和成熟应用,成为推动零售变革的核心力量,大数据、虚拟现实等技术革新,进一步开拓了线下场景和消费社交。科技领域的高速发展提供了零售市场创新的可能,而技术不断革新的背后是企业对数据化的不断探索与不懈追求。

4. 移动支付的普及是推动新零售创新的重要因素

移动支付越来越普及,并与消费者的日常生活紧密相连,成为人们的一种生活习惯。支付越来越便捷和高效是推动零售创新的重要因素。

5. 消费需求的变化

消费者的需求引领市场趋势,消费成为拉动经济发展的主要力量,需求推动消费升级成为"主流"。品质化、个性化、重体验是未来消费需求的主要特征。

6. 新消费群体崛起

"80后""90后"普遍接受过高等教育、追求自我提升,他们逐渐成为社会的中流砥柱。新消费群体的消费观的最大特征是理性化倾向明显,他们在意商品(服务)的质量以及相应的性价比,对于高质量的商品和服务,他们愿意为之付出更高的价格。

12.2 新零售框架

2017年3月9日在上海举办的"2017中国电商与零售创新国际峰会"上,阿里研究院正式发布了《C时代 新零售——新零售研究报告》。该报告从前台、中台、后台三个维度阐述了新零售的框架。

12.2.1 前台:重构"人、货、场"

1. 人:消费者画像

传统零售条件下,对消费者画像是一件非常困难的事情,各种调研只能完成模糊的画像,而在数据处理技术条件下,可以对消费者进行更清晰的画像,对其性别、年龄、收入、特征都可以进行画像,直至完成全息清晰的画像,对品牌商而言,消费者的形象跃然纸上。

2. 货:在交易商品上,消费者的需求过渡到"商品+服务+内容"

消费者的诉求已从单纯的"商品+服务",过渡到"商品+服务+内容+其他"。消费者不仅关心商品的性价比、功能、耐用性、零售服务等指标,更关心商品的个性化专业功能,以及商品背后的社交体验、价值认同和参与感,甚至在服务方面,基于数字技术的定向折扣、个性化服务、无缝融合的不同场景,都将给消费者带来全新的体验。

3. 场:消费场景无处不在

新零售将带来"无处不在"的消费场景,无论百货公司、购物中心、便利店,还是线上的网店、各种文娱活动、直播活动,都将成为消费的绝佳场景,这其中各种移动设备、智能终端、VR设备等将发挥重要的作用。

4. 新零售"人、货、场"的重构

新零售将重构"人、货、场"这三个要素,从过去的"货—场—人"进化到"人—货—场"。

在传统零售条件下,品牌商按照经验进行供货,线上线下割裂,对消费者的画像是模糊的。新零售下,消费者实现了数字化和网状互联,可以被清晰地辨识;"最优供应链+智能制造"使企业实现了按需智能供货;无所不在的消费场景,实现了"人、货、场"的重构。

12.2.2 中台:营销、市场、流通链、生产模式变革

(1)新营销。新零售的营销模式是以消费者为核心的全域营销:数据打通消费者认知、兴趣、购买、忠诚及分享反馈的全链路;数据的可视化、可追踪、可优化等优点为品牌运营提供全方位精细支撑。

(2)新市场。新零售基于数字经济的统一市场,具有全球化、全渗透、全渠道等特征。

(3)新流通链。新零售服务商重塑了高效流通链:新生产服务(数字化生产、数字化转型咨询、智能制造)—新金融服务(供应链新金融)—新供应链综合服务(智能物流、数字化供应链、电商服务商)—新门店经营服务(数字化服务培训、门店数字化陈列)。

(4)新生产模式。新零售真正实现了消费方式逆向牵引生产方式,这是一种由C2B催生的高效企业模式,是一种以消费者为中心,个性化的定制模式。通过线上店铺或线下店铺收集"消费者的声音",企业甄别这些信息后将其反馈到生产链条的不同部门。由于数据的流动,就会产生定向牵引的过程,真正实现由消费方式逆向牵引生产变革。

1. 基础环境促进新零售发展

新零售的基础环境主要包括流量、物流、支付、物业和技术等,它们共同促进了新零售的发展。

(1)流量:线上网店与线下门店结合为双方均带来新的流量入口,促进线上线下零售结合。

(2)物流:物流模式的创新(如前置仓)可以有效降低物流成本,也给零售旧有的物流模式带来冲击,为新零售提供更多发展空间。

(3)支付:移动支付迅速普及与移动支付习惯的养成促进了新零售的发展。

(4)技术:技术积累赋能零售业的发展,为零售业态演化提供了更多可能性。

(5)物业选址:与对物业选址要求极高的传统零售业态相比,线上线下结合的新零售模式使得各门店物业选址的灵活度明显提高。新零售基础环境的提供者主要是以阿里巴巴、腾讯、京东、亚马逊为首的互联网巨头,它们为新零售的良性可持续发展提供了技术支持和平台建设保证。新零售基础环境的变化会导致某些要素成本下降,许多原有的行业壁垒也不再是壁垒,在提升传统零售的运作效率和产品销售的基础上,也给新业态的孵化提供了新的机会。

2. 3D、4D 打印技术改变了产品生产方式

3D打印是以数字模型文件为基础,运用粉末状金属或塑料等可黏合材料,通过逐层打印的方式来构造物体的技术。4D打印是通过一种能够自动变形的材料,只需特定条件(如温度、湿度等),不需要连接任何复杂的机电设备,就能按照产品设计自动折叠成相应形状的技术。3D、4D打印技术具有可高度定制化的特点,未来越来越多的人将能够根据自己的需求制作各

种生活用具。

3. VR、AR 技术虚实结合的消费体验

(1)VR(virtual reality)技术即虚拟现实技术,是通过计算机技术生成一种模拟环境,使用户沉浸到创建出的三维动态实景,并同时通过多种传感器设备提供给用户关于视觉、听觉、触觉等感官的虚拟,让使用者仿佛身临其境一般。我们可以将其理解为一种对现实世界的仿真系统。

人们在家里戴上 VR 头显设备,就可以直接"穿越"到商场、购物街、超市、美食店、体验店等任何场景,选择心仪的商品,眨眨眼睛,动一下手指就可以下单,所见即所得,如亲临购物现场一般,能省下不少精力和时间。VR 的新零售应用领域主要有购物、汽车试驾、旅游体验等。

(2)AR(augmented reality)技术即增强现实技术,是一种全新的人机交互技术,它将真实世界信息和虚拟世界信息"无缝"进行集成。通过计算机图像技术,将虚拟的信息应用到真实世界,被人类感官所感知,从而达到"增强"现实的感官体验。

AR 购物体验能让用户将商品的虚拟形象覆盖到真实世界的环境中,从而看到商品的真实效果。例如在购买家具时,AR 技术能让用户在购买商品前就感受到其安装到家中的实际效果。

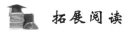

拓展阅读

京东的 AR 试妆

AR 试妆通过人脸识别技术,准确识别用户的唇部、脸部、眉眼等特征,利用人脸特征与口红、腮红、眉笔颜色相结合,让用户只需滑动鼠标选择不同色号,即可看到试妆效果。下面简单介绍京东的 AR 试妆过程。

①登录京东的手机 App,点击页面内的"分类"—"美妆护肤"—"美妆馆"—"AR 试妆",进入试妆页面;②例如选择"美宝莲"口红后,点击"AR 试妆"即可以选择不同颜色的口红涂到用户的嘴唇,这样就可以看到用户真实的试妆效果;③用户选择合适的口红后,点击"加入购物车"或"立即购买"即可完成购物。

4. 传感器和物联网提升门店消费体验

物联网是指通过传感设备,按约定协议将任何物品通过物联网域名建立连接,进行信息交换和通信,即将互联网络延伸和扩展到任何物品与物品之间。信息传感设备主要包括射频识别(RFID)、红外感应器、定位系统、激光扫描器等。利用物联网和传感设备可以实现以下功能。

(1)自动结账:消费者走出商店时自动结账。
(2)布局优化:基于店内消费者数据全面分析,合理布局店内商品。
(3)消费者追踪:实时追踪店内消费者行为数据,改进消费者体验。
(4)实施个性化促销:根据消费者特点、过往消费记录定向推送促销信息。
(5)库存优化:基于自动货架和库存监控补货。

5. 人工智能贯穿于新零售全过程

人工智能(AI)是用计算机科学对人的意识、思维的信息过程进行模拟的技术。人工智能的三大基石是数据、计算和算法。人工智能能够帮助零售业预测需求、实现自动化操作。国内

外大型电商平台均已开始应用人工智能,如在促销、商品分类、配货等环节减少手工操作,自动预测客户订单、优化仓储和物流、设置价格、制订个性化促销方案等。

12.2.3 后台:设施搭建的变革

新零售以三大设施为基础,实施"ABC战略"。A是AI,即人工智能;B是big data,即大数据;C是cloud,即云计算。另外,物联网的建设也将成为基础设施。互联网的下半场是将整个物理世界数字化,道路、汽车、森林、河流、厂房甚至一个垃圾桶都会被抽象到数字世界,连到互联网上,实现物物交流,人物交互。

通过搭建这些基础设施,可以帮助企业实现3大能力,即感知能力、互联能力和智能能力。

(1) 感知能力:即感知消费者、感知供应链、感知生产制造,形成基础数据。

① 在消费感知领域。消费者在购物时,智能设备能匹配消费数据(消费的商品、金额、时间)、购物偏好(颜色偏好、时间偏好、品牌偏好等)、个人特征(年龄、性别、区域、职业、人生阶段)等基础信息,为营销和服务策略的制定提供数据支持。

② 在供应链领域。获取是仓储、配送、销售环节的各类数据,甚至将客户数据、企业内部数据、供应商数据汇总到供应链体系中,通过供应链上的数据采集和分析来优化供应链,做到对客户的快速响应,以及降低成本。例如:在农产品的流通过程中,鲜活农产品的生物性能(含水量高、保鲜期短、极易腐烂变质等)对运输的条件和保鲜条件提出更高的要求,因此,运输环境的监控和地理位置追踪是农产品流通过程中非常重要的部分,采取措施包括:在运输车辆上安装物联网数据采集仪器,采集农产品流通过程中的环境参数(温度、湿度、二氧化碳含量)、对应的地理位置(经纬度)以及采集时间(甚至精确到秒)。

③ 在生产制造领域。多数制造业的流程传统而粗糙,数字化会给制造业带来更精准、更先进的工艺和更优良的产品。比如:在工业制造生产线设备上安装传感器收集温度、压力、热能、振动和噪声等各类数据。利用这些数据,进行设备诊断、用电量分析、能耗分析、质量事故分析等。又比如:在生产工艺改进方面,利用这些数据,就能分析整个生产流程,了解每个环节是如何执行的。一旦有某个流程偏离了标准工艺,就会发出报警信号,快速地发现错误,解决问题。

(2) 互联能力:把A设备的感知数据和B设备的感知数据,以及其他设备数据连接起来,从以前的数据孤岛,实现数据的互联。数据由小变大,能够更完整、更精准地判断一个事物。比如:在互动营销方面,将用户在优酷上的电影观看数据和淘宝上的购物数据进行互联,于是在观看电影时将会看到自己感兴趣的商品广告。又比如:将线上天猫平台的消费数据与线下百货公司的消费数据进行互联,于是消费者在线上天猫平台搜索过一个皮包,然后去线下百货公司购物时,导购终端上将推送消费者可能感兴趣的皮包。

通过感知数据的互联,线上平台之间、线上与线下之间实现了数据共享和互通,数据孤岛被打破。随着阿里、京东这类线上零售巨头与实体零售合作加速,未来线上线下多场景的数据将被打通,用户数据将变得更加完整。

可以预见,数据将向中心化、集中化发展,但同时数据安全问题将是难以回避的话题,尤其是用户隐私数据。

(3) 智能能力:对数据进行加工处理,通过模型算法为生产、流通、营销提供智慧决策。例如:尚品宅配将前台的订单与后台的生产环节打通,在制作板式家居的时候,自动形成配料单。另外,车间是机器指挥人干活,机器告诉工人,要什么原料,怎么放,这样生产效率将明显提高。

12.3 新零售商业模式

12.3.1 "互联网+"环境下传统实体企业的变革

1. 传统实体企业向互联网转型的常见模式

2015年政府工作报告中提出制订"互联网+"行动计划后,线下实体店开始大规模在列上开店。通俗来说,"互联网+"就是"互联网+各个传统行业",但这并不是两者的简单相加,而是不使通信技术及互联网平台将互联网与传统行业进行深度融合,创造新的发展生态。互联网对传统行业的渗透与融合包括两个方面:"互联网+"是互联网行业主动向传统行业的渗透;"+互联网"是传统行业主动加速行业的互联网化进程。"互联网+"环境下传统实体企业变革的模式主要有以下几种。

(1)在第三方购物平台上开网店。传统实体企业借助已经成熟的第三方购物平台(如天猫、京东商城)销售自己的产品,可增加销售额,培养网店运营人才,为企业的进一步拓展打下基础。这比较适合较少涉足零售业的传统生产企业和刚刚起步的零售商,不管是代理品牌还是自有品牌,均可以通过投入有限的资源拓展网上零售。

(2)利用传统连锁店的品牌优势建立独立网购平台。传统实体企业利用传统连锁店的品牌优势建立属于自己的独立电商平台,在平台上为目标客户提供尽可能丰富的品类或某一个品类的众多品种。独立电商平台的虚拟渠道品牌可以和实体渠道品牌名称一致,也可以是一个新品牌,如苏宁电器的"苏宁易购"和国美电器的"国美网上商城"。

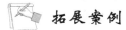
拓展案例

苏宁易购的新零售商业模式

2013年,苏宁易购确立了"店商+电子商务+零售服务商"的新型零售商业模式,为此制定了"一体两翼"的互联网战略,即以互联网零售为主体,实现全品类经营,采用线上线下同价政策,巩固家电,凸显3C,发展母婴消费的模式。

(1)扩大品类,布局线上线下业务。2012年,苏宁易购收购了"红孩子"母婴商城。2013年10月,苏宁投资2.5亿美元成为PPTV的最大股东,以进一步打通电视、计算机和移动端渠道,甚至计划将其融入实体店成为可视化的互动端。

(2)吸引优质商家入驻。首先,为了吸引优质商家入驻,苏宁易购推行"三免政策",即免年费、免平台使用费、免佣金;其次,经过苏宁优选已开店的商家,苏宁易购为其正品保证背书,这意味着苏宁易购需要投入大笔资金。

(3)发挥其线上线下优势,建设规划物流体系。2014年2月,苏宁易购获得国际快递业务的经营许可,成为国内首个获得国际快递运营牌照的电商企业,融合苏宁易购庞大的仓储物流系统后,苏宁易购线上线下业务布局日益丰富。消费者还可以在门店自提货品,苏宁易购发挥了其独特的线上线下优势。

(4)大数据"武装"无人店,实现智慧零售。2017年,苏宁易购在上海、南京、北京、重庆、徐州开设了五家无人店。2018年2月2日,苏宁易购第六家无人店在南京新街口开业,该店首次采用了第二代苏宁Biu店技术,将刷脸支付从10秒缩短至6秒。下载苏宁金融App,进行人脸信息绑定,便可以刷脸进店,选购完商品后自由出店,整个购物过程中支付环节用时不超过6秒。

智慧零售的关键就是整合企业的线上和线下资源,实现线上、线下的完美融合。除了需要满足线上和线下自身优势互补的需要外,智慧零售还需要迎合消费者的喜好,使其既能享受到实体店的购物环境和真实体验,又能享受到线上购物的便捷和优惠。再加上科技的支撑,智慧零售的产生成为必然。

思考:
(1)分析苏宁易购"一体两翼"的互联网战略。
(2)苏宁易购的无人店是如何运营的?苏宁是如何实现智慧零售的?
(3)利用手机应用程序做移动电商。传统企业可通过手机应用程序(App)打通现有资源,结合线下实体店,帮助企业走上O2O模式,提高企业服务水平和品牌知名度。同时,手机应用程序具有完善的会员管理系统,通过相关数据,能够对用户行为进行分析,进而精准地为用户推送信息,适时组织一些客户喜欢的优惠活动,提高用户黏性。目前,手机应用程序已逐渐发展为"信息传播+销售渠道+品牌推广+会员管理+社交平台"的移动应用程序。

 拓展案例

餐饮企业海底捞手机App的应用

2013年,随着移动互联网的迅猛发展,餐饮业掀起了手机应用程序的应用热潮。以服务好著称的海底捞火锅也拥有了属于自己的手机订餐App。用户只需在手机上下载一个海底捞手机App,注册和登录后即可在线查询海底捞门店的位置、预订座位、在线点餐、了解促销活动等,并能即时同步到社交网站,分享心得和感受。餐饮业手机App一方面很好地为消费者提供了便利,使其能直接掌上订餐;另一方面,有效降低了餐饮企业的管理成本,提高了品牌形象,可吸引更多的消费者就餐消费。

思考:
(1)除餐饮业外,你见过的手机App还主要应用在哪些行业?
(2)分析讨论手机App还有哪些应用。

2. 传统实体企业转型新零售的典型代表之一——永辉超市的"超级物种"

永辉超市的"超级物种"温泉店于2017年1月1日在福州开业,这家店将超市与餐饮的有机结合,500平方米的空间不仅销售商品,还引进了8个精致的"美食工坊";由工坊到了板数、工坊、麦子工坊、脉悦汇、生活厨房、健康生活有机馆、静候花开花艺馆,而这些工坊都是永辉超市的自营餐饮品牌。

"超级物种"的诞生是永辉不断孵化与进化的产物,这也是永辉继红标店、绿标店、精标店、绘店之后的第五种业态。之所以取名"超级物种",是因为超级物种就是未来"超市+餐饮"和工坊系列实现多重餐厅的结合模式,让消费者更能寻味未来生活。

永辉超市"超级物种"温泉店的配送范围延伸至周围3千米,线上订单约占20%,顾客年龄平均在40岁以下。通过线上引流改变了永辉的客群结构,使永辉逐渐打造为平台型电商,新零售链接的线上消费与线下体验已在永辉拉开帷幕。互联网不仅仅是用来提高效率的工具,也是构建未来生产方式和生活方式的基础,未来零售业线上线下全覆盖将是必然趋势。

3. 传统实体企业转型新零售的典型代表之二——大润发优鲜

2017年7月7日大润发优鲜上海杨浦店开业,大润发优鲜包含5000多个SKU(库存量单位),主要以生鲜食品为主,经营范围涵盖生鲜、进口食品、日用百货、快消品等品类。在商品选择上,大润发优鲜均选择满足家庭日常生活需要的品类,对部分品类进行了选品升级,引进了更多进口商品和中高端商品。大润发优鲜有独立的App,用户使用大润发官网账号可直接登录。用户在大润发优鲜App下单后,1小时左右就能收到购买的商品。顾客也可以在线下门店购买商品。

首家大润发优鲜是在大润发杨浦店内改建上线的,其门店展示部分与大润发杨浦店重合,以店为仓,从前端拣货到后库的装箱,都是由传送带来运送的,这套设备在传统大型商超使用尚属首次。

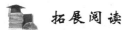拓展阅读

SKU介绍

对一种商品而言,当其品牌、型号、配置、等级、花色、包装容量、单位、生产日期、保质期、用途、价格、产地等属性与其他商品存在不同时,可称为一个单品。通常,将一个单品定义为一个SKU(stock keeping unit,库存量单位)。每款商品都有一个SKU,以便于对商品进行识别。例如,一款女装中粉红色的S码是一个SKU,M码是一个SKU,L码也是一个SKU,所以一款粉红色女装有S、M、L、XL等若干个SKU,而每个SKU不能相同,以免出现混淆导致卖家发错货。

4. 传统实体企业转型新零售的典型代表之三——银泰百货

通过大数据分析,银泰百货门店可以掌握所在地人群的消费习惯和商品喜好,并据此调整前品类别,这有助于短频、快速推出新品,在SKU有限的情况下,最大程度地满足消费者的购物需求。此外,银泰百货联手天猫推出了新零售项目——ONMINE天猫新零食馆,打通了天猫商品信息,共享后台数据,一旦品牌调价,门店商品可保持即时同步。

银泰百货杭州下沙店还实行线上线下同步,购物者在结束购物后不需要排队结账,只需扫描商品上的二维码,打开App,筛选购物清单,即可用支付宝完成支付。两天后货物会从原产地直接送到家门口。当然,消费者也可以选择当天直接在商场提货回家。

12.3.2 线上企业布局线下实体店

线上企业也在加速布局线下门店。网店获得成功后,线下开设实体店可做到线上和线下相结合,如亚马逊、阿里巴巴、京东、小米、三只松鼠等均已开设了线下实体店。

美国时间2015年11月3日,亚马逊的首家实体书店Amazon Books在西雅图开张,2016年12月5日又开放了Amazon GO无人实体店。2014年11月20日,京东集团全国首家大家电"京东帮服务店"在河北省赵县正式开业。2017年12月30日,京东首家无人超市门店在山东烟台大悦城正式营业。2018年底,京东有近一万家的京东家电线下体验店,除了京东家电,线下还有京东便利、7FRESH线下生鲜超市。表12-3中所列为我国线上代表企业在线下布局的案例。

表 12-3　我国线上代表企业在线下布局的案例

线上代表企业	线下布局举措
阿里巴巴	百货超市领域：收购了银泰百货、高鑫零售、三江购物的部分股份 便利店领域：推出了加盟式天猫小店，并开设无人便利店淘咖啡 生鲜领域：打造了实体生鲜体验店盒马鲜生 汽车领域：推出了天猫无人汽车超市
京东	百货超市领域：收购了永辉超市部分股份 便利店领域：开设了京东便利店，京东到家无人货架的目标是覆盖京东便利店及中小门店 生鲜领域：入股了社区"肉菜店"钱大妈，开设了实体生鲜体验店7FRESH 其他实体店：开设了京东帮服务店、京东家电线下服务店等
小米	开设了线下实体店小米之家
三只松鼠	开设了线下体验店三只松鼠投食店

1. 无人门店：亚马逊和阿里巴巴开启新零售的样本

无人门店指商店内所有或部分经营流程，通过技术手段进行智能化、自动化处理，降低或消除人工干预。这就意味着在店内可能不再需要导购、收银、安保等零售行业从业者进行业务的分工合作；从消费者的角度来看，店员的工作不在其眼前展现；从零售从业者角度来看，员工工作集中于店外运营环节；从人员投入上来看，能够节约大量资源。无人店本地部分已经具备了"店"最为重要的"展示"和"交易"两个要素。亚马逊、阿里巴巴、京东等互联网企业相继开设了线下无人门店。

亚马逊在西雅图推出的线下无人实体店 Amazon GO 和传统零售店最大的不同在于这里没有收银台。消费者使用 Amazon GO 的 App 扫描店内二维码即可购物，购买后即可拿着商品离开，结算由 App 绑定的信用卡等支付手段在"消费者不注意的情况下"完成。店铺中有大量的传感器采集实时变化的信息并通过服务器传递给 App。整个 Amazon GO 是通过 AI（人工智能）、深度学习等技术来运行的，消费者的虚拟购物车会随着消费者拿取商品的变化而变化。

2017 年 7 月，阿里巴巴开办了无人便利店淘咖啡。淘咖啡是线下实体店样板，它集商品购物、餐饮于一体，拥有生物特征自主感知、目标检测与跟踪结算意图识别等功能，将无人结算技术应用到线下，顾客使用淘宝扫描码进入店内购物，离店时通过"支付门"，实现自动识别、即走即付。

2. 多品类经营：小米之家

小米科技的全渠道零售战略包括线上和线下零售渠道，其中线上零售渠道包括小米商城、有产品平台及第三方线上分销，线下零售渠道包括小米之家和第三方分销网络。小米之家利用线上引流把线上用户导入线下，实体店内有主营商品和其他商品，多品类经营模式有利于增加销售。小米之家多品类经营的新零售实现过程如下。

（1）小米产品和小米生态链产品（小米除手机以外，还有其他众多生态链产品，覆盖个人、家庭、旅行、办公等不同场景）进入小米之家门店和小米商城。小米商城为小米之家吸引流量。

（2）小米之家通过产品展示、科技体验、增值服务、商品特卖、社交互动等把产品展示给"米粉"用户。

（3）小米之家通过对米粉用户进行大数据分析，优化选址策略，分析商品的 SKU。

(4)小米之家可为小米生态链产品提出建议与意见反馈。

(5)小米之家与小米商城共享、共用仓储和物流体系。

12.3.3 线上线下一体化

1. O2O 基本模式

O2O(online to offline)模式为线上线下一体化的主要模式。O2O 是指将线下的商务机会与互联网结合,让互联网成为线下交易的前台。O2O 涵盖的范围非常广泛,只要产业链既可涉及线上又可涉及线下,就可通称为 O2O。从用户需求的角度出发,O2O 线上线下一体化模式可以进一步分解为导流类 O2O 模式、体验类 O2O 模式和整合类 O2O 模式。

(1)导流类 O2O 模式。

导流类 O2O 模式是目前 O2O 模式中最主流的模式。导流类 O2O 模式的核心是流量引导。导流类 O2O 模式以门店为核心,O2O 平台主要用来为线下门店导流,提高线下门店的销量。使用该模式的企业旨在利用 O2O 平台吸引更多的新客户到门店消费,建立一套线上和线下的会员互动互通机制。

地图导航是基于地理位置服务的一种引流方式,主要软件有高德地图、百度地图和腾讯地图等。地图导航产品利用其在 O2O 和基于位置服务方面的优势,提供地图服务和导航服务,并进一步扩展到了餐饮、景点、酒店等的预订服务,并专门开发了独立的手机软件来满足用户需求,帮商家引流。

(2)体验类 O2O 模式。

体验类 O2O 模式的核心是使消费者能享受到良好的服务和感受到生活的便利。在网上寻找消费品,然后再到线下门店中体验和消费,是最典型的 O2O 模式。如钻石小鸟(Zbid)将线上销售与线下体验店相结合。钻石小鸟线上销售的商品包括钻石、婚戒、配饰等,为满足消费者的需求,2004 年钻石小鸟开始采用线上销售与线下体验店相结合的营销模式,体验店开业当月商品销量就增加了五倍。其体验店只是网店的一个补充,商品展示还是以网络为主。类似家具这种家居商品,实物给顾客的直观感受很重要。部分网店开设了家居体验馆,顾客在家居体验馆现场体验后,可在实体店购买也可在网店购买,如宜家家居网上商城和宜家家居线下体验馆就是这种模式。

(3)整合类 O2O 模式。

整合类 O2O 模式的核心是全渠道的业务整合,即线上线下全渠道的业务整合。

①先线上后线下。所谓先线上后线下,就是企业先搭建一个线上平台,再以这个平台为依托和入口,将线下商业流导入线上进行营销和交易,同时,用户又可到线下门店享受相应的服务体验。这个线上平台是 O2O 运转的基础,应具有强大的资源流转化能力和促使其线上线下互动的能力。在现实中,很多本土生活服务性的企业都采用了这种模式。比如,腾讯凭借其积累的流量资源和转化能力构建的 O2O 平台生态系统即采用了这种模式。

②先线下后线上。所谓先线下后线上,就是指企业先搭建起线下平台,以这个平台为依托进行线下营销,让用户享受相应的服务体验,同时将线下商业流导入线上平台,在线上进行交易,以此促使线上线下互动并形成闭环。在这种 O2O 模式中,企业需自建两个平台,即线下实体平台和线上互联网平台。其基本结构是:先开实体店铺,后自建网店,再实现线下实体店铺与线上网络商城的同步运行。在现实中,采用这种 O2O 模式的实体化企业居多,苏宁易购构

建的 O2O 平台即采用了这种模式。

2. 新零售与 O2O

O2O 是线上线下两种渠道的融合,是新零售的必要条件之一,新零售是 O2O 模式的进化。新零售不只是两种渠道的融合,而是全渠道融通,实现商品、会员、交易、营销等数据的共融互通,为顾客提供跨渠道、无缝式体验。通常把新零售的全渠道融通总结为"六通",即商品通、会员通、服务通、数据通、分销通、区域通。

(1)商品通、会员通、服务通(见表 12-2)。

商品通、会员通、服务通是阿里巴巴集团总结的新零售的"三通"。"商品通"意味着线下零售和线上零售高度融合,新零售的商品更多在于线上线下同步。线上线下库存无缝打通,支持线上下单、线下提货,提升顾客转化率和库存周转率。新零售的发展,在于其强大的商品销售能力,需要强化商品的价格同步、库存同步、促销同步等,这样线上线下的商品销售才能并驾齐驱。

"会员通"指线上线下账号融合。商家利用线上快速和精准获取的大量会员信息,然后通过客户关系管理系统解决方案,打通会员数据,让消费者体验到线下和线上完全一致无缝式会员权益和服务(如线上线下积分通用等)。通过数据分析,提供更加有针对性的服务,从而提高消费者对品牌的黏性和忠诚度。

表 12-2 商品通、会员通、服务通

融通项	核心内容	作用
商品通	价格打通	同款同价
	库存打通	库存无缝打通,支持线上下单、线下提货
	促销打通	终端可调拨发货
会员通	账号通用	方便线上线下采集数据
	积分通用	以利益捆绑客户
	行为记录	方便数据挖掘和精准营销
服务通	售前服务	门店与线上导购融合
	售中服务	锁定消费者,方便社群服务
	售后服务	退换货服务,线上线下皆可办理

"服务通"指线上服务和线下服务的通达。随着国内商业的发展,多数企业已经从单纯的商品销售过渡到了"商品+服务"并重的时代,服务的通达包括售前、售中、售后的服务通畅。门店与线上导购融合(售前);锁定消费者,方便社群服务(售中);退换货服务,线上线下皆可办理(售后)。"服务通"是新零售运作的核心环节之一,服务通强化线上终端和线下终端的互联互通,充分发挥各自价值。

(2)数据通、分销通、区域通(见表 12-3)。

"数据通"不仅依赖于系统内数据中心、会员数据管理等技术模块的落地实现,更加依赖于线下实体店的场景对接、活动核销对接和用户数据同步等。"数据通"是新零售运作的"情报站",海量的数据汇总是新零售发展的巨大推动力之一。

"分销通"既让用户有产品消费的愉悦感,又可以获得一定的积分奖励或佣金收益,可以让用户乐于去传播,也乐于去分销。新零售中,用户不仅是消费者,也可以成为分销商,他们既消费产品又分享产品。新零售的"分销通"强调的是意见领袖、分享达人等群体的影响力,其影响力可以帮助商家提升销售额,可以提升用户的价值。

表 12-3　数据通、分销通、区域通

融通项	核心内容	作用
数据通	系统内数据打通	方便数据的应用
	会员数据打通	方便会员管理
	线下实体店数据打通	场景对接、活动核销对接和用户数据同步
分销通	用户是消费者	产品消费的愉悦感
	用户是分享者、分销者	意见领袖、分享达人等群体管理
区域通	区域深度服务、区域的互联互通	发挥口碑效应,让分销商拥有自己的社群影响力
	终端互连	让各区域终端能相互配合创造更多场景价值

"区域通"就是要立足于区域服务,强化区域的扶植,精耕区域以挖掘服务互通、终端互连等价值。"区域通"的价值就在于强化区域的互联互通,让用户真正发挥自己的口碑效应,让分销商拥有自己的社群影响力,让各区域终端能相互配合,创造更多的价值。

12.3.4　新零售未来发展方向

新零售的诞生是一场场景革命,它会给零售业态乃至所有参与其中的相关业态都带来不可思议的改变,新消费升级、大数据赋能、人工智能技术的应用等,这些都将使新零售最终达到降低成本、提高效率、提升体验的目的,让人们以更便利的方式购买到质量更好的产品。新零售未来的发展方向主要体现在以下几个方面。

1. 更加以消费者为中心

在零售市场竞争日趋激烈的环境下,在产品极大丰富的大背景下,零售业已逐步走出以产品为中心的模式,转向以消费者为中心,朝着以流量为中心的方向快速发展。新零售需要从内容、形式和体验上更好地满足消费者的需求,这是当前零售经营的核心。当前,新零售首先是"经营"消费者,围绕消费者打造有特色的产品或服务。如何用有特色的产品、场景、服务打动消费者,已经成为发展新零售最关键的要素。

2. 流量零售

在线下、线上流量到顶的形势下,零售业经营的核心元素已经变成流量的导入。流量是零售企业最重要的资源。未来零售业的竞争是流量的竞争,是对客户资源的竞争。如何找到客户、建立联系、产生影响、增强黏性、提升价值等是新零售经营的主线。

在流量零售的模式下,所有的客户一定是已注册的、可连接的、可统计的、可管理的和可互动的。零售的经营将以找到客户为起点,通过用户注册,把客户变成可连接的和可管理的。企业要尽快用更多的手段,把客户变成自己的注册用户,用一切有效的方式影响自己的客户,并最终将其培养为忠诚客户。

3. 社交与社群零售

当前的社会环境下,过去以商品、品牌为中心的零售营销模式已经发生了很大变化,社交、社群正在成为新零售营销的重要影响因素,新零售将具备更多的社交属性和更多的社交功能。在互联网环境下,社群已经成为消费者购买商品的重要影响因素。

围绕目标顾客,打造超强生活场景,构建更多的 IP 属性,通过社群产生黏性,逐步放大顾客价值,能够产生更有效的传播。海尔集团董事局名誉主席张瑞敏指出:未来的经济肯定是社群经济,主要看企业的社群规模有多大,社群成员的终身价值有多高。

4. 智能化零售、无人零售

随着信息技术、智能技术的逐步成熟,人工智能将会逐步取代部分的人力而使零售效率得到提升。沃尔玛的机器人货架,可替代人工上货、盘点、管理货架。从成本、效率、体验出发,智能化零售、无人零售已经成为当前零售创新发展的新热点。未来可能会成为主要的零售形式,或者成为重要的零售补充形式。

5. 用户定位更精准

以人脸识别为首的新技术将与大数据的虚拟画像技术进行结合,从而做到更加精准的消费者定位;物流系统在精准用户画像的大数据调配下,能使库存量经常保持在合理的水平上,避免超储或缺货,减少库存空间占用,降低库存总费用,控制库存资金占用,加速资金周转。

6. 数据争夺更激烈

随着数据变得越来越重要,谁拥有了数据,谁就掌握了话语权和未来。客户信息代表了客户的消费轨迹,通过它能够更好地帮助企业了解客户,从而预判每一个客户的下一次消费的机会点在哪里。在未来,大数据会成为零售业的"能源",会成为一切商业行为的基本判断依据。

本章小结

本章介绍了什么是新零售、新零售的主要特征和本质、推动新零售发展的因素、新零售的框架及其商业模式等内容。新零售具有渠道一体化、经营数字化、门店智能化、物流智能化的主要特征。新零售的本质是对"人、货、场"三者关系的重构。新零售未来的发展方向为更加以消费者为中心、流量零售、社交与社群零售、智能化零售、无人零售、用户定位更精准、数据争夺更激烈等。新零售的诞生是一场场景革命,推动新消费升级、大数据赋能、人工智能技术的应用等,这些都将使新零售最终达到降低成本、提高效率、提升体验的目的,能让人们以更便利的方式购买到质量更好的商品。

工作任务

理解新零售的概念及其真正的内涵,调研分析你所在地区的某个大型百货商场的现状,并完成以下任务。

(1)分析该商场是否已开始做新零售,为什么?

(2)如果该商场已经开始做新零售,调研分析其实施新零售过程中存在的问题,并提出改进措施。

(3)如果该商场还未开始做新零售,试着给其提出实施新零售的具体方案。

实践应用

查找盒马鲜生的相关资料,完成以下任务:

(1)分析盒马鲜生是如何实现线下的体验的。

(2)分析盒马鲜生是如何实现全渠道整合的。

任务拓展

查找三只松鼠投食店的相关资料,若有机会可以亲自去线下实体店进行体验,分析其是如何实现品牌IP拓展的。

第 13 章　电子商务项目创意

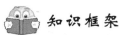

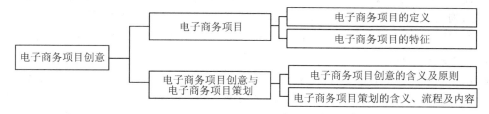

 知识目标与能力目标

知识目标：
1. 了解电子商务项目的概念及特征
2. 掌握电子商务项目创意的基本原则

能力目标：
1. 了解电子商务项目策划的概念
2. 掌握电子商务项目策划的流程和主要内容

卖货郎农村电商加盟模式

近年来，我国农村电子商务发展迅速，成效显著。截至 2020 年，农村网民数量突破 2.5 亿，网购已成为农民生活的新常态，越来越多的服务和商品通过电商进入农村，改变了农民的生活和消费习惯。农村网络零售额由 2014 年的 1800 亿增长到 2019 年的 1.7 万亿元，规模总体扩大 8.4 倍。在这样的背景下，农村电商迅速发展，成立于 2014 年的卖货郎，是服务于 8 亿农民的农村电商平台，截至 2020 年，卖货郎已在全国布局 20 多个省，500 多家县级运营中心，上千家村级服务站。可以说卖货郎是"互联网＋农村"代表企业之一，凭借"B2C＋B2R＋O2O"经营模式，打破了农村网购难、假货多等难题。

深圳市卖货郎信息技术有限公司创始人、CEO 范志强曾说："卖货郎的定位是做中国最专业的农村电商服务平台，让农村与城市接轨，我觉得阿里和京东的农村电商都没有办法解决最后一公里的问题，他们更适合在城市发展，而卖货郎将会做到，成为'互联网＋农村'电商的领头者。"

首先，卖货郎解决的是农产品"输出"的问题。卖货郎商城对供应商实行免费入驻政策，以"帮助中小企业建立属于自己的供应链系统及构建自己的商业生态"为使命，通过电商平台扩大农产品的销售渠道，同时对于村域提供的农产品给予大力推广，帮助农产品"走出去"。

其次,卖货郎凭借"B2C+B2R+O2O"经营模式,通过建设县级运营中心、乡镇服务站,在生活的方方面面提供优质商品,减少了中间渠道,迅速占领了大部分县域农村市场。卖货郎通过村镇上人群熟悉的小超市发力。超市是乡镇老百姓都需要去购买生活物资的,通过教会小超市的老板让他们接触互联网,带动乡镇消费者熟悉电商,了解网购。

最后,卖货郎服务站实行综合化发展,"互联网+医疗""互联网+社保""互联网+教育"等民生问题在卖货郎也能得到解决。卖货郎运营中心和村级服务站是以服务平台为驱动的农产品电子商务模式,其本质是以本地化电子商务综合服务商作为驱动,带动县域电子商务生态发展,促进地方传统产业,尤其是农业及农产品加工业实现电子商务化。并且依托每个村级服务站引导村镇用户的消费习惯,形成一个一个闭合的"商流、物流、信息流、现金流"新型的农村电商发展小生态。

卖货郎全力推动县域的经济发展、三农转型,打造"互联网+县域经济"的新模式。在这种模式下,卖货郎充分利用各界资源,实现资源整合、优势互补、形成合力,重点激发农村市场潜力,真正形成便民、惠民工程。

资料来源:作者整理。

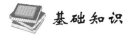基础知识

13.1 电子商务项目

13.1.1 电子商务项目的定义

项目是指创造独特产品或者提供独特服务,以达到独特效果的组织工作,其含有目标性、唯一性、不确定性和临时性等特征。电子商务项目是依托互联网,以其独特的商务模式实现利润的商业活动。

随着网络产业向纵深层次的不断发展,更多的人群参与到网络产业中,但是电子商务不是电子和商务的简单相加,而应该是电子和商务的有效融合,如果电子和商务的结合不能得到具有更高效率和效益的电子商务,那么收效甚微。电子商务不仅是一种工具或者方法的应用,更是一种崭新的商务模式。

13.1.2 电子商务项目的特征

电子商务项目属于项目中典型的一类,除具备一般项目的目标性、唯一性、不确定性和临时性等特征外,还具备电子商务模式主导下的独有特征。

1. 项目角色的多样化

以卖货郎为例,在这个电子商务项目中,涉及的角色有独立的策划者、设计者、运营者和供应商。在一些电子商务项目中,策划者和设计者甚至运营者可以是一体的,在这种情况下策划者、设计者、运营者就承担了多重角色。

2. 项目的复杂化

电子商务项目的实施场所为互联网,项目的组织实施、平台的管理、外部竞争,甚至入驻商户、客户等多种因素混合在一起,需要关联多种业务活动,而这些关联很多时候跨越了部门与

部门之间甚至是企业与企业之间的界限,从而使项目的不确定性增多,沟通和协调变得更加困难。此外,商业活动中的瞬息万变,促使项目管理者为适应这种变化,需要对内部结构进行及时的调整;电子商务中的电子交易软件、交易方式日新月异的发展,也促使项目持续不断革新;新产品、新业务层出不穷,这些都使得电子商务的管理面临着诸多挑战。

3. 项目实施过程的动态化

电子商务项目的实施是动态的,主要表现在:客户在电子商务项目的实施过程中,往往会频繁改变他们的要求和需要,这就要求项目实施方不断调整商务和业务规划,使其与电子商务系统同步;在项目实施中由于诸多问题显现,项目实施方将不得不修改原来的规划和设计,从而也催生出新的软件、硬件和网络技术,比已有的技术更有吸引力;当竞争者改进了电子商务网站的创意,改善了市场推广方式,项目实施方必须快速对此做出反应,否则,正在进行的电子商务项目就有可能面临发展竞争的困难;上级管理层在未与项目实施团队商议的情况下,有可能改变业务方向、范围或进度,从而使项目的发展方向发生变化。

4. 无形资产比重较大

一般建设项目执行的结果,往往是形成较大比例的固定资产,但电子商务项目需要在软件方面投入较大,从而形成无形的管理与服务能力。电子商务项目投资主要是形成无形资产而不是固定资产,这也是电子商务项目和一般工程建设项目相区别的显著不同。

5. 存在较大的风险

电子商务项目通常不是简单地将现有业务搬到网上运作,其实施将改变现有的业务流程,影响业务结构,这其中不仅涉及技术问题,还涉及内部管理、外部渠道及同业竞争等多种因素,一旦失败很难弥补。

6. 生命周期较短

由于电子商务项目需要以信息系统作为支撑,而信息技术生命周期短、更新换代快,因此一个电子商务项目不可能持续太长的时间,否则项目尚未建成,就要面临被淘汰的危险。

13.2 电子商务项目创意与电子商务项目策划

13.2.1 电子商务项目创意的含义及原则

1. 电子商务项目创意的含义

电子商务项目创意,需要依托电子商务平台对资源进行整合、管理,构建互联网营销模式,建立相应的供应链,采用有效的管理模式开展电子商务,打通线上线下市场。电子商务项目创意就是通过创新思维意识,进一步挖掘和激活资源组合方式进而提升资源价值。

2. 电子商务项目创意的原则

电子商务项目在实施过程中应遵循以下原则。

(1)找准目标。谁是你的目标客户?你想为谁提供服务?在计划销售的产品类型时,你要考虑消费者的期望。如果你能理解他们的行为和习惯,并找到改善或节约成本的方法,你就有可能成功。要做到这一点,你需要找出当前的痛点。

(2)认清自己。你的优势和短板是什么?你比别人更了解什么?围绕你现有的优势和对你有激励作用的部分,了解自己的局限可能很有挑战,但它会帮助你做出更好的长期决策。

(3)遴选路径。选择适合自己的产品生产模式,例如,如果你自己生产产品,你可以考虑批发销售,以便更快地实现收支平衡;如果你是别人产品的经销商,你应该在直接营销和策略上投入更多的资金,因为这有助于增加你的客户群。

(4)设计定位。你的定位是什么?你知道自己产品的优势,但是消费者知道吗?评估你的竞争对手,确保你的产品质量和优势是最好的选择。你应该对后端流程、营销、网站的购物体验、独特价值具有清晰的认识。

13.2.2 电子商务项目策划的含义、流程及内容

1. 电子商务项目策划的含义

电子商务项目策划是指在电子商务项目中,参与的各方之间建立一种动态的协定,它明确了项目的目标、内容以及为实现目标而进行的主要活动,包含对项目假设及项目风险的识别。围绕电子商务的高速发展,把传统的销售模式转移到互联网,这样可以打破国家和地区有形和无形的壁垒,扩展了策划的范畴。近年来,电子商务项目策划加入了新的概念,即在营销策划时考虑企业的网络营销,围绕品牌展开策划,从而实现销售的全球化、网络化、信息化、无形化。

2. 电子商务项目策划的流程

(1)需求预测。对于电子商务项目来说,需求预测是结合企业的信息化现状和企业发展规划,通过了解企业的电子商务的需求和项目的意义,明确企业开展电子商务项目的必要性,分析企业管理和经营中的问题、竞争环境和竞争态势、同行企业电子商务技术采用状况、上下游供应链上的企业电子商务技术采用状况、本企业的发展计划等,研究在未来的发展中该电子商务项目应用的前景。需求的预测有助于企业做出正确决策。

(2)市场调查。通过需求的分析,策划者可以快速找到商机,促成电子商务项目的实现。电子商务项目策划前需要进行周密的市场调查,这样电子商务项目才能逐渐成形。市场调查的方法常用到的有观察法、实验法、访问法和问卷法。

①观察法。观察法是社会调查和市场调查研究的最基本的方法。它是由调查人员根据调查研究的对象,利用眼睛、耳朵等感官以直接观察的方式对其进行考察并搜集资料。例如,市场调查人员到被访问者的销售场所去观察商品的品牌及包装情况。

②实验法。实验法是由调查人员跟进调查的要求,用实验的方式将调查的对象控制在特定的环境条件下,对其进行观察以获得相应的信息,这种方法主要用于市场销售实验和消费者使用实验。控制对象可以是产品的价格、品质、包装等,在可控制的条件下观察市场现象,揭示在自然条件下不易发生的市场规律。

③访问法。访问法可以分为结构式访问、无结构式访问和集体访问。结构式访问是调查人员按照事先设计好的调查表或访问提纲进行访问,以相同的提问方式和记录方式进行访问。提问的语气和态度也要尽可能地保持一致。无结构式访问是没有统一问卷,由调查人员与被调查者自由交谈的访问。它可以根据调查的内容,进行广泛的交流,如对商品的价格进行交谈,了解被调查者对价格的看法。集体访问是通过集体座谈的方式听取被调查者的想法收集信息资料,可以分为专家集体访问和消费者集体访问。

④问卷法。问卷法是通过设计调查问卷,让被调查者填写调查表的方式获得所调查对象

的信息。在一般进行的实地调查中,以问答卷采用最广;同时问卷调查法在目前网络市场调查中运用较为普遍。

(3)可行性分析。

经过对项目进行市场调研后,对初步筛选的项目要进行可行性分析。可行性分析包括经济可行性、技术可行性、管理可行性及社会文化、法律等环境的可行性分析。

可行性分析是为了保证投资项目的技术先进性、经济可靠性和环境适宜性,在对拟投资项目的各个方面进行系统调查研究之后所做的综合论证。对于电子商务项目来说,可行性分析是对电子商务系统实施框架进行研究,以作为系统开发实施的主要依据。它是决定该系统能否立项以及立项后大致按什么规模、什么模式开发的决策性研究。

电子商务项目的可行性分析,必须在国家有关的规划、政策和法规的指导下完成,同时还应有相应的技术资料及数据。具体而言,电子商务项目可行性研究工作的依据主要有以下内容:国家有关的经济发展政策,包括产业政策和财务政策;国家有关的发展规划、计划文件,包括对该行业的鼓励、特许、限制、禁止等有关规定;国家有关经济法规和规定,如公司法、税法等;国家关于项目建设和技术方面的资料,如项目建设和技术的标准、规范等;拟建项目所在地区的环境现状资料;项目主管部门对于项目建设要求的批复及其相关审批文件;项目承办单位委托进行详细可行性研究的合同或者协议;项目承办单位与有关方面取得的协议,如投资、原料供应、建设用地等方面的初步协议;市场调研报告;企业的初步选择报告;试验报告,即在进行可行性研究前,对某些需要经过试验的问题,应由项目承办单位委托有关单位进行试验或者测试,并将其结果作为可行性分析的依据。

(4)提出解决方案。

在确定客户需求后,项目的策划者要仔细研究决定是否实行,如果决定实施,就要提出相应的解决方案,方案一般包括商务和技术两大部分,商务部分主要包括参与者的资质、实力、同类项目的经验及报价等内容,而技术部分主要包括电子商务系统设计、集成方案、项目实施的任务进度以及人员的安排及后期服务等内容。

以卖货郎为例,卖货郎结合"农村电商的服务平台"的定位,卖货郎因地制宜、因时制宜、因人制宜,帮当地人开展当地电商,凡是加盟卖货郎的区域运营商,卖货郎给予的并不是代理某种商品,而是给予其相对独立的运营平台,这样也就形成了相对独立的区域电商平台,进而形成了区域电商之间及区域电商和总部之间互联互通的大平台。卖货郎农村电商的服务平台模式解决的是农村电商存在的以下三个问题:

①涉农供应链系统效率低下。供应链是农村电商的核心,农村电商供应链存在包括农资供应、农业生产以及农产品的加工流通脱节,物流、资金流和信息流脱节等问题。卖货郎平台从农资、农具和农产品的生产、流通、营销和服务各方面入手,以求解决工业产品如何进村、农产品如何进城的问题,并通过电商平台的特点降低交易和流通成本。

②金融是农村电商的血液。农民有土地,有房屋,既是最初商品的生产者,又是最终商品的消费者。然而目前有些农村还存在农民没有钱、农民的产品不值钱、农民的资产无法转换成钱等问题,所以农村电商首先需要打通的是金融环节。

③实现物流、资金流和信息流"三流"合一。实现线上和线下商品自由交易是未来电商之道,这需要打破对电商的传统理解,创新电商模式。

(5)评价选择方案。

这一阶段的工作主要是从众多方案中确定出最优方案,由客户企业主持,如果可以确定一个满足要求的最优方案,客户企业就会选择相应的投标人作为该项目的承建者,其目的是确保项目顺利进行,并最终达到预期效果。

3. 电子商务项目策划的内容

(1) 电子商务商业模式。

作为影响电子商务项目绩效的首要因素,电子商务的商业模式是电子商务项目运行的秩序框架,它是电子商务项目所提供的产品、服务、信息流、收入来源以及各利益主体在电子商务项目运作过程中的关系和作用的组织方式与体系结构,体现了电子商务项目现在如何获利以及在未来长时间内的计划。电子商务的商业模式的策划主要包括以下几方面内容。

① 战略目标。一个电子商务项目要想成功并持续获利,必须在商业模式上明确战略目标,企业的这种战略目标本质上表现为企业的客户价值,即企业必须不断向客户提供对他们有价值的、竞争者不能提供的产品或服务,才能保持竞争优势。

② 目标客户。企业的目标客户是指在市场的某一领域或地理区域内,企业决定向哪些人群提供产品或服务,以及提供多少产品或服务。这涉及客户范围和产品或服务范围两个方面的问题。

③ 收入和利润来源。确定企业的电子商务项目收入和利润来源是电子商务项目策划的一个重要内容。在电子商务市场中,因为互联网的特性,使企业利用互联网从事电子商务的收入和利润的来源变得更加复杂。

④ 价值链。为了向客户提供产品和服务的价值,企业必须进行一些能够支持这些价值的活动,这些活动往往具有一定的关联性,一般被称作价值链。

⑤ 核心能力。核心能力是相对稀缺的资源和有特色的服务能力,它能够创造长期的竞争优势。核心能力是企业的集体智慧,特别是那种把多种技能、技术和流程集成在一起以适应快速变化的环境的能力。电子商务企业需要有一种能综合考虑以上所有因素的分析工具,将企业的技术平台和业务能力进行集成。

(2) 电子商务技术模式。

作为电子商务项目策划过程中实现商业模式和经营模式的技术支撑系统,电子商务的技术模式是支撑电子商务系统正常运行和发生意外时能保护系统、恢复系统的硬件和软件以及相关人员配置系统。其中硬件系统包括通信、计算机,以及其他有专项功能的设备、仪器。软件系统主要涵盖系统软件和应用软件。

(3) 电子商务经营模式。

电子商务经营模式是企业面向供应链,以市场的观点对整个商务活动进行规划、设计和实施的整体结构,它与电子商务商业模式密切相连。如果说商业模式注重对整体环节设计和具体路径选择的话,那么经营模式则主要是考虑如何展开行动,实现商业模式各环节设想,促进预期目标达成的问题。其不仅包括选择各环节协作者、协作方式、分成方法,还包括非业务模式环节的市场开拓、广告宣传等。以农村电商为例,常见的经营模式有以下几种方式。

① 农特微商:是针对本地特色农产品,集中向各大平台争取订单代购的模式,这种模式可以带动更多的农村互联网新锐人群创业。这种模式适合具有独特价值的农特单品的货源,对于微信、微博等自媒体运营有相关经验的创业者。

② 农产品自主经营:是利用特色农产品并通过直供模式,将农产品直接销往全国。如果

自身拥有一些特色农产品资源,那么便可以对接上游,因为农民不懂电商,也不懂集中采购、订单农业,这需要新时代的新农人以创业的形式去组织与对接。

③农资集中采购、农机融资租赁模式:该经营模式的代表是卖货郎集采模式。该模式通过平台整合资源,形成自己的农资集中采购平台,打通供应商与运营商之间的渠道,发挥桥梁纽带作用。卖货郎集采中心结合农村对农资、种子、农业机械的需求,自己搭建了一个农资的集中采购平台。

④借其他平台经营模式:适合农村电商的平台代表为阿里村淘、京东代购、卖货郎平台等,农民可以通过入驻平台,实现利润收益。

(4)电子商务组织管理模式。

电子商务组织管理模式是指组织上提供的为保证系统正常运行和发生意外时能保护系统、恢复系统的法律、标准、规章、制度、机构、人员和信息系统等结构体系,它能对系统的运行进行跟踪监测、反馈控制、预测和决策。

(5)电子商务资本模式。

电子商务资本模式是指从电子商务资本的进入(选择类型、计划筹措)、运作(内部运作与外部运作)到退出(主动退出、被动退出)的整个过程框架。要策划一个电子商务新项目或在原有基础上建设一个大的电子商务项目,对资本模式的规划必不可少。同样,在资本模式设计过程中要权衡各方因素,选择最优方案。资本有多种方式,它可以是自有资金、天使基金、风险资金、银行贷款、招商入股,以及股票发行或售卖债券等。一般对于新项目而言,以前三者为主要形式,招商入股和银行贷款也常常使用,但有一定风险。而对大的增进型项目,采取股票发行、售卖债券或进行企业股份制改造等方式则较为常见。作为项目负责人,不仅要考虑项目建设阶段的资金筹集以及投放环节,还要为后期资金运作和退出做好规划。

本章小结

本章介绍了电子商务项目的定义和特征,分析了电子商务项目创意的含义及原则,介绍了电子商务项目策划的含义、流程及内容。

工作任务

1. 电子商务项目创意遵循的主要原则有哪些?
2. 简述电子商务项目策划的流程。

实践应用

参考电子商务创意的方法和原则对某品牌的纯棉 T 恤进行产品的创意设计。

任务拓展

搜索电子商务创新、创业各类竞赛的相关资料,深入理解和应用本章知识,积极参加一次相关竞赛。

第 14 章　商业计划书

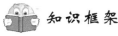 **知识框架**

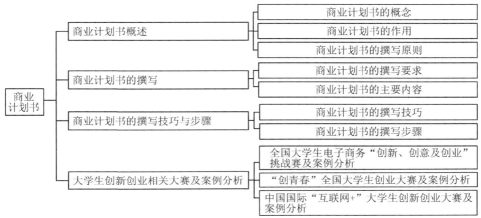

 知识目标与能力目标

知识目标：

1. 了解商业计划书的概念、作用及撰写原则
2. 熟悉商业计划书的撰写要求及其主要内容
3. 掌握商业计划书的撰写技巧与步骤

能力目标：

1. 了解商业计划书的写作技巧
2. 能够撰写一般的商业计划书

 **案例导入**

由某高校大学生组建的一个创业团队想在校园附近创办一家川菜馆。他们直接找到某位投资者，并对川菜馆的前景、发展战略、餐厅定位及自己团队的优势进行了一番陈述，然而投资者对此项目毫无兴趣。

此时，另外一个团队也对川菜馆感兴趣，他们首先进行了一番详细的市场调查，包括餐馆服务的目标人群、消费者喜欢的就餐环境、消费者能够接受的产品价格及实施会员制跟踪服务的可行性等。然后，他们对川菜馆的优劣势进行了分析，并对团队中每一位成员的学历背景、实习经历、曾经获得的荣誉进行了介绍。但得到的答案依然是否定的。在投资者看来，他们的川菜馆毫无特色，看不出有任何的商机，而且最重要的是，团队发起人没有明确地陈述决定这个项目成功的关键问题,即如何从众多川菜馆中脱颖而出,并最终在餐饮市场取得一席之地。

另外,第三个团队也看中了川菜馆这个项目,并编写了详细的商业计划书,明确地表述了关于菜品特色、食材的选取流程及营销方法的执行手段,并附上了团队在这些方面的优势。这些表述为这个创业计划加了不少分,最终该创业团队获得了投资者的支持。

由此可见,制作一份好的商业计划书对创业者而言是非常重要的,不仅能帮助创业者获取资金,还能使创业者理清创业初期的发展思路,为创业成功打下坚实的基础。

讨论:(1)商业计划书具体包含哪些内容?

(2)商业计划书有没有一定的格式和书写顺序?

资料来源:作者编写。

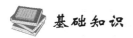
基础知识

14.1 商业计划书概述

14.1.1 商业计划书的概念

创业计划书是用以描述拟创办企业相关的内外部环境条件和要素特点,为业务的发展提供指示图和衡量业务进展情况的标准,并结合市场营销、财务、生产、人力资源等职能计划的综合性书面文件。商业计划书的主要用途是递交给投资方,以便于他们能对拟创办企业或项目做出实时评判,从而使拟创办的企业获得投资。对于一个拟创办的企业来说,完整的商业计划书既是寻找投、融资的必备基本书面材料,也是企业对未来发展战略全面思索和自身现状定位的过程。

大学生撰写商业计划书要结合自身的特点和实际状况,大学生大都实践经验不足,社会阅历尚浅,对创业的认识基本停留在理论层面。要让大学生认识到拟定商业计划书与创业本身一样是一个复杂的系统工程,不但要对行业市场进行充分的调查和研究,而且还要有较好的组织能力和表达能力。

14.1.2 商业计划书的作用

一份好的商业计划书是创业者的行动指南,同时也是创业者成功获得贷款和投资的关键。商业计划书的作用主要体现在以下两个方面。

1. 指导创业者的行动

编写商业计划书的过程是一个调研与思维碰撞的过程,整个创业团队会对新企业、新项目、新业务或新产品的未来发展进行思考。创业者能在这个过程中清楚地认识到哪些才是符合企业未来发展需求的要素,从而进一步明确自己的创业思路和经营理念。

2. 提供创业信息

一份完整、规范的商业计划书包含创业过程中的各种信息,如产品(服务)介绍、市场预测及分析、营销策略、风险预测等。它可以告诉投资者创业者的创业计划并不是纸上谈兵,而是科学的、可行的。

14.1.3 商业计划书的撰写原则

一份撰写成功的商业计划必须清晰呈现竞争优势与投资者的利益,同时也要具体可行,并提出尽可能详尽的客观数据来加以佐证。在具体撰写的过程中应注意把握以下几条原则。

1. 谨慎客观原则

谨慎客观原则要求创业者恪尽应有的职业谨慎,客观地提出投资分析、预测和建议,不得断章取义或篡改有关资料,更不能因主观好恶影响投资分析、预测或建议。在商业计划书中所罗列的内容必须实事求是,即使是烦琐的财务规划也要尽量客观、谨慎、符合实际,切勿凭主观臆断进行估计,一切要以调研和考察的客观数据为基础。

2. 市场导向原则

这是市场经济条件下企业主体经营的根本指导方针。利润来源于市场的需求,没有清晰明确的市场需求分析作为客观依据,所撰写的商业计划将是空泛的和毫无意义的。因此,商业计划一定要建立在了解市场状况、预测市场未来、分析市场动态的基础之上,以市场需求作为编制商业计划的基本出发点,要充分显示对市场现状的把握与未来发展的预测,同时还要说明市场需求分析所依据的调查方法与实事证据等。

3. 竞争优势原则

撰写商业计划书的重要目的之一是为投资方提供决策依据,借以争取投资,因此,商业计划书中要呈现出具体的竞争优势,显示经营者的强烈愿望和创造利润的经营优势,相对于竞争对手拥有的可持续性优势,即优势资源、先进的运作模式、更适合市场需求的产品和服务,并明确指出投资者预期的回报,通过某个领域或是多个领域相互作用形成优于对手的核心竞争力。但同时也应说明可能遇到的风险或威胁,内容宜简明扼要,不能出现前后不一、自相矛盾的现象,不能只强调优势和机遇而忽略不足与风险。

4. 文字精练原则

商业计划不宜长篇大论,要开门见山直切主题,应该避免那些与主题无关的内容,并清晰明了地把自己的观点表达出来,投资方没有时间也不愿意花过多的时间来阅读那些对他来说毫无意义的内容。商业计划书应文字精练,想法明确。其中的营销计划、组织结构、管理措施、应对风险的方法和策略可操作性要强,要能引起投资方的注意和兴趣。

5. 通俗易懂原则

创业者拟创办的企业可能是一般的企业,如手机店、餐饮店等企业,也可能是设计、创意等不为人们熟知的、十分专业的企业。商业计划书中应尽量避免技术性较强的专业术语,过多的专业术语会影响阅读者的兴趣,让他们觉得太深奥。

14.2 商业计划书的撰写

14.2.1 商业计划书的撰写要求

撰写商业计划书是一项非常复杂的工作,必须按照科学的逻辑顺序对诸多可变因素进行系统的思考和分析，并得出相应结论。因此，要撰写一份内容真实、有效并对日后的生产经营活动有帮助的商业计划书，应遵循以下基本要求。

1. 信息的准确性和可靠性

如果想要撰写一份较为全面、完善的商业计划书，一项重要的工作就是进行调研，并对所有的信息进行综合分析，以确定这些信息是否可以用来充实商业计划书。因此，撰写商业计划书的首要要求就是信息准确、可靠。在当前信息技术如此发达的时代，创业者可以通过许多渠道来搜集信息，真实、可靠的信息不仅可以保证商业计划书的实用性，还可以让投资者更加信服。

2. 内容的全面性和条理性

商业计划书要尽可能全面地涵盖各个方面。如果投资者的备选项目很多，商业计划书就是对每一个项目进行分析和比较，从而得出最优方案。一般来说，商业计划书有较为固定的格式，创业者可以按这些格式来撰写商业计划书，以便使潜在的投资者在看计划书时找到他想要重点关注的内容。除此之外，将存在的每一个问题及所需要的要点全面地、有条理地展示出来，这也是撰写商业计划书的要求之一。

3. 叙述的简洁性和通俗性

商业计划书的全面性与简洁性之间并不冲突。简洁性是指商业计划书的叙述语言应当平实，最好是开门见山，让投资者明白创业者想要做什么，不使用过于艳丽的图片和过于夸张的版式。通俗性是指商业计划书中应尽量避免使用复杂的专业术语，做到通俗流畅。

4. 计划的可接受性和实施性

在商业计划书中要明确有哪些资源是可以利用的，并分析计划的定位。不管是在商业计划书撰写之前还是之后，创业者都应该通过市场调查等方法进行查漏补缺。通过这种经常性的调查，创业者可以对商业计划书中的不足部分进行调整，使其可实施性提高。

14.2.2 商业计划书的主要内容

一般来说，一份完整的商业计划书包括封面、目录、摘要、企业介绍、人员构成及组织管理结构、产品（服务）介绍、行业分析、市场预测、营销策略、生产制造计划、财务规划、风险及风险管理等内容。

1. 封面及目录

封面是阅读者见到商业计划书的第一页，是商业计划书的"门面"，一个好的封面会使阅读者产生最初的好感，形成良好的第一印象。

（1）封面的设计要规范。其包括的内容有企业名称、创业者姓名、日期、通信地址、创业者联系电话、邮编、传真及电子邮箱等。

（2）封面设计要有美感。一般封面的设计：封面一般采用在页面上直接排列顺序和书写内容，底稿也为一般的纸张，没有背景。彩页封面的设计：封面由彩色背景作为底稿，内容排列可以是具有色彩和跳跃感的艺术字。

（3）目录设计要清晰。目录在封面的背面或第二页，主要包括全部标题及页码以便阅读者能及时找到想要和感兴趣的内容。

2. 摘要

摘要列在商业计划书的第一项,它是商业计划书精华的浓缩,涵盖了商业计划的所有要点,是商业计划书的总括。摘要要尽量简明、生动,一目了然,以便阅读者能在最短的时间内评审计划并做出判断。

(1)撰写摘要的构思。在介绍企业时,第一,要说明创办新企业的思路及形成过程,以及企业的目标和发展战略。第二,要说明企业筹备现状、发展的背景和企业的经营范围。在这一部分中,要对企业发展前景做出客观的评述,不回避不利因素。客观公正的分析往往更能赢得他人信任,从而使人容易认同,增加商业计划获得投资的成功率。第三,要介绍创业者自己的专业及其成长过程、特长、社会经验和阅历、不足之处等。企业家的素质对企业的成功往往起关键性的作用,应尽量突出自己的优点,同时也不避讳自身的不足。第四,要表达自己强烈的创业愿望和永不言败的进取精神,表明自己希望创业的态度和决心,以便给投资者留下一个好印象。

(2)摘要的内容。摘要一般要包括以下内容:企业介绍、主要产品及业务范围、市场及行业概况、市场分析及预测、营销策略、生产管理计划、管理者及其组织、财务计划、资金需求状况、风险分析和管理等,这些内容根据拟创办企业的性质和经营而定。

(3)摘要要回答的问题。在摘要中,企业还必须要回答下列问题:创办企业所具备的条件和环境;企业所处的行业、经营的性质和范围;企业主要产品;企业的主要市场在哪里,谁是企业的顾客主体以及他们的需求;企业的合伙人、投资人是谁;企业的竞争对手是谁,竞争对手对企业的发展有何影响等。

(4)摘要尽量简明生动,做到言简意赅。特别要详细说明拟创办企业的特点以及企业获取成功的市场因素。创办者要充分了解自己所做的事情,一般 2~3 页说明清楚即可,但如果创办者不了解自己要做什么,摘要写得再多也很难清晰表达想要说明的内容,甚至可能适得其反。

3. 企业介绍

在摘要中已经就企业的概况进行了介绍,为避免重复,这部分内容不是描述整个计划,也不是提供另外一个概要,而是对拟创办企业的宗旨理念和如何制定战略目标进行介绍。

(1)企业宗旨介绍。企业宗旨是指企业管理者确定的企业生产经营的总目标、总方向、总特征和总的指导思想。它反映了企业管理者为组织将要经营业务规定的价值观、信念和指导原则;描述了企业力图为自己树立的形象;揭示了本企业与同行其他企业在目标上的差异;界定了企业的主要产品和服务范围,以及企业试图满足顾客的基本需求。一个好的企业理念不但能引领企业在经济大潮中破浪前行,有的甚至能引领时尚,改变潮流,成为耳熟能详的经典名言。企业宗旨的主要内容有以下几个方面。

①企业形成和存在的基本目的:主要提出企业的价值观念以及企业的基本社会责任和期望在某方面对社会的贡献。

②为实现基本目的应从事的经营活动范围:主要界定企业在战略期的生产范围和市场范围。

③企业在经营活动中的基本行为规则和原则:主要阐明企业的经营思想。

(2)企业制定的战略目标:主要介绍企业战略经营活动预期取得的主要成果。战略目标的设定,既是企业宗旨的展开和具体化,也是企业宗旨中确定的企业经营目的、社会使命的进一步阐明和界定,也是企业在既定的战略经营领域展开战略经营活动所要达到的水平的具体规定。

①战略目标的内容。其主要包括:盈利能力、市场、生产率、产品、资金、生产、研究与开发、组织、人力资源、社会责任。

②战略目标的制定过程。一般来说,确定战略目标需要经历调查研究、拟定目标、评价论证和目标决断这样四个具体步骤。

第一步,调查研究。在制定企业战略目标之前,必须进行调查研究工作。把机会与威胁、内部环境与外部环境、长处与短处、现在与未来、自身与对手、需要与资源加以对比,搞清楚这几者之间的关系,为确定战略目标奠定基础。

第二步,拟定目标。拟定战略目标一般需经历两个环节:拟定目标方向和拟定目标水平。首先在既定的战略经营领域内,根据对外部环境和资源的综合考虑,确定目标方向,通过对现有能力与手段等诸多条件的全面衡量,对沿着战略方向展开的活动所要达到的水平也做出初步的规定,这便形成了可供决策选择的目标方案。

第三步,评价论证。战略目标拟定出来之后,就要组织多方面的专家和有关人员对提出的目标方案进行论证和评价。在对目标方案进行论证和评价时应注意:要围绕目标方向是否正确进行论证和评价;要论证和评价战略目标的可行性;要对所拟定的目标完善化程度进行评价;要着重考察战略目标是否明确,战略目标的内容是否协调一致;要论证和评价战略目标有无改善的余地。

第四步,目标决断。在决断选定目标时,要注意从三个方面权衡各个目标方案,即目标方向的正确程度、可望实现的程度、期望效益的大小。

从调查研究、拟定目标、评价论证到目标决断,确定战略目标的这四个步骤是紧密结合在一起的,前后顺序不可颠倒,如果发现前一步骤工作的不足或遇到新情况,就需要回过头去重新进行前一步或前几步工作。

4. 人员构成及组织管理结构

企业管理的好坏,直接决定了企业经营风险的大小。人是决定一切的因素,任何事都需要人来做,即使是最先进的机械,也需要人来操作,因此创业者要凝结成一支有文化、有思想、有能力、有战斗力的管理队伍,高素质的管理人员和良好的组织结构则是管理好企业的重要保证。

(1)企业的管理人员应该是互补型的,而且要有极强的团队精神。一个企业必须具备负责产品设计开发、市场营销、生产作业、财务管理等方面的专门人才。在创业计划书中,必须要对主要管理人员予以介绍,介绍他们在本企业中的职务和责任、所具有的专业资质、详细经历及背景。

(2)企业结构的简要介绍。一般包括:企业的组织机构图;各部门的功能与责任;各部门的负责人及主要成员;企业的薪酬体系;股东名单,包括认股权、比例和特权;企业的董事会成员,各位董事的背景资料。

(3)组织结构的类型。

①直线集权式结构。这是一种最简单的组织形式。组织中的各种职位按垂直系统直线排列,各级主管人员对本部门的一切问题负责;一个下属部门或者个人只接受一个上级的指令。

这种组织结构线条清晰,职权明确,指挥统一,行动迅速。

②横向联系的职能式结构。随着环境不确定性的不断增加,人们为克服直线职能式组织结构的固有缺陷做了很多努力。横向联系的职能式结构有了扁平化、趋于横向式的倾向。在比较成功的企业中,已极少有那种纯粹意义上的职能式结构的组织了,很多企业都通过建立横向联系来弥补纵向职能层级中的不足。

③事业部式结构。应用这种结构针对单个产品、服务、产品组合、主要工程项目、地理分布、商务或利润中心等来组织事业部。每个事业部都有自己的产品和特定的市场,能够完成某种产品或服务的生产经营全过程,在事业部内部则仍按照职能式结构设置职能管理部门。

④矩阵式结构。矩阵式结构是实现企业横向联系的一种强有力的模式,当职能式、事业部式、区域式和混合式结构都不能较好地整合企业的横向联系机制时,可以考虑采用矩阵式结构。

5. 产品(服务)介绍

投资人最关心的有两个问题:一是企业的产品、技术或服务能否以及能在多大程度上解决现实生活中的问题,即产品(服务)的实用性;二是企业的产品(服务)能否帮助顾客节约开支,增加收入,即产品(服务)的经济性。

(1)对产品(服务)的介绍。对产品的介绍一般包括以下内容:产品的概念、性能及特性;主要产品介绍;产品的研究和开发过程;产品的市场竞争力;产品的市场前景预测;发展新产品的计划和成本分析;产品的品牌和专利。

(2)对产品(服务)的详细说明。说明要准确,也要通俗易懂,做到即使不是专业人员的投资者也能明白。产品(服务)介绍必须要能解决以下问题:

①顾客希望企业的产品能解决什么问题,提供怎样的服务,顾客能从企业的产品中获得什么好处?

②企业的产品与竞争对手的产品相比有哪些优缺点,顾客选择本企业产品的理由?

③企业为自己的产品采取了何种保护措施,拥有哪些专利、许可证,或与已申请专利的厂家达成了哪些协议?

④为什么企业的产品定价可以使企业产生足够的利润,为什么用户会大批量地购买企业的产品?

⑤企业采用何种方式改进产品的质量、性能,企业对发展新产品有哪些计划?

6. 行业分析

行业是由众多同类企业构成的复杂群体。行业分析旨在界定行业本身所处的发展阶段及其在国民经济中的地位,同时对不同的行业进行横向比较,为最终确定投资提供准确的行业背景。只有进行行业分析,我们才能更加明确地知道某个行业的发展状况,以及它所处的行业生命周期的位置,并据此做出正确的投资决策。

(1)行业基本状况分析。一般包括:行业概述、行业发展的现状与格局分析、行业发展的历史回顾、行业的市场容量、行业发展趋势分析销售增长率现状及趋势预测、行业的毛利率、净资产收益率现状及发展趋势预测等。

(2)行业分析应回答的典型问题,具体如下:

①该行业发展动态和发展程度如何?

②创新和技术进步在该行业扮演着怎样的角色？如何应用？
③该行业的总销售额有多少？总收入多少？
④该行业价格趋向如何？
⑤政府是如何影响该行业的？经济发展对该行业的影响程度如何？
⑥是什么因素决定着行业的发展？
⑦竞争的本质是什么？你将采取什么样的战略？
⑧进入该行业的障碍是什么？你将如何克服？
⑨该行业的风险如何？典型的回报率有多少？

7. 市场预测

预测为决策服务是为了提高管理的科学水平，减少决策的盲目性，市场预测就是运用科学的方法，对影响市场供求变化的诸因素进行调查研究，分析和预见其发展趋势，把握市场供求变化的规律，为经营决策提供可靠的依据。我们需要通过预测来把握经济发展或者未来市场变化的有关动态减少未来的不确定性，降低决策可能遇到的风险，使决策目标得以顺利实现。

(1)市场预测的一般内容应包括市场现状、竞争厂商概况、市场容量及变化、市场价格及变化、生产发展及其变化趋势等。

(2)市场预测应该遵循一定的程序和步骤，以便工作统筹规划和顺利协作，其过程一般包含以下几个步骤：

①确定目标。因预测的目的不同，预测的内容、项目、所需要的资料及所运用的方法都会有所不同。明确预测目标，就是根据经营活动存在的问题，拟定所要预测的项目，制订预测工作的计划，编制预算、调配力量、组织实施，以保证市场预测工作有计划、有阶段地进行。

②搜集资料。掌握了充分翔实的资料，才能为市场预测提供进行分析、判断的可靠依据，调查和搜集市场预测有关资料是进行市场预测的重要一环，也是市场预测的基础性工作。

③方法选择。根据市场预测的目标以及各种方法的适用条件和性能，选择出合适的预测方法。预测方法的选用是否恰当，将直接影响到预测的可靠性和精确性。其核心是建立描述、概括研究对象特征和变化规律的模型，根据模型进行计算或者处理，即可得到预测结果。

④分析和修正。分析判断是对调查搜集的资料进行综合分析，并通过判断、推理，使定性上升为定量的过程，从事物的现象深入本质，从而预测市场未来的发展变化趋势。在分析评判的基础上，还要根据最新信息对原预测结果进行评估和实时修正。

⑤编写报告。预测报告应该概括预测研究的主要活动过程，具体包括：预测目标、预测对象及有关因素的分析结论、主要资料和数据、预测方法的选择和模型的建立，以及对预测结论的评估、分析和修正等。

8. 营销策略

营销是企业经营中最关键的环节，对市场错误的认识是企业经营失败的最主要原因之一。

(1)在创业计划书中，营销策略应包括市场机构和营销渠道的选择、营销队伍和管理、促销计划和广告策略、价格决策。对创业企业来说，由于产品和企业的知名度低，很难进入其他企业已经稳定的销售渠道中去。

(2)影响营销策略的主要因素有消费者的特点、产品的特性、企业自身的状况、市场环境方面的因素。最终影响营销策略的则是营销成本和营销效益因素。

(3)制定营销策略的要点。在综合分析了影响营销策略的因素后,要制定适合企业发展的营销策略,这事关企业成败的大局。主要从以下四个方面把握制定一个合理营销策略的要点。

①市场及环境分析。只有掌握了市场需求,才能做到有的放矢,减少失误,从而将风险降到最低,进行市场及环境分析的主要目的是了解产品的潜在市场和预计的销售量及竞争对手的产品等信息。

②消费心理分析。目前的营销大多是以消费者为导向的,根据消费者的需求来制订产品营销方案,但仅仅如此是不够的,对消费能力、消费环境分析才能使整个营销活动获得成功,只有掌握了消费者购买产品的原因和目的,才能制订出具有针对性的营销创意。

③产品优势分析。只有做到知己知彼,才能战无不胜。产品优势分析包括本品分析和竞品分析。在营销活动中,本品难免会被拿来与其他产品进行对比,如果无法了解本品和竞品各自的优势和劣势,就无法打动消费者。

④营销方式和平台的选择。营销方式和平台的选择要结合企业自身情况和战略,同时还要兼顾目标群体的喜好来进行。

9. 生产制造计划

20 世纪 90 年代中后期,世界经济格局发生了重大的变化,生产制造企业所面临的共同问题是更加激烈的市场竞争和生产技术的科技化,在竞争中技术因素变得越来越重要,如果企业丧失了技术优势,就必定会丧失其竞争优势。在大学生的商业计划中,大多数是服务型或者高新技术型的企业,对生产制造环节涉及较少,但随着企业的不断发展壮大,生产制造会在企业的发展中占据越来越重要的地位。

(1)生产制造计划的内容。商业计划书的生产制造计划一般包括:产品制造和技术设备现状;生产工艺和流程管理;新产品研发及投产计划;技术提升和设备更新的要求;质量控制和质量改进计划。

(2)编制生产制造计划的要点。为了增加企业在投资前的评估价值,创业者在商业计划书中应尽量使生产制造计划更加详细和可靠。一个完整的生产制造计划应回答问题有:企业生产制造所需的厂房、设备情况如何;怎样保证新产品在进入规模生产时的稳定性和可靠性;设备的引进和安装情况,供应商情况;生产线的设计与产品组装是否符合市场需要;供货者的前置期和资源的供需关系;生产周期标准的制定以及生产作业计划的编制;物料需求计划及其保证措施;质量控制的方法和标准;生产事故的补救措施安全保证措施及相关预案;相关的其他问题。

10. 财务规划

财务管理是任何企业生存发展的基本也是最重要的因素。财务规划包括财务计划及合理避税和理财。商业计划书概括地提出在筹资过程中创业者需做的事情,而财务规划则是对创业计划书的资金使用说明和财务支持。因此,一份好的财务规划对评估企业所需的资金数量,提高企业取得投资是十分关键的。如果财务规划准备得不好,会让投资者以为企业管理人员缺乏经验,从而降低企业的评估价值,同时也会增加企业的经营风险。

(1)财务规划的任务。拟创办企业要认真贯彻执行财务预算,以加强财务核算、提高会计素质作为主要工作内容;以精细化核算、数量化考核为工作方法;以利润最大化为目标;以资产经营责任为主线;全面推行制度化标准化、程序化、信息化的财务管理模式;加强成本核算,实行全员、全过程的财务管理策略;从严管理,积极为企业领导经营决策当好参谋;为完成企业经营目标做出应有的努力。

(2)编制财务计划的原则。主要依据以下原则进行编制:

①企业的主要财务收支活动,应当体现国家计划对企业的指导,符合国家政策、法令的要求。

②各项指标既要能够调动员工增产节约、改善经营管理的积极性,又要有切实的措施保证其实现。

③财务计划中的各项指标要与企业的全部生产经营活动相适应,要与其他各项计划协调一致。

④要按年度、季度、月度分别编制财务计划,以月保季、以季保年。

(3)财务计划的内容。财务计划是企业预算和发展的重要依据,其内容一般包括:

①生产经营活动中的各项收入、支出和盈亏情况。

②产品成本(各种主要产品的单位成本以及可比产品成本较上年的降低率和降低额)和费用预算。

③纯收入的分配和亏损的弥补。

④流动资金来源和占用以及周转情况。

⑤专项基金的提存、使用以及企业依法留用利润的安排使用情况。

(4)财务规划的编制程序。其编制程序如下:

①由企业最高管理层根据财务决策提出一定时期的经营目标,并向各部门下达规划指标。

②各部门在规划指标范围内,编制本部门预算草案。

③由财务部门或预算委员会对各部门预算草案进行审核、协调、汇总编制总预算并报企业负责人、董事会批准。

④将批准的预算下达各部门执行。

(5)财务规划的要点。企业财务规划应保证和商业计划书的假设相一致,但实际中,财务规划和企业的生产计划、人力资源计划、营销计划等都是密不可分的。要完成财务规划,一般要明确下列问题:

①产品在每一个期间的发出量有多大?

②什么时候开始产品线扩张?

③每件产品的生产费用是多少?

④每件产品的定价是多少?

⑤使用什么分销渠道,所预期的成本和利润是多少?

⑥需要雇佣哪几种类型的人?

⑦雇佣何时开始,工资预算是多少?

11. 风险及风险管理

风险是指在某一特定环境下,在某一特定时间段内,某种损失发生的可能性。它是由风险因素、风险事故和风险损失等要素组成。换句话说,在某一个特定时间段里,人们所期望达到的目标与实际出现的结果之间产生的距离称为风险。风险管理是指对影响企业目标实现的各种不确定性事件进行识别和评估,并采取应对措施将其影响控制在可接受范围内的过程。

(1)风险预测。风险预测就是估算、衡量风险,由风险管理人运用科学的方法,对其掌握的统计资料、风险信息及风险的性质进行系统分析和研究,进而确定各项风险的频度和强度,为选择适当的风险处理方法提供可靠依据。风险预测一般包括以下两个方面。

①预测风险的概率:通过资料积累和观察发现造成损失的规律性。例如,一个时期10000栋房屋中有10栋发生火灾则风险发生的概率是1‰,其中,100栋房屋中有12栋发生火灾,风险发生的概率为12%,由此对概率高的风险进行重点防范。

②预测风险的强度:假设风险发生,导致企业的直接和间接的损失。对于容易造成直接损失并且损失规模和程度大的风险应重点防范。

(2)风险处理常见的方法。

①避免风险即被动躲避风险。比如避免航空事故可改用陆路运输等。因为企业的任何活动都存在一定风险,不能因为有风险企业就不进行经营活动。

②预防风险即采取措施消除或者减少风险发生的因素。例如,为了防止水灾导致仓库进水,采取增加防洪门、加高防洪堤等;又如,企业加强员工的预防和避免风险意识,制定专业的有关规避风险的制度和应急预案,抽调专人对风险进行管理。

③自保风险,即企业自己承担风险。一是小额损失纳入生产经营成本,损失发生时用企业的收益补偿。二是针对发生的频率和强度均较大的风险建立意外损失基金,损失发生时用它补偿。三是对于较大的企业,可以建立专业的自保公司。

④转移风险。在危险发生前,通过采取出售、转让、保险等方法,将风险转移出去,这是目前企业采用最多的方法。

14.3 商业计划书的撰写技巧与步骤

14.3.1 商业计划书的撰写技巧

逐步将创业构想转化为文字的过程,其实就是撰写商业计划书主要内容的过程,了解撰写过程中的技巧,能够使撰写的商业计划书更具吸引力和可信度。

商业计划书在撰写时如果能对以下11个问题有清晰的认识,一方面可以提高商业计划书的易读性,另一方面可以提高企业融资的概率。

(1)"五分钟的考试"。一般来说,风险投资家或评审专家阅读一份商业计划书的时间在5分钟左右,他们主要关注业务和行业性质、项目性质(借钱还是风投)、资产负债表、团队、吸引人的地方等内容,因此,创业者在撰写商业计划书时要对这五个方面给予重视。

(2)内容要完整。一份好的商业计划书起码要涉及如下内容:计划摘要、产品与服务、团队和管理、市场预测、营销策略、生产计划、财务规划、风险分析。

(3)投资项目中最重要的因素是人。一定要按照团队组建原则和团队特点等要点对创业团队进行如实描述,对团队成员的构成及其分工情况进行重点介绍。

(4)提高撰写水平的途径是阅读他人的商业计划书。阅读他人的商业计划书是帮助创业者提高自己写作能力的有效途径之一。撰写商业计划书之前阅读十几份他人的商业计划书将会有很大帮助。

(5) 记住 43.1% 规则。一位风险投资家一般会希望在 5 年内将其资金翻 6 倍,相当于每年的投资回报率大约是 43.1%。因此,一份承诺投资回报率在 40%~50% 的商业计划书对于风险投资家来说比较靠谱;如果是借款则需要有还本付息计划。

(6) "打中 11 环"。做最充分的准备,对创业计划进行最详细的论证,准备回答所有与创业计划有关的负面问题,以降低创业风险。另外,在会见风险投资者之前,创业者可以用"小字条"的方式准备尽可能多的问题答案,给自己足够的心理支持和勇气。

(7) 吸引投资者的方法。取得风险投资企业家名录是一种事半功倍的方法。利用名录,可以预先帮助创业者增进对风险投资者的认识和了解,以便有针对性地展开融资活动。

(8) 准备回答最刁钻的问题。对于创业者来说,也许"你的商业计划书给其他风险投资者看过吗?"是一个两难的问题,建议创业者遵循诚实守信的原则,如实回答。

(9) 对待被拒绝。审阅商业计划书是风险投资者日常工作的一部分,拒绝大多数的商业计划书也是风险投资者的工作常态。创业者没必要因为商业计划被拒绝而伤心欲绝,而是应该将其作为不断完善商业计划的手段。如果创业者在每一次被拒绝之后,都能够很好地采纳风险投资者的建议,进一步优化其商业计划书,则每被拒绝一次就离被接受近了一步。

(10) 商业计划书中最重要的内容。对于投资者来说,商业计划书中最重要的内容是资产负债表以及团队的介绍。资产负债表说明了企业的财务状况,企业能否及时偿债以及有多少尚未分配的利润归属于投资者;创业团队的介绍则是创业项目能否成功的关键。

(11) 把本收回来。任何人进行投资,其最低的要求都是能把本金收回来。因此,如果在融资时能够基于这条原则进行阐述,使投资者能在最短时间内将本金收回,则企业得到资金的概率会大为增加。

14.3.2 商业计划书的撰写步骤

商业计划书是一个逻辑严谨、层次分明、结构有序的书面文件,其撰写有既定的程序和步骤。不是任何创业方案都要完全包括大纲中的全部内容,创业涉及的行业和领域不同,商业计划书的内容也不同,相互之间差异也就很大,要根据选择的行业和领域,根据内容需要,实时调整商业计划书的步骤。商业计划书的撰写一般分为以下六个阶段。

第一阶段:政策及法规学习。

当然,创业者首先要具有创业的愿望,这是创业的前提。创业者在这阶段的主要任务是收集国家、地方有关大学生创业的法律、法规、条例及限制和优惠政策。创业者要熟悉这些法律及规定,了解能做什么,不能做什么,确保拟创办企业在正规的渠道和方向上发展。

第二阶段:经验学习。

这一阶段的主要任务,一是收集有关创业的案例和书籍,学习其中写作的步骤、内容、方法等,为撰写商业计划书打下基础,做好准备;二是向正在或者成功的学长借鉴其成功经验,以增加创业的信心。

第三阶段:创业构思。

在前两个阶段的基础上,进行创业的构思,也就是准备在什么行业、领域,创办一个什么性质的企业,采用什么样的运营方式等问题。在构思选择时,应注意以下方面。

(1)结合大学所学的专业和知识层级结构,最好选择与所学专业相关的行业。

(2)契合当下社会经济发展形势,选择适合的企业类型。可以将拟创办的企业作为人生的第一桶金,但不要追求又多又快,选择那些投资小、见效快、资金周转迅速的行业,如快餐店、手机店、快递业务等。

(3)选择新兴行业,如宠物美容店等社会刚刚兴起、从业人员较少的行业。

(4)选择要严谨,一般不选择如生物能源、高端通信等行业,这些行业没有专门人才和大量的资金是很难实现规模效益的。

第四阶段:市场调研与分析。

在确定了拟创办企业后,就可以开始着手市场调研,其主要目的是通过调研,确定是否适合创办这个企业,其内容一般包括:

(1)当前社会经济形势。

(2)地方行业的特殊性,即该行业在当地开办的情况和是否与民俗冲突。

(3)同行业在拟创办企业地点的情况及经营情况。

(4)跨行业竞争是否明显。

(5)开办地点的稳定性和交通信息畅通问题,如短期内是否会拆迁等。

(6)开办地点及辐射区域消费者构成情况。

(7)产品(服务)方面的情况。

根据实地调研的情况进行汇总,得出基础数据,进行可行性分析,并写出分析报告。

第五阶段:方案起草。

撰写商业计划书的全文,主要内容一般包括:企业介绍、人员构成及组织管理结构、产品(服务)介绍、行业分析、市场预测、营销策略、生产制造计划、财务规划、风险及风险管理等方面,写好全文,加上封面,创建目录。

第六阶段:检查和修改。

对写好的商业计划书进行仔细的检查,主要检查以下几个方面。

(1)总体逻辑检查,即检查商业计划书是否存在前后矛盾,用词是否得当,是否有错别字。

(2)检查商业计划书是否显示出创业者强烈的创业愿望和创业成功的决心。

(3)检查商业计划书是否显示出创业者已进行过完整的市场分析。

(4)检查商业计划书能否打消投资者对产品(服务)的疑虑,可请教学校进行就业指导的老师或其他专业人士。

(5)检查商业计划书是否显示出创业者具有管理企业的经验、是否有能力偿还借款。

(6)检查商业计划书的内容是否容易被投资方所理解;应该备有索引和目录,以便投资者可以较容易地查阅各章节,还应保证目录中的信息流是有逻辑的和现实的。

对写好的商业计划书进行修改和定稿,需要注意以下几点:

(1)根据已完成的书面报告,把最主要的核心内容凝炼成一1~2页的摘要,放在前面。

(2)检查一下语法的正确性,千万不要有错别字之类的错误,以免被投资人怀疑创业者做事是否严谨。

(3)设计一个时尚、漂亮的封面,编写目录与页码,然后打印、装订成册。

(4)如有必要,还可以准备一件产品模型或者图例,以便更加生动地说明产品(服务)。

14.4 大学生创新创业相关大赛及案例分析

14.4.1 全国大学生电子商务"创新、创意及创业"挑战赛及案例分析

1. 大赛简介

全国大学生电子商务"创新、创意及创业"挑战赛(以下简称三创赛)是在2009年由教育部委托教育部高等学校电子商务类专业教学指导委员会(以下简称电商教指委)主办的全国性在校大学生学科性竞赛。根据教育部、财政部(教高函〔2010〕13号)文件精神,三创赛是激发大学生兴趣与潜能,培养大学生创新意识、创意思维、创业能力以及团队协同实战精神的学科性竞赛。从2009年到2019年一直由教育部主管、教育部高等学校电子商务类专业教学指导委员会主办,具体工作由电商教指委领导的三创赛竞赛组织委员会统一策划、组织、管理与实施。三创赛由校级赛、省级选拔赛和全国总决赛三级竞赛组成。校级赛由教育部认可的高校向三创赛竞赛组织委员会提出申请,备案后组织比赛;省级选拔赛和全国总决赛的承办则是由教育部认可的高校向竞赛组织委员会提出申请,经三创赛竞赛组织委员批准、委托后,承办单位分别组成各省级选拔赛的竞赛组织委员会和全国总决赛竞赛组织委员会,在三创赛竞赛组织委员会的指导和监督下具体承办各省级三创赛选拔赛和三创赛全国总决赛。

从2009年至2019年,三创赛总决赛分别在浙江大学、西安交通大学、西南财经大学、华中师范大学、成都理工大学、太原理工大学举办。参赛团队从第一届的1500多支、第二届的3800多支,到第三届的4900多支,第四届的6300多支,第五届的14000多支,第六届的16000多支,第七届的20000多支,第八届的30000多支,第九届的60000多支,第十届65000多支,第十一届100000多支。随着三创赛的规模越来越大,影响力越来越强,已经成了颇具影响力的全国性品牌赛事。

三创赛多年来得到了从教育部、国家商务部到各省、直辖市、自治区教育厅(教委)、和商务厅(局)等的大力支持;得到了全国越来越多企业的大力支持和赞助,同时得到了社会各界包括新闻媒体的大力支持,央视《朝闻天下》专门对第六届、第七届、第九届三创赛的全国总决赛给予了及时的新闻报道,《新闻直播间》对第八届、第十届、第十一届三创赛进行了播报宣传。三创赛的价值主要在于:大赛促进教学,大赛促进实践,大赛促进创造,大赛促进育人。

在2020年,由于教育部落实国家"放管服"政策,第十届三创赛的主办单位由电子商务教指委转变为全国电子商务产教融合创新联盟,加之从2020元月下旬开始的新冠肺炎疫情等影响,给第十届三创赛的报名、组织、管理和三级赛事的举办带来不小的压力。但是,由于三创赛已经形成了品牌,已经被全国广大高校接受,已经成长为大学生们喜闻乐见的课外实践创新活动,故在第十届的三创赛官网上报名的团队数达到了65119支(不含浙江省的单独报名等)。31个省(直辖市、自治区)和澳门特别行政区的"三创赛"三级赛事在各校的努力、各界的支持和抗击新冠疫情中的战斗中,通过线上与线下结合的方式成功举行,特别是以"电商抗疫"为主题的优秀作品通过层层比赛,最后在由河南科技大学(洛阳)承办的全国总决赛的特等奖路演中夺得了第一名。全国总决赛全程首次实现了线上直播,中央电视台新闻连续第五次报道了三创赛,赞扬参赛选手们"为中华崛起而学,为世界之光而创"。

所有参赛学校、队伍都必须在三创赛官网上进行统一注册,以便规范管理和提供必要的服

务,参赛队伍报名时应填写参赛队伍情况,参赛题目可以在报名时间截止前确定。所有参赛队伍必须由本校三创赛负责人在官网上对参赛队伍进行审核通过。

获得正式注册的参赛队伍必须在校级赛之前10个工作日内在官网上传参赛作品摘要。摘要内容包括项目背景意义、主要内容、成果、创新点,描述文字在100～300字,摘要可持续更新。

为保证各级竞赛的一致性,参赛题目、人员组成等基本信息在校级赛负责人审核时间截止后,一律不予以修改。

2. 参赛要求

参赛要求分为参赛人员要求和参赛作品要求两个方面。

(1)参赛人员要求。

参赛对象是经教育部批准设立的普通高等学校的在校大学生,参赛人员经所在学校教务处等机构审核通过后方可参赛,具备参赛资格。高校教师既可以作为学生队的指导老师,又可以作为师生混合队的队长或队员(但教师总数不能超过学生总数)参赛。

参赛人员每人每年只能参加一个题目的竞赛,参赛队伍人数最少3个人,最多5个人,其中一人为队长。参赛队伍分以下两种:学生队,要求队长和队员全部为全日制在校学生;师生混合队,要求队长必须为教师,队员中学生数量必须多于教师(例如,两名教师3个学生组成师生队)。

(2)参赛作品要求。

三创赛题目来源可以为国内外企业、行业出题,以及学生自拟题目等。三创赛提倡用不拘一格的选题参赛,以培养创新意识、创意思维和创业能力。

该赛事强调,所有参赛作品必须为参赛者未公开发表的原创作品,并不得在本三创赛之前参加过其他公开比赛。对于继承(迭代)创新的作品,要有显著的内容创新,并在文案中明确说明哪些为自己的创新(评审关注的就是自己创新的内容),如涉及侵权,参赛队伍则要自行承担相应的责任。

3. 赛事安排

三创赛分校级赛、省级选拔赛和全国总决赛三个级别,参赛队伍必须在前一级竞赛中胜出才可获得下一级参赛资格,参赛选手不能跨级参赛。

(1)校级赛。

三创赛参赛学校应在大赛报名期内组建好校内竞赛项目工作组,争取社会(企业、政府等)的支持,对本校参赛队伍和指导教师给予尽可能的指导、支持和帮助。

各高校校级赛负责人必须在团队报名截止日期之前,在大赛官网进行学校注册。注册时必须在赛事官网提交"校级赛备案申请书"(加盖校级公章)。审核通过后,学校可以对本校参赛团队进行管理和审核,对报名信息无误的团队给予审核通过,审核工作应在校级赛参赛队伍审核阶段内完成。

参赛学校应将"校内竞赛计划书"(模板可在赛事官方网站下载)在团队注册报名截止日期之前上传至赛事官网。

(2)省级选拔赛。

三创赛省级选拔赛承办单位应在大赛报名期内组建好省级选拔赛竞赛组织委员会,争取社会(企业、政府等)的支持,对本省参赛学校给予尽可能的指导、支持和帮助(通过鼓励政策、保障措施等激励本省学生和教师参赛)。

省级选拔赛承办单位须在赛事官网上注册申请三创赛省赛承办资格,并填写"省级选拔赛承办申请书"(加盖省级公章)。通过审核后,赛事秘书处将在赛事官网上公示该省级选拔赛承办单位授权书。

省级选拔赛竞赛组织委员会必须将"省级选拔赛计划书"(模板可在赛事官方网站下载)在竞赛开始的至少15天前通过赛事官网上报三创赛竞赛组织委员会秘书处备案、备查,如不按照此规定执行,三创赛竞赛组织委员会不承认该省的选拔赛有效。

进入省级选拔赛的参赛团队数是以该省各高校的校级比赛中获得综合三等奖以上的团队数为基数,选拔进入省赛;每个学校参加三创赛省级选拔赛的参赛队伍不得超过15个。

(3)全国总决赛。

三创赛全国总决赛承办单位应在赛事报名期内在三创赛竞赛组织委员会的指导下组建好全国总决赛竞赛组织委员会,争取社会(企业、政府等)的支持,通过鼓励政策、保障措施等激励全国各省学生和教师参赛。

全国总决赛竞赛组织委员会应在全国总决赛开始的至少45天前将全国总决赛计划书(组织机构、评审专家组、竞赛方式、日期和地点等)上报三创赛竞赛组织委员会秘书处审查通过、备案、备查。

参加全国总决赛的参赛团队数以各省级选拔赛现场赛团队数和校级赛获得综合三等奖以上的团队数为基数。

4. 评分细则

下面将对三创赛的评分细则进行介绍,帮助广大参赛者更好地筹备大赛。三创赛的评分细则见表14-1。

表14-1 评分细则

评分项目 (5项积分制)	评分说明	分值
创新	项目具备了明确的创新点(新产品、新技术、新模式、新服务等),至少有一个明确的创新点	0~25
创意	进行了较好的创新项目的商务策划和可行性分析。商务策划主要包括对业务模式、营销模式、技术模式、财务支持等进行设计、策划。项目可行性分析主要包括对经济、管理、技术、市场等进行可行性分析	0~25
创业	开展了一定的实践活动,包括(但不限于)创业的准备、注册公司或与公司合作、电商营销、经营效果等,需要提供相关项目的证明材料	0~25
演讲	团队组织合理,分工合作,配合得当;服装整洁,举止文明,表达清楚;有问必答,回答合理	0~15
文案	提交文案和演讲PPT的逻辑结构合理、内容介绍完整、严谨,文字、图表清晰通顺,附录充分	0~10
得分合计		0~100

5. 第十届三创赛特等奖获奖情况

第十届全国大学生电子商务"创新、创意及创业"挑战赛全国总决赛在河南洛阳举行。现将获得第十届三创赛全国总决赛特等奖的9支团队及排名见表14-2。

表14-2 "三创赛"特等奖获奖情况

奖项	分赛区	团队名称	项目名称	所在院校	名次
特等奖	四川	启称筑农	启程	西南交通大学	1
特等奖	陕西	2020天天向上	青春直播快乐购	西安建筑科技大学	2
特等奖	湖北	五斤樱花	医见武汉	武汉大学	3
特等奖	浙江	"养鸡博士"——小立太湖鸡养成记	"养鸡博士"——小立太湖鸡养成记	浙江纺织服装职业技术学院	4
特等奖	山西	天工晋选	地域文脉旅游创意服务项目	太原理工大学	5
特等奖	河南	有侠校园队	有侠校园O2O校园综合服务与创业平台	洛阳科技职业学院	6
特等奖	四川	知微	知微	西南财经大学	7
特等奖	吉林	延伊团队	呼吸未来,生态涂料领航者	延边大学	8
特等奖	福建	农村娃创业团队	"忆苦思田"社交电商助农计划	福建江夏学院	9

6. 项目案例分析[①]

"心动365"特色礼品网站项目是第四届大学生电子商务"创新、创意及创业"挑战赛的优秀项目。参赛人员分析了我国市场空白,创新性地将礼品交易与电子商务相结合,开发出新的礼品交易模式,该项目具备开展商务经营的实际潜力。下面将对"'心动365'特色礼品网站"项目进行简要分析。

(1)"'心动365'特色礼品网站"项目简介。

目前,我国的礼物市场正在日益扩大,顾客对于礼物的需求也呈现个性化、多样化的特点。但是市场上产品和服务日趋同质化,顾客没有足够的时间和专业性的眼光,因此很难挑选出真正合适作为礼品的商品。该项目计划建设名为"心动365"的网站,该网站集广告平台、店铺和公益于一身,致力于提供特色礼品及创意的平台,让顾客多方位、多层次地表达自己的意见,解决其"送礼难,送好礼更难"的问题,提供给顾客更为细致的关爱和周到体贴入微的服务。

(2)"'心动365'特色礼品网站"项目分析。

下面将结合项目商业计划书,从市场分析、竞争分析、财务分析、网站特色及风险分析与解决方案5个方面进行分析。

---

① 姚波,吉家文.大学生创新创业基础(项目式)[M].北京:人民邮电出版社,2020:198-200.

①市场分析。

项目团队对我国的礼物市场进行了严密的分析:首先,明确了我国礼品消费市场具有规模大、增长快的特点,有巨大的潜力;其次,将我国礼品消费市场细分为生日礼品市场、节日礼品市场和商务礼品市场,并对其分别进行了分析;最后,指出我国的电子商务正在蓬勃发展,将礼品交易与电子商务相结合具备巨大的市场潜力。该项目的市场分析相对严密、全面,既有对历史数据的总结,也对未来的市场情况进行了展望,提出了相关问题,具有一定的参考性。

②竞争分析。

该项目团队进行了详尽的竞争分析,主要包括SWOT模型分析、行业发展分析、竞争对手分析等,最终将自己的用户锁定为6类人群:需要一个平台可供挑选礼品的群体;需要一个平台记录重要纪念日的群体;需要得到恰当建议的群体;需要网站帮忙联系厂商进行礼品定制的群体;想省时、省力或给对方一个惊喜,需要网站帮忙挑选并代购的群体;需要网站帮忙制作影集和视频的群体。详尽的竞争分析得出了明确的目标用户群体,使该项目可以避开竞争激烈的领域。

③财务分析。

该项目的财务分析较为具体,包括资金来源、股本结构与规模、资金使用、投资权益与风险分析、主要财务报表等,财务分析具体且全面,说明了该团队对项目把握比较精准,有明确的创业计划,容易得到投资人的认可。

④网站特色。

该项目的核心是"心动365"网站,因此项目团队在网站建设与规划上投入了很多精力。顾客在该网站上消费,可以使用4种方式:一是"任君挑选",即由顾客自己挑选礼品,在网站中可以根据送礼品的对象与用途来进行选择;二是"如您所愿",网站可以根据顾客的要求自动推荐相关的商品,该方式针对那些闲暇时间较少、对挑选礼物没有概念、不愿花时间和精力、想给对方一个惊喜或不好自己出面的人群;三是品牌推荐,该方式通过对众多的网店进行认真详细的筛选,按店铺动态评分高低进行排序,并对其中高于同行业的店铺和主打产品进行汇总,向顾客推荐;四是"新品上市",该方式是对新上市礼品进行特别推广。该网站提供多样化的选购方式,保证了顾客的购物体验。

⑤风险分析与解决方案。

该项目的风险主要包括技术风险、市场风险、财务风险和法律风险,项目团队对风险具有一定的认识,同时对于各种风险都制订了相应的应对方案。遇到突发事件和不可抗拒因素时可以启动紧急预案,保证企业的正常经营。

14.4.2 "创青春"全国大学生创业大赛及案例分析

1. 大赛简介

2013年11月8日,习近平总书记向2013年全球创业周中国站活动组委会专门致贺信,特别强调了青年学生在创新创业中的重要作用,并指出全社会都应当重视和支持青年创新创业。党的十八届三中全会对"健全促进就业创业体制机制"作出了专门部署,指出了明确方向。为贯彻落实习近平总书记系列重要讲话和党中央有关指示精神,适应大学生创业发展的形势需要,在原有"挑战杯"中国大学生创业计划竞赛的基础上,共青团中央、教育部、人力资源社会保障部、中国科协、全国学联决定,自2014年起共同组织开展"创青春"全国大学生创业大赛,每两年举办一次。

2. 参赛要求

(1) 组队要求。

参赛队员自由组成优势互补的竞赛团队,人数不超过8人。为了完成一份完整、具体、深入的创业计划,一般要求竞赛团队中要有工程技术、市场、营销、管理、财务、法律、电脑技术等方面的人才。

(2) 选择项目。

参赛团队要选择具有市场前景的服务项目或产品。鼓励选择学生自己的专利或创意,所提出的服务项目或产品可以是参赛者的新发明创造或经授权的发明创造,也可以是一项可能研发实现的概念或服务。

(3) 调查研究。

就所提出的服务项目或产品开展广泛的市场调查和深入研究。

(4) 撰写报告。

完成创业计划书/项目运营报告,完整的创业计划书/项目运营报告应该包括概要、公司描述、产品与服务、市场分析、竞争分析、营销策略及销售、财务分析、附录等部分。

3. 赛事安排

大赛目前下设三项主体赛事:大学生创业计划竞赛、创业实践挑战赛、公益创业赛。

(1) 大学生创业计划竞赛:参加竞赛项目分为已创业与未创业两类;分为农林、畜牧、食品及相关产业,生物医药,化工技术和环境科学,信息技术和电子商务,材料,机械能源,文化创意和服务咨询等七个组别。实行分类、分组申报。

拥有或授权拥有产品或服务,并已在市场监督管理、民政等政府部门注册登记为企业、个体工商户、民办非企业单位等组织形式,且法人代表或经营者为符合大赛规定的在校学生、运营时间在3个月以上(以预赛网络报备时间为截止日期)的项目,可申报已创业类。

拥有或授权拥有产品或服务,具有核心团队,具备实施创业的基本条件,但尚未在市场监管、民政等政府部门注册登记或注册登记时间在3个月以下的项目,可申报未创业类。

(2) 创业实践挑战赛:拥有或授权拥有产品或服务,并已在市场监督管理、民政等政府部门注册登记为企业、个体工商户、民办非企业单位等组织形式,且法人代表或经营者符合大赛规定、运营时间在3个月以上(以预赛网络报备时间为截止日期)的项目,可申报该赛事。申报不区分具体类别、组别。

(3) 公益创业赛:拥有较强的公益特征(有效解决社会问题,项目收益主要用于进一步扩大项目的范围、规模或水平)、创业特征(通过商业运作的方式,运用前期的少量资源撬动外界更广大的资源来解决社会问题,并形成可自身维持的商业模式)、实践特征(团队须实践其公益创业计划,形成可衡量的项目成果,部分或完全实现其计划的目标成果)的项目,可申报该赛事。申报不区分具体类别、组别。

4. 评分细则

下面将对大赛的评分细则进行介绍,帮助广大参赛者更好地筹备大赛。大赛的评分细则见表14-3。

表 14-3 "创青春"的评分细则

评审要点	评审内容	分值
创新性	突出原始创意的价值,不鼓动模仿。强调利用互联网技术、方法和思维在销售、研发、生产、物流、信息、人力、管理等方面寻求突破和创新。鼓励项目与高校科技成果转移转化相结合	40
团队情况	考察管理团队各成员的教育和工作背景、价值观念、擅长领域,成员的分工和业务互补情况;公司的组织构架、人员配置安排是否科学;创业顾问,主要投资人和持股情况;战略合作企业及其与本项目的关系,团队是否具有实现这种突破的具体方案和可能的资源基础	30
商业性	在商业模式方面,强调设计的完整性与可行性,完整地描述商业模式,评测其盈利能力推导过程的合理性。在机会识别与利用、竞争与合作、技术基础、产品或服务设计、资金及人员需求、现行法律法规限制等方面具有可行性。在调查研究方面,考察行业调查研究程度、项目市场、技术等调查工作是否形成一手资料,不鼓励文献调查,强调田野调查和实际操作检验	25
带动就业前景	综合考察项目发展战略和规模扩张策略的合理性和可行性,预判项目可能带动社会就业的能力	5

5. 2018 年"创青春"浙大双创杯全国大学生创业大赛金奖项目获奖名单

2018 年"创青春"浙大双创杯全国大学生创业大赛金奖项目获奖名单,请扫描二维码查看。

6. 项目案例分析①

"创青春"全国大学生创业大赛是中国共产主义青年团中央委员会重点打造的一项赛事,被誉为大学生创新创业比赛中的"奥林匹克"。每届大赛都会吸引数十万名大学生热情参与,得到社会各界尤其是企业界和风险投资机构的广泛关注。

该赛事重点考察参赛项目的运营业绩和参赛选手的创业能力。"快递驿家"项目在 2018 "创青春"·海尔山东省大学生创业大赛中的创业实践挑战赛中获得银奖,"快递驿家"项目在项目的实战性和社会性方面进行了充分的展示和说明,并通过数据方式说明了该项目的可行性和盈利性。下面将对"快递驿家"项目进行分析。

(1)"快递驿家"项目简介。

随着电子商务的发展,消费者对快递配送服务要求也逐渐提高,快递业面临巨大的压力。尤其是快递到消费者手里的最后站——城市社区和高校的快递配送,急需找到一条既能降低配送成本,又能为用户提供优质服务的道路。

"快递驿家"项目正是在这样的条件下出现的,该项目是菜鸟网络授权的城市服务商,通过在高校自建直营和社区内加盟的方式设立驿站,搭建快递"最后一千米"和"最后百米"的第四

---

① 姚波,吉家文.大学生创新创业基础(项目式)[M].北京:人民邮电出版社,2020:193-196.

方服务平台,让快递包裹能够快速、安全地送到消费者手中。在2019年,"快递驿家"项目已与申通、中通、圆通、百世、前达、天天等多家快递公司达成合作关系,设立校园驿站家,社区驿站200余家,城区覆盖率达到70%,已初步完成了临沂市区的布点工作。项目计划在未来继续开拓临沂周边城市的末端配送市场,深耕社区服务市场,最终在更多城市、更多高校实现驿站的普及。

(2)"快递驿家"项目分析。

下面将依据"快递驿家"团队的商业计划书,着重针对"快递驿家"项目的项目优势、市场痛点、竞争对手产品、运营策略、风险、数据预测以及融资计划等七个方面进行分析。

①项目优势。

"快递驿家"项目目标人群清晰,且在市区的布点工作已初步完成,大量的驿站既能减少消费者末端配送资源的浪费,又能提高快递员的投递成功率。同时,创业团队具有扎实的专业知识,实践经验丰富。团队成员来自物流管理、物流工程、会计等不同专业,既有物流管理的专业知识,又有电商的实战技能,更有财务的详细准确预算。项目总体优势明显。

②市场痛点。

据团队调查分析,当下的市场痛点主要包括末端配送危机、服务危机、资源整合危机、就业危机和安全与时间危机等五个方面,市场痛点明确具体,可见该项目拥有充裕的市场空间。

③竞争对手产品。

针对用户体验,"快递驿家"项目团队选择了目前市面上较为流行的竞争对手产品进行分析比较,分析结果如表14-4所示。

表14-4 竞争对手产品

产品	产品定位	缺点	商业模式	特点
丰巢	主打智能快递柜,面向所有快递公司、电商物流的24小时自助开放平台,提供平台化快递收寄交互业务	社区丰巢安装率低;扫码操作较为烦琐;应对突发情况的能力差,较易受快递柜规格限制的影响	由5家物流公司共同投资,但丰巢的实际操控者一直都是顺丰,其他物流公司基本没有话语权	新型智能快递柜服务市场;产品覆盖物流快递、社区服务、广告媒介等领域,并通过移动终端实现自助操作和安全保障;统一标准的设施和营运方式可以迅速复制和众包管理
百城当日达	将目光放在同城配送上,由品胜电子推出的一种双向线上到线下的送货模式,涵盖"百城当日达""向日葵随身服务""线上线下同价"三大服务体系	送货模式具有针对性,更偏向于内部快递的高效性,服务对象较为单一,在特色加急服务上只能设定服务范围为广州市内老城区,服务范围十分局限	通过品胜O2O加盟店拓展业务,且免费送商家网上订单,但其模式难以在其他行业复制	基于品胜当日达网站建设,以全城调度系统、分拣系统、客服中心来保证快件及物品送达;开通了同城限时加急服务,广州市内老城区2~4小时送达

续表

产品	产品定位	缺点	商业模式	特点
熊猫快收	作为社区末端物流服务商向用户提供快递代收、电商代购、代退货服务,第三方O2O生活服务落地体验,以及票务缴费等便民服务	过于强调其带动作用而忽略了作为末端配送的本质服务目的,忽视了用户体验	通过向社区小店输出包裹管理软件和相关业务,为用户提供快递代收服务,由代收服务的用户沉淀衍生出社区后续多元化服务,并结合用户场景对社区的数据价值做深度挖掘	多将快递代收点设在便利店、特产店等场所,同时带动所在店铺的增值服务量,以增加店铺获利

④运营策略。

运营策略分析包括运营模式、盈利模式和营销模式等三个方面。首先是运营模式——"最后一千米"服务模式。"快递驿家"与多家快递公司达成合作,当快递通过分拣工作到达社区的上级分拨中心时,由驿站的自配新能源车辆到上级的快递分拨中心自行取件,然后在派送时进行最优路线选择,做到高效便捷。项目设立站点以后,每个驿站的设备、系统都是有偿提供的。另外,驿站还可以进行广告推广,即在货架或者墙体上进行广告摊位的招商,项目按照时间或面积进行相应的收费,所获利润项目与驿站按比例分成;营销模式主要是从服务、媒体宣传和树立公司品牌等多个方面展开。比如,在当地媒体定期做广告宣传,扩大影响,吸引客源,增加业务量,让更多的消费者体验驿站的便捷,为更多的快递公司解决"最后一千米"和"最后一百米"的配送服务难题。在这种模式下,项目解决了各大物流公司在末端配送的难题,各大物流公司不必再花费大量的人力、财力来搭建末端配送平台,大大减少了成本费用。

⑤风险。

团队在创业计划书中围绕授权资格风险、经营管理风险、技术人才风险、产品市场开拓风险和政策风险等五个方面展开,同时还对各个风险的规避策略进行了详细描述。但是遗憾的是忽略了对财务风险的分析,使整个创业计划书稍有逊色。

⑥数据预测。

团队提供了项目未来3年站点数量及快递单量的数据预测情况,这些有说服力的业务增长预测可以在一定程度上打动风险投资者的心。

⑦融资计划。

"快递驿家"项目具有单位利润较低、布点过程大的特点,实施难度较大。从站点选择、资源整合、社会驿站的铺设到站点的正常运营,整个过程需要较长的时间和较大的资金投入。该项目已经在正常运行中,因此,团队制订了一个未来了3年的融资计划。其中将融资金额、资金用途都进行了明确说明,但在创业计划书中没有制定相关的退出机制,这需要进一步完善。

14.4.3 中国国际"互联网+"大学生创新创业大赛及案例分析

1. 大赛简介

中国国际"互联网+"大学生创新创业大赛,是指为全面落实习近平总书记给中国"互联网＋"大学生创新创业大赛"青年红色筑梦之旅"大学生的重要回信精神,深入推进大众创业万众创新,由教育部与各地政府、各高校共同主办的赛事。

2. 参赛项目要求

(1)参赛项目能够将移动互联网、云计算、大数据、人工智能、物联网、下一代通信技术、区块链等新一代信息技术与经济社会各领域紧密结合,服务新型基础设施建设,培育新产品、新服务、新业态、新模式;发挥互联网在促进产业升级以及信息化和工业化深度融合中的作用,服务新型基础设施建设,促进制造业、农业、能源、环保等产业转型升级;发挥互联网在社会服务中的作用,创新网络化服务模式,促进互联网与教育、医疗、交通、金融、消费生活等深度融合。

(2)参赛项目须真实、健康、合法,无任何不良信息,项目立意应弘扬正能量,践行社会主义核心价值观。

(3)参赛项目不得侵犯他人知识产权;所涉及的发明创造、专利技术、资源等必须拥有清晰合法的知识产权或物权;抄袭、盗用、提供虚假材料或违反相关法律法规一经发现即刻丧失参赛相关权利并自负一切法律责任。

(4)参赛项目涉及他人知识产权的,报名时须提交完整的具有法律效力的所有人书面授权许可书、专利证书等。

(5)已完成市场监督管理登记注册的创业项目,报名时须提交营业执照及统一社会信用代码等相关复印件、单位概况、法定代表人情况、股权结构等。参赛项目可提供当前财务数据、已获投资情况、带动就业情况等相关证明材料。在大赛通知发布前已获投资1000万元及以上或在大赛举办要求的年份之前任意一个年度的收入达到1000万元及以上的参赛项目,请在全国总决赛时提供相应佐证材料。

(6)参赛项目根据各赛道相应的要求,只能选择一个符合要求的赛道参赛。已获往届中国国际"互联网＋"大学生创新创业大赛全国总决赛各赛道金奖和银奖的项目,不可报名参加大赛。

(7)各省(区、市)教育厅(教委),新疆生产建设兵团教育局,各有关学校负责审核参赛对象资格。

3. 赛制说明

大赛主要采用校级初赛、省级复赛、全国总决赛三级赛制(不含萌芽赛道)。校级初赛由各校负责组织,省级复赛由各地政府负责组织,全国总决赛由各地按照大赛组委会确定的配额择优遴选推荐项目。大赛组委会将综合考虑各地报名团队数、参赛院校数和创新创业教育工作情况等因素分配全国总决赛名额。

4. 其他说明

大赛组委会通过"全国大学生创业服务网"为参赛团队提供项目展示、创业指导、投资对接等服务。各项目团队可以登录"全国大学生创业服务网"查看相关信息。各地可以利用网站提供的资源,为参赛团队做好服务。

5. 评审要点

无论是创意组还是初创组、成长组、师生共创组,其项目内容的核心都不应仅是一个点子、一项发明或是一个实验室的成果。参赛团队应该从项目的"市场""产品""技术""团队""业绩""未来的发展"这6个方面进行思考,并进行自查,明确项目的短板。以下是高教主赛道初创组、成长组项目评审要点,见表14-5。

表14-5 评审要点

评审要点	评审内容	分值
商业性	1.商业模式设计完整、可行,产品或服务成熟度及市场认可度。 2.经营绩效方面,重点考察项目存续时间、营业收入(合同订单)现状、企业利润、持续盈利能力、市场份额、客户(用户)情况、税收上缴、投入与产出比等情况。 3.成长性方面,重点考察项目目标市场容量大小及可扩展性,是否有合适的计划和可靠资源(人力资源、资金、技术等方面)支持其未来持续快速成长。 4.现金流及融资方面,关注项目已获外部投资情况、维持企业正常经营的现金流情况、企业融资需求及资金使用规划是否合理。 5.项目对相关产业升级或颠覆的情况;项目与区域经济发展、产业转型升级相结合情况	30
团队情况	1.团队成员的教育和工作背景、创新能力、价值观念、分工协作和能力互补情况,重点考察成员的投入程度。 2.团队的组织构架、股权结构、人员配置以及激励制度合理性情况。 3.创业顾问、投资人以及战略合作伙伴等外部资源的使用以及与项目关系的情况	25
创新性	1.具有原始创新或技术突破,取得一定数量和质量的创新成果(专利、创新奖励、行业认可等)。 2.在商业模式、产品服务、管理运营、市场营销、工艺流程、应用场景等方面取得突破和创新	20
带动就业	1.项目直接提供就业岗位的数量和质量。 2.项目间接带动就业的能力和规模	15
引领教育	1.项目充分体现专业教育与创新创业教育的结合,体现团队成员所学专业知识和技能在项目和相关创新创业活动中的转化与应用。 2.突出大赛的育人本质,充分体现项目成长对团队成员创新精神、创业意识和创新创业能力的锻炼和提升作用。	10

6. 第六届总决赛银奖晋金奖的获奖名单

中国国际"互联网+"大学生创新创业大赛举办至今,已经成功举办了6届,每届都有很多优秀的项目,现将第六届总决赛银奖晋金奖的情况进行汇总,见表14-6。

7. 项目案例分析[①]

"流云π"项目在第四届山东省"互联网+"大学生创新创业大赛的"互联网+"社会服务类别的创意组中获得银奖。该赛事重点关注参赛项目在互联网中所发挥的作用,如互联网在信息化和工业化深度融合中的作用,互联网与教育、医疗、交通、金融、消费生活深度融合等。

"流云π"项目已经取得了一定数量和质量的创新成果,该项目通过互联网与高效物流的

---

① 杨京智.大学生创新创业基础(大赛案例版)[M].北京:人民邮电出版社,2020:219-224.

融合,创造了一个标准化托盘循环共享平台,并设计了一个完整、可行的商业模式,同时还对项目的盈利能力进行了合理推导。下面将对"流云π"项目进行分析。

表 14-6 第六届中国国际"互联网+"大学生创新创业大赛总决赛银奖晋金奖情况

序号	项目名称	省份	高校	赛道
1	云遥宇航星座计划——中国商业空间气象探测领航者	天津市	天津大学	高教主赛道
2	比特光链——面向全场景应用的激光通信网络终端	吉林省	长春理工大学	
3	商车底盘——中国智能商用车线控底盘领跑者	江苏省	南京航空航天大学	
4	天维菌素——新一代低毒高效农兽药引领者	浙江省	浙江工业大学	
5	树益生科——国内领先的乳酸菌菌剂解决方案提供商	浙江省	浙江工商大学	
6	华涂科技——国内首家高性能车用轴瓦涂层材料供应商	浙江省	宁波大学	
7	愿朗纳米科技——国内首家高效纳米纤维空气过滤膜供应商	浙江省	宁波大学	
8	美瑞健康——长奉时代健康管理的探索者	湖北省	武汉大学	
9	红艺轻骑—中国原创红歌红剧走基层公益传播第一团	浙江省	宁波大学	"青年红色筑梦之旅"赛道
10	郭牌西瓜	山东省	山东理工大学	
11	点姜成金:黄姜皂素绿色制造	湖北省	华中科技大学	
12	"青春护航·成长相伴"	湖南省	中南大学	
13	黑材料—氮杂化介孔碳	天津市	天津市职业大学	职教赛道
14	飞翼航空——无人直升机飞控设备的领跑者	安徽省	安徽机电职业技术学院	
15	王小枸鲜控枸杞—鲜控干燥技术赋能、助推产业升级	山东省	青岛职业技术学院	
16	无际魅力——全球竞技无人机行业破壁者	广东省	广东科贸职业学院	

(1)案例简介。

自 2014 年 11 月,《商贸物流标准化专项行动计划》(商办流通函〔2014〕752 号)开始在全国各城市开展,十九大报告也指出标准化物流的重要性。托盘作为单元化物流装备中的典型代表,也面临着由非标准到标准的转变。2019 年,我国托盘的保有量达到 14.5 亿左右,但是标准化托盘租赁量为 2300 万片,远远不能满足市场的需求。面对巨大的市场空白,标准化托盘循环共享的推行势在必行。

"流云π"项目团队打破传统的租赁模式,融合射频识别技术(RFID)、统一接人平台(general sensor interface,GSI)、物联网等技术,旨在推行"托盘标准化一站式服务"的完整体系,即把加工、生产、租赁的各个环节用统标准进行规范,打造一个集托盘生产商、平台、目标客户、物流企业多方共赢的标准化托盘循环共享平台。

"流云π"平台通过与托盘生产商合作的方式,利用其现有托盘厂作为异地还板的网点,达到铺设范围广、建设成本低的轻资产运营方式。对于生产的托盘,平台与各托盘生产厂商遵循原料集中采购、木料集中标准初加工、统一使用生产标准的原则,使托盘成本降低,让承租人以最优惠的价格享受到最标准的服务。

为使项目真正落地并带来较大社会效益,该项目团队与临沂大学区块链技术推广应用与孵化中心共同为项目探索区块链切入点;并与以山东鲁杰建工集团为首的186家木制品包装企业达成初步合作意向。团队积极申请了1项发明专利、4项实用新型专利和两项软件著作权。

(2)案例分析。

下面将对"流云π"项目进行分析,分析内容包括项目优势、市场分析、商业模式、产品与服务、定价策略、财务分析和团队介绍等7个方面。

①项目优势。

团队通过对项目背景的分析,发现建立托盘循环共享平台有可执行性。为了让这一构想具备足够的吸引力,团队从6个方面对该项目的优势进行了深度挖掘。

②市场分析。

团队首先从托盘使用方、托盘出租方、托盘生产方、货物承运方4种不同的角色入手对目标市场的痛点进行了阐述,然后通过中国物流与采购联合会托盘专业委员会和中国仓储与配送协会的统计数据,说明托盘持续增长的市场需求量,由此来强调推进托盘标准化的必要性。

另外,团队还详细说明了我国特殊大环境下的应变方法,即只有托盘循环共享或者带托运输才是真正的绿色经济,才能够推动中国绿色物流的发展。因此,降低物流总成本、提高物流运作效率、推进托盘的标准化和社会化应用11个不可忽视的重要环节。

③商业模式。

该项目打破传统的租赁模式,融合RFID、GSI、物联网等技术,打造一个集托盘生产商、平台、目标客户、物流企业多方共赢的标准化托盘循环共享平台。该平台通过采用"以厂带点-轻资质运营"的新模式,不仅可以帮助客户解决实际问题、节约成本,还能使客户根据实际的生产和销售需求随时调整该商业模式,以求实现公司利益最大化。

团队用图示的形式详细描述了循环共享流程的整个过程,并应用场景举例的方式,说明了该共享流程的便捷性与可持续性。

④产品与服务。

项目主营租赁和售卖托盘业务。不同型号的托盘具有不同的性能和价格等属性。项目主要经营3种标准化托盘,分别是GSI标准化托盘、RFID标准化托盘、物联网标准化托盘。团队对每种立品的性能和特点都进行了详细介绍。

另外,团队还对竞争对手产品进行了全面且细致的分析,对竞争对手产品进行分析使团队从现有竞争对手产品中取长补短,从而设计出合理的开放式循环共享模式及网点布局。

⑤定价策略。

由于该项目主要以租赁和售卖为主,所以团队在对产品进行定价时,主要采取的是成本定价法。因为标准化托盘主要来源于合作的托盘生产商,这些生产商既是各网点的管理员又是货源的提供者,在掌握第一手货源的同时,也保证了产品质量,可以实现优惠的最大限度,所以产品的定价也相对比较合理。另外,对于平台的托盘,团队还采取租赁和二手售卖方式,不限定租赁时间长短、不限定起租时间,也不限定起租量。根据客户不同需要,项目团队会提供多种托盘供客户选择,同时项目团队还对二次售卖的托盘价格制定了相应标准,让想售卖的客户可以随时了解当前的市场行情。

⑥财务分析。

项目财务分析包括资金来源、股本结构、资金使用计划、项目融资计划、经济效益分析和退出机制等内容,分析内容全面、客观,并通过项目营业额、净利润预测表、现金流量表等真实地反映了公司当前的财务状况,可以让投资者以此来推断项目未来的发展趋势。

⑦团队介绍。

团队由不同专业的7名成员组成,对各成员的学历、专业、特长、工作经验和工作职责都进行了详细说明,充分体现了专人专用的思维。这样的团队介绍才能打动评委,让投资者看到其团队的实力。

本章小结

本章介绍了商业计划书的概念、商业计划书的撰写原则、商业计划书的撰写技巧与步骤,介绍了大学生创新创业相关大赛的情况,并对部分案例进行了分析。

工作任务

根据本章介绍的关于创新创业大赛的相关知识,填写下列表格。

创新创业大赛分析表

创新创业大赛	面向对象	参赛资格	赛事安排
中国国际"互联网+"大学生创新创业大赛			
"创青春"全国大学生创业大赛			
全国大学生电子商务"创新、创意及创业"挑战赛			

实践应用

在网上搜索一份参加中国国际"互联网+"大学生创新创业大赛的商业计划书,自己尝试对该商业计划书的内容进行分析,包括市场分析、产品或服务分析、营销策略分析、团队分析等。

任务拓展

1. 能够赢得评委或投资者青睐的商业计划书应该包括哪些要点?
2. 假如你准备参加中国国际"互联网+"大学生创新创业大赛,你如何撰写商业计划书?

参考文献

[1] 姜红波,韩洁平,陈葵花,等[M].电子商务概论.北京:清华大学出版社,2019.
[2] 李琪,彭丽芳,王丽芳.电子商务概论[M].北京:清华大学出版社,2017.
[3] 陈德人.电子商务概论与案例分析[M].北京:人民邮电出版社,2020.
[4] 帅青红,李忠俊.电子支付与结算[M].大连:东北财经大学出版社,2018.
[5] 邓之宏,常立军.电子商务物流[M].北京:北京大学出版社,2020.
[6] 陈德人.电子商务概论与案例分析(微课版)[M].2版.北京:人民邮电出版社,2020.
[7] 边云岗.电子商务概论:基础、案例与实训[M].北京:人民邮电出版社,2020.
[8] 陈道志.电子商务运营管理(慕课版)[M].北京:人民邮电出版社,2021.
[9] 相广萍,陆川.电子商务概论(微课版)[M].北京:人民邮电出版社,2020.
[10] 宋晶.跨境电子商务实务[M].北京:电子工业出版社,2020.
[11] 韩小平.电子商务法律法规[M].4版.北京:机械工业出版社,2020.
[12] 邢苗条,刘红梅.电子商务概论[M].北京:电子工业出版社,2019.
[13] 白东蕊.电子商务基础(附微课)[M].3版.北京:人民邮电出版社,2021.
[14] 李琪.电子商务导论[M].北京:电子工业出版社,2018.
[15] 杨泳波.电子商务基础与实务[M].北京:北京理工大学出版社,2017.
[16] 吕爽.创业基础[M].北京:中国铁道出版社,2016.
[17] 姚波,吉家文.大学生创新创业基础(项目式)[M].北京:人民邮电出版社,2020.
[18] 杨京智.大学生创新创业基础(大赛案例版)[M].北京:人民邮电出版社,2021.
[19] 李东进,秦勇,陈爽.网络营销:理论、工具与方法[M].2版.北京:人民邮电出版社,2021.
[20] 惠亚爱,乔晓娟.网络营销:推广与策划[M].2版.北京:人民邮电出版社,2019.